国家文化产业资金支持媒体融合重大项目

职业教育教学改革融合创新型教材·市场营销

Gonggong Guanxi

公共关系

王瑛 张圆媛 主编

王瑞 王莉芳 潘晓瑜 副主编

东北财经大学出版社
Dongbei University of Finance & Economics Press
大连

图书在版编目（CIP）数据

公共关系 / 王瑛，张圆媛主编. —大连：东北财经大学出版社，2022.11
（职业教育教学改革融合创新型教材·市场营销）
ISBN 978-7-5654-4648-1

Ⅰ.公… Ⅱ.①王…②张… Ⅲ.公共关系学–高等职业教育–教材
Ⅳ.C912.3

中国版本图书馆CIP数据核字（2022）第191091号

东北财经大学出版社出版
（大连市黑石礁尖山街217号 邮政编码 116025）
网 址：http://www.dufep.cn
读者信箱：dufep@dufe.edu.cn
大连日升彩色印刷有限公司印刷 东北财经大学出版社发行
幅面尺寸：185mm×260mm 字数：302千字 印张：13.75 插页：1
2022年11月第1版 2022年11月第1次印刷
责任编辑：张旭凤 张晓鹏 责任校对：周 晗
封面设计：冀贵收 版式设计：原 皓
定价：38.00元

教学支持 售后服务 联系电话：（0411）84710309
版权所有 侵权必究 举报电话：（0411）84710523
如有印装质量问题，请联系营销部：（0411）84710711

富媒体智能型教材出版说明

"财经高等职业教育富媒体智能型教材开发系统工程" 入选国家新闻出版广电总局新闻出版改革发展项目库，并获得文化产业专项资金支持，是"国家文化产业资金支持媒体融合重大项目"。项目以"融通""融合""共建""共享"为特色，是东北财经大学出版社积极落实国家推动传统媒体与新媒体融合发展的重要举措之一。

"财济书院"智能教学互动平台是该工程项目建设成果之一。该平台通过系统、合理的架构设计，将教学资源与教学应用集成于一体，具有教学内容多元呈现、课堂教学实时交互、测试考评个性设置、用户学情高效分析等核心功能，是高校开展信息化教学的有力支撑和应用保障。

富媒体智能型教材是该工程项目建设成果之二。该类教材是我社供给侧结构性改革探索性策划的创新型产品，是一种新形态立体化教材。富媒体智能型教材秉持严谨的教学设计思想和先进的教材设计理念，为财经职业教育教与学、课程与教材的融通奠定了基础，较好地避免了传统教学模式和单一纸质教材容易出现的"两张皮"现象，有助于教学质量的提高和教学效果的提升。

从教材资源的呈现形式来说，富媒体智能型教材实现了传统纸质教材与数字技术的融合，通过二维码建立链接，将VR、微课、视频、动画、音频、图文和试题库等富媒体资源丰富呈现给用户；从教材内容的选取整合来说，其实现了职业教育与产业发展的融合，不仅注重专业教学内容与职业能力培养的有效对接，而且很好地解决了部分专业课程学与训、训与评的难题；从教材的教学使用过程来说，其实现了线下自主与线上互动的融合，学生可以在有网络支持的任何地方自主完成预习、巩固、复习等，教师可以在教学中灵活使用随堂点名、作业布置及批改、自测及组卷考试、成绩统计分析等平台辅助教学工具。

富媒体智能型教材设计新颖，一书一码，使用便捷。使用富媒体智能型教材的师生首先下载"财济书院"App 或者进入"财济书院"（www.idufep.com）平台完成注册，然后登录"财济书院"输入教材封四学习卡中的激活码建立或找到班级和课程对应教材，就可以开启个性化教与学之旅。

"重塑教学空间，回归教学本源！" "财济书院"平台不仅仅是出版社提供教学资源和服务的平台，更是出版社为作者和广大院校创设的一个自主选择和自主探究的教与学的空间，作者和广大院校师生既是这个空间的使用者和消费者，也是这个空间的创造者和建设者，在这里，出版社、作者、院校共建资源，共享回报，共创未来。

最后，感谢各位作者为支持项目建设所付出的辛劳和智慧，也欢迎广大院校在教学中积极使用富媒体智能型教材和"财济书院"平台，东北财经大学出版社愿意也必将陪伴广大职业教育工作者走向更加光明而美好的职教发展新阶段。

东北财经大学出版社

前　言

　　现代社会组织与组织之间、企业与企业之间的竞争，不仅仅是市场、价格、原材料等单方面的竞争，更是整体形象的竞争。树立良好的形象，以赢得公众的支持和合作，是公共关系最根本的职责和目标。在公共关系活动和商务活动日益活跃的今天，良好的公共关系是企业生存和发展的基础。当前，我国经济已进入高质量发展阶段，这要求企业把握现状，紧扣市场环境，改革组织形式，做好企业公共关系管理，积极承担相应的社会责任，适应新时期带来的风险和挑战，最终实现推动企业发展的目标。因此，加强对公共关系的学习尤为重要。

　　本教材共包括十一章，分为公共关系概述、公共关系三大要素、公共关系四步工作法、内外部公共关系处理以及公共关系危机五部分。第一章为公共关系概述。第二章公共关系组织与人员、第三章公众、第四章公共关系传播构成了公共关系的三大要素。第五章公共关系调查、第六章公共关系策划、第七章公共关系实施以及第八章公共关系评估为公共关系的四步工作法。第九章内部公共关系处理和第十章外部公共关系处理形成内外部公共关系处理。第十一章为公共关系危机。本教材以公共关系基础理论为铺垫，以公共关系工作流程为主线，以内外部公共关系处理为着眼点，以公共关系危机处理为突破口，既有理论又有实务，既顾及知识的全面性又突出知识的侧重点。

　　本教材紧密结合高等职业教育培养技术技能型人才的要求，坚持德技并修，突出公共关系意识的渗透、公共关系职业技能的培养和公共关系职业素养的提高，以"思政融入为根本、工作过程为导向、职业能力培养为核心"为指导思想，围绕高等职业教育的人才培养目标和要求，以培养具备基础理论知识、拥有较强职业技能、展现优秀职业素养的技术技能人才为目标。

　　本教材学习目标明确，包括知识目标、能力目标和素养目标。知识目标强调对理论知识的了解和掌握；能力目标采用案例导入、课堂互动、公关实务等栏目加强学生对理论知识的灵活运用，提升职业技能；素养目标借助知识拓展、公关小智慧、思政园地等栏目激发学生学习公共关系相关知识的积极性，提高学生的公共关系素养。每章开篇均用思维导图的形式罗列出本章的学习内容和需要了解、掌握的知识点。

　　本教材编写具有以下特色：

　　1.落实立德树人的根本任务，注重课程思政渗透

　　本教材积极落实立德树人、培根铸魂的育人根本任务，章前"素养目标"适当融入了课程思政元素，章内设计了知识拓展、公关小智慧、思政园地等栏目，同时结合案例导入和公关实务，可以有效引导学生关注社会经济发展，用社会公德、职业道德、行业规范分析问题、解决问题，从而培养学生树立正确的价值观、人生观、世界观。

2.围绕公共关系要素及工作环节建立教材逻辑体系

本教材以公共关系三大要素为着眼点，以公共关系工作逻辑为核心，对涉及的要素和工作环节进行整体设计，把学习、体验、实践融为一体，突出强调学生公关意识、职业能力、职业素养和创新能力的综合培养。

3.理论知识简明、扼要，实务内容丰富、适用

本教材根据企业公共关系活动实务，在理论内容的选取上以够用为度，在贴近实务方面尽可能考虑到学习对象的特点而提供典型的案例和丰富的应用场景，注重专业教学内容与职业能力培养和职业素养提升的紧密结合。

4.案例引导与问题导向相结合

本教材通过案例导入、公关实务、课堂互动层层递进，让学生在实务中感受，在感受中互动，在互动中学习、在学习中思考、在思考中提升。

5.配套资源数字化、多样化

为了适应"互联网+职业教育"的新要求，实现传统纸质教材与数字技术的融合，本教材不仅通过二维码将微课、案例、视频等丰富的数字资源呈现给读者，还配套了教学课件、教案、课程标准等资源，欢迎登录"财济书院"（www.idufep.com）下载使用。

本教材由山西财贸职业技术学院王瑛、张圆媛担任主编，山西财贸职业技术学院王瑞、王莉芳、潘晓瑜担任副主编。其具体编写分工如下：王瑛编写了第一章、第七章、第八章；王莉芳编写了第二章、第五章；张圆媛编写了第三章、第四章；潘晓瑜编写了第六章、第十一章；王瑞编写了第九章、第十章。

在编写过程中，我们参考和借鉴了大量公共关系方面的教材、文献资料和最新案例，限于篇幅未能一一注明，在此表示诚挚的感谢！由于编者水平有限，教材难免存在疏漏之处，恳请专家、同行及读者不吝指正。

编　者

2022年7月

目 录

微课资源目录

第一章

公共关系概述

学习目标

- 知识目标：通过对本章的学习，能够理解公共关系的含义，辨析公共关系及其相关概念；了解古代类公关的行为，掌握现代公共关系产生的条件及发展阶段；掌握公共关系的构成要素，了解公共关系的特征和具体职能。
- 能力目标：通过本章的案例导入、公关实务、课堂互动等知识，掌握公共关系工作的手段和方法。
- 素养目标：通过对本章知识的学习和拓展，能够借助"公关小智慧""思政园地"等栏目，形成对公共关系的基础性认知，树立诚信、友善、爱国的价值观和公众至上、双向沟通、长远为计的职业理念。

知识导图

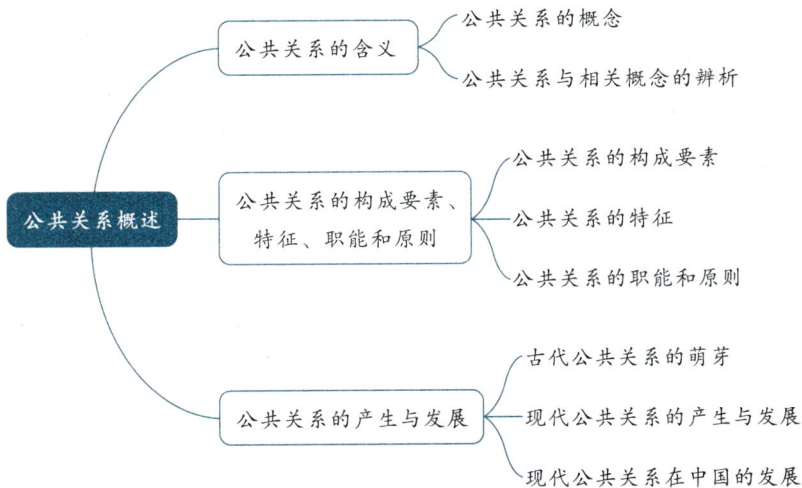

第一节　公共关系的含义

案例导入 1-1　　　　　　　　　人民需要什么，五菱就造什么

背景与情境：

2020年必将是载入史册的一年。在这一年里，我们上下同心，共同抗击新冠肺炎疫情。疫情突发，全民有责。在一系列政策的支持下，一批汽车、服装等生产企业体现出了高度的社会责任感，改建车间、设置产线、调配人员、紧急转产，以中国制造的加速度先后跨界生产口罩、防护服、消毒液、测温仪等医疗物资，以最快的速度满足抗疫物资的保障需求。上汽通用五菱汽车股份有限公司（以下简称五菱汽车公司）是最早开始改产口罩的企业，该公司将原有车间改建后共设置了14条口罩生产线，其中4条生产N95口罩、10条生产普通医用口罩。从提出转产口罩的方案到开始实施仅用了5天时间，第一批口罩下线仅用了3天！生产出来的口罩移交广西柳州市政府统一调配，用于支援疫情防控一线。五菱汽车公司生产口罩不仅让世界见证了中国速度，也见证了民族企业的担当。有付出就会有回报，五菱汽车公司为抗击疫情做出的努力和贡献，也使其收获了满满的人气和口碑，五菱宏光被称为民族之光。2020年最感人的一句话是：人民需要什么，五菱就造什么。新冠肺炎疫情面前，不止五菱汽车公司，很多企业均体现出了较高的社会责任感，为企业的公共关系成效打上了一枚枚骄傲的烙印。

资料来源：佚名. 人民需要什么，五菱就造什么 [EB/OL].［2020-02-14］. https://www.sohu.com/a/373122289_720640.

思考：

（1）谈谈你从案例中能够理解到的企业公共关系。

（2）结合实际，谈谈企业开展公共关系活动的意义。

一、公共关系的概念

"公共关系"（Public Relations）一词最早出现在1807年美国总统托马斯·杰斐逊的国会演说中。从字面来看，它由两部分组成：Public 和 Relations。Public 被译为公共的、公众的；Relations 被译为社会关系。现代学者常常把"Public Relations"表述为公共关系、公众关系，简称公关（PR）。

随着公共关系的不断发展，"公共关系"一词被赋予了多层含义，概括来说，其至少可以归纳为五个层次。

1.公共关系是一种意识

公共关系是一种文化意识，直接影响着人们的思想、观念和行为，包括塑造形象的意识、真诚互惠的意识、协调沟通的意识、长远发展的意识和危机处理的意识。从某种意义上来说，公共关系意识对一个社会组织的发展不仅是手段和功能，更重要的是无限的价值。"价值就是公关，公关带来价值"就是海尔公关文化的与

众不同之处。

2.公共关系是一种状态

有人说，世界上有了两个人就有了人际关系，有了两个集团、组织就有了公共关系。这是说公共关系是一种客观存在，是自古就有的，不管承认与否，它都会影响组织的生存与发展。

3.公共关系是一种职业

1903年，艾维·李成立公共关系事务所，以收费的形式为企业进行公关策划，公关职业由此正式诞生，艾维·李也被誉为"公关之父"。

4.公共关系是一门学科

1923年，著名公关教育家、实践家爱德华·伯尼斯出版了世界上第一本公关专著《舆论明鉴》，并在纽约大学开设了公共关系课。这是对公关实践的总结与提炼，是公共关系的飞跃性发展与突破。

5.公共关系是一种活动

现代社会的竞争让人们逐渐认识到内外关系协调、组织信息传播、组织形象塑造的重要性。这些组织发展的目标和手段催生了现代公共关系活动。人们把现代公共关系活动统称为公关实务。

课堂互动1-1

互动内容：

以下各种表述中均有"公共关系"一词，你知道它的含义吗？

1.某公司的公共关系不错。

2.小王是做公共关系的。

3.张老师出版了一本《公共关系基础教程》。

4.×××很有公共关系的头脑。

5.某公司策划了一场公益活动，是在搞公共关系活动。

互动要求：

请每位参与互动的同学结合所学的内容独立思考，积极陈述自己的见解，也可以和周围的同学简单沟通后作答。

公共关系自诞生以来，国内外学者从不同的角度对其进行研究和分析，对公共关系定义的界定也是众说纷纭。

美国公共关系学创始人爱德华·伯尼斯对公共关系的解释是：公共关系就是一种处理一个团体与公众或者是决定该团体活力的公众之间的关系的职业。

国际公共关系协会对公共关系的定义是：公共关系是一种管理职能，它具有连续性和计划性。通过公共关系，公立的和私人的组织、机构试图赢得同它们有关的人们的理解、同情和支持——借助对舆论的估计，以尽可能地协调自己的政策和做法，依靠有计划的、广泛的信息传播，赢得更有效的合作，更好地实现它们的共同利益。

《大不列颠百科全书》中对公共关系的解释是：旨在传递有关个人、公司、政府机构或其他组织的信息，并改善公众对其态度的种种政策和行动。

卡特李普和森特在《有效的公共关系》一书中对公共关系下的定义是：公共关系是一种管理职能，它确定、建立和维持一个组织与决定其成败的各类公众之间的互利关系。

中山大学王乐夫教授、廖为建教授在《公共关系学》一书中对公共关系下的定义是：公共关系是一种内求团结完善、外求和谐发展的经营管理艺术。

复旦大学的居延安教授在其著作《公共关系学导论》中对公共关系下的定义是：公共关系是一个社会组织用传播手段使自己与公众相互了解和适应的一种活动和职能。

上述关于公共关系的定义可以归纳为公共关系关系说、公共关系管理说和公共关系传播说，重点突出了公共关系的协调沟通职能、管理职能和传播职能。借鉴国内外学者对公共关系的定义所作的界定，本书对公共关系的定义表述如下：公共关系是指社会组织运用各种传播媒介和手段，共享组织信息、协调组织与内外公众的关系、塑造组织良好形象的管理科学与艺术。

📋 **知识拓展1-1**　　　　　　　**通俗、易懂的公共关系多样化表达**

（1）公共关系是内求团结、外求发展。

（2）公共关系就是信誉和爱心。

（3）公共关系是百分之九十用来作对，百分之十用来说好。

（4）公共关系就是讨公众喜欢。

（5）公共关系就是促进善意。

（6）公共关系就是争取对你有用的朋友。

（7）公共关系就是说服和左右社会大众的技术。

（8）公共关系就是努力干好，让人知晓。

（9）公共关系是为了让人爱你。

（10）公共关系使不好的变成好的，使好的变得更好。

公关实务1-1　　　　　　　**云南马帮入京"进贡"普洱茶**

背景与情境：

2005年5月1日，40多位赶马人、100多匹骡马组成的马帮从云南的普洱县启程赴京，10月抵京。赶马人年长者53岁，年少者19岁，来自云南省11个民族。马帮驮载着5吨多普洱茶，穿越6个省市，行程4 000多千米，形成一道独特的文化风景，冲击着人们的视线。云南马帮的成功进京，拉近了普洱茶与主流消费市场的距离。邹家驹甚至乐观地预测，北方历来是绿茶和花茶的天下，由于此次云南马帮千里进京，云南普洱茶在北方市场进行了一次成功的渗透，北京将掀起一股喝云南普洱茶的热潮。

资料来源：佚名. 普洱茶事件营销之一：马帮进京 ［EB/OL］. ［2012-08-30］. https://www.puercn.com/puerchazs/peczs/24180.html.

思考：

云南马帮驮茶进京活动带给你哪些启示？

二、公共关系与相关概念的辨析

（一）公共关系与庸俗关系

公共关系和庸俗关系是截然不同的，二者的区别在于：

1.两者产生的社会条件不同

公共关系产生于商品经济高度发达、信息传播量迅速膨胀、经济活动空前复杂的现代社会，是社会组织从卖方市场转向买方市场后，注重协调与公众的关系、提高知名度、塑造良好形象的必要手段。

庸俗关系则产生于生产力水平低下、商品经济不发达、信息闭塞的社会条件下。

2.两者采取的手段不同

公共关系采取的是合法的、公开的、符合职业道德准则的传播和沟通手段。庸俗关系采用的是请客、送礼等不透明、不公开甚至违法的物质利益诱惑等手段。

3.两者的出发点和目的不同

公共关系的出发点是追求组织效益与社会整体利益的最大化，其最终目的是提高组织的知名度、美誉度，树立组织的良好社会形象。

庸俗关系则是从个人利益角度出发，为了满足个人私利，使国家、社会、组织和公众的利益受到损害，污染了社会风气，影响了社会整体的发展。

（二）公共关系与广告

公共关系与广告均源于传播学，以传播为主要手段。

广告是公共关系传播的一种主要形式，现代社会需要具备公共关系意识的广告宣传。总结为一句话就是：广告是为了让大家买我，而公共关系借助于广告的信息传播形式是为了让大家爱我。

（三）公共关系与宣传

公共关系的核心是沟通与传播，是为了使信息为更多的人所知晓，这点和宣传的目的是一致的。但是，公共关系重视双向沟通以说服公众；宣传则是强制灌输，控制公众。宣传可以是公共关系活动中的一种手段，通过这种手段可以提高组织的知名度和美誉度。现代社会的宣传工作必须树立公共关系意识，以提升宣传成效。

（四）公共关系与人际关系

人类伊始就有了人际关系。人际关系基于血缘、地缘、业缘、趣缘等基础，主要研究人与人之间关系的发展规律。人际关系是为了满足个体自身的感情交流和精神需求。公共关系则是研究组织与公众间关系的发展规律，公共关系的发展离不开人际关系，需要借助人际关系的相关理论进行研究。公共关系要采用一切传播、沟通的手段，其中包括人际手段。

公关小智慧1-1　　　　　　　　　**人非圣贤，孰能无过**

很多时候，我们都需要宽容，宽容不仅是给别人机会，更是为自己创造机会。公关人员在面对他人的非原则性微小过失时，应适当忍让，这样做可以维护他人的体面和组织的利益。宽容是一则重要的公关之道。

资料来源：赵文明. 公关智慧168［M］. 北京：机械工业出版社，2006：28.

（五）公共关系与市场营销

公共关系与市场营销之间是紧密联系的。公共关系学与市场营销学均产生于商品经济高度发达的买方市场条件下。公共关系与市场营销的出发点都是活动对象的需求。公共关系活动和市场营销活动都要借用现代化的传播媒介和技术。公共关系已然成为一种非常成熟的企业营销策略。

但是，它们之间的区别也是明显的。其主要表现为：一是二者的主体不同。市场营销的主体是企业，是经济组织；而公共关系的主体是社会组织，除企业这种经济组织外，还涉及政府、学校、医院等组织。二是二者的目的不同。市场营销的最终目的是销售产品，提高企业的经济效益，注重短期效应；而公共关系的最终目的是塑造良好的组织形象，提高组织的社会影响力，形成长远的发展效应。

第二节　公共关系的构成要素、特征、职能和原则

案例导入1-2

背景与情境：

《左传·襄公·襄公三年》记载了这样一个故事：

祁奚请求退休，晋悼公问祁奚谁可接任，祁奚推荐仇人解狐。正要立解狐为中军尉，解狐却死了。晋悼公征求祁奚的意见，祁奚推举了自己的儿子祁午。正当此时，祁奚的副手羊舌职也死了。晋悼公又问："孰可以代之？"祁奚答道："赤也可。"晋悼公便安排祁午做中军尉，羊舌赤做佐助。有德行的人称赞祁奚，说这件事足以说明他能推荐贤人。推举仇人，不算是谄媚；拥立儿子，不是出于偏爱；推荐直属下级，不是为了袒护。《商书》中"无偏无党，王道荡荡"说的就是祁奚。解狐被举荐、祁午接任、羊舌赤任职——由一个中军尉起而做成了三件好事，祁奚真是能举荐贤人啊！正因为自己为善，所以能举荐与自己一样的人，如《诗经》所言"惟其有之，是以似之"。

资料来源：赵文明. 公关智慧168［M］. 北京：机械工业出版社，2006：30-31.

思考：

这则故事告诉了我们什么道理？

公共关系由主体、客体、中介三个要素构成。公共关系的主体要素是社会组织，客体要素是公众，联结主体与客体的中介要素是传播与沟通。三个要素互相依存、互相制约，密不可分。协调三要素之间的关系，是公共关系活动的基本规律。

一、公共关系的构成要素

公共关系的构成要素包括社会组织、公众、传播与沟通，如图1-1所示。

图1-1　公共关系的构成要素

（一）公共关系的主体——社会组织

社会组织是指人们为了有效地达到特定目标，按照一定的制度、章程等建立起来的，能够执行一定社会职能的独立的社会群体。比如，政党、政府、企业、商店、工厂、公司、学校等。社会组织可以有多种分类标准和结果：按照组织成员之间关系的性质，可划分为正式组织和非正式组织；按是否以营利为目的，可分为营利性组织和非营利性组织等。社会组织是公共关系活动的发起者，是公共关系活动的主体，没有社会组织就没有公共关系。

（二）公共关系的客体——公众

公众特指公共关系活动的对象。公共关系的核心就是协调社会组织与公众的关系。任何组织都有其特定的公众，组织公共关系的活动过程就是主动与公众建立和维护良好关系的过程。公众可以对公共关系主体的政策和行为做出主动意识的反应，从而对公共关系主体形成舆论压力和外部动力。因此，组织在计划和实施自己的公共关系工作时，必须认清并分析、研究自己的公众对象，根据公众对象的特点及变化趋势去制定和调整公共关系的政策和行动。一个组织的生存和发展取决于公众对组织的认可和支持程度，组织必须善待每一位公众，做到一视同仁、公众至上。

（三）公共关系的中介——传播与沟通

社会组织塑造良好形象，争取公众理解、支持与合作的任务是通过传播、沟通实现的。公共关系从本质上说就是一种传播活动，传播、沟通是连接公共关系的主体和客体的纽带和桥梁，因此，传播与沟通是公共关系必不可少的构成要素。为了有效地实现组织与公众的沟通，必须运用各种不同的传播方式，选择适当的传播媒介，利用有效传播的策略和方法。

二、公共关系的特征

（一）以公众为对象

公共关系是一定的社会组织与其相关的公众之间的相互关系。社会组织必须着眼于自己的公众才能生存和发展。公共关系活动必须始终坚持以公众利益为导向。

（二）以形象为目标

塑造一个组织良好的社会形象，评价指标有两个：知名度和美誉度。知名度是指一个组织被公众知道、了解的程度；美誉度是指一个组织获得公众信任、赞美的程度。塑造组织良好的社会形象是公共关系活动的根本目的。

课堂互动1-2

互动内容：

良好的组织形象可以为组织带来哪些益处？说说你的观点。

互动要求：

请每位参与互动的同学结合所学的内容独立思考，积极陈述自己的见解，也可以和周围的同学简单沟通后作答。

（三）以互惠为原则

公共关系是以一定的利益关系为基础的。一个社会组织在发展过程中要想得到相关组织和公众的长久支持与合作，就要奉行互惠原则，既要实现本组织目标，又要让公众受益。

（四）以长远为方针

一个社会组织要想给公众留下不可磨灭的形象，不是一朝一夕所能及的，必须经过长期的、有计划、有目的的艰苦努力。

（五）以真诚为信条

公共关系要求社会组织必须为自身塑造一个诚实的形象，这样才能取信于公众。诚实与信用是并存的，这一特征要求社会组织以真实为基础，尊重客观事实。真诚是组织生存的生命线。

（六）以沟通为手段

公共关系活动是组织与公众之间信息双向交流、沟通的过程。没有沟通，主客体之间的关系就不会存在。这一特征要求社会组织应具备传播、沟通的意识，积极主动地做好信息的双向沟通与交流，只有双向沟通的过程才是公共关系的完整过程。

公关小智慧1-2　　　　　　　　　　微笑服务

微笑服务这种以客户为本的服务理念已经深深扎根在我们心中。提倡微笑服务，是使消费者满意的良方。面对客户的抱怨与不满，相信微笑和真诚会将公关危机消弭于无形。以诚为先、微笑相对，是任何公关人员都应有的态度。要赢得消费者的信任，就要懂得做一个微笑的使者。

资料来源：赵文明. 公关智慧168［M］. 北京：机械工业出版社，2006：13.

三、公共关系的职能和原则

微课 1-1

公共关系的
职能和原则

（一）公共关系的职能

1.塑造形象

公共关系的职能就是调动一切可以调动的力量，运用各种传播与沟通的手段，塑造组织良好的社会形象，创造组织发展的良好环境。一个企业在公众面前的良好形象可以通过产品形象、员工形象和环境形象来塑造。企业良好的社会形象是其生存和发展的无形资产，可以给企业带来巨大的发展效能。

2.收集信息

收集信息是公共关系工作的必要前提，在信息社会，信息已成为公认的巨大资源。组织应运用各种有效的调查方法，使用先进的数据分析工具，对收集到的信息进行整理、分析，为组织的公共关系工作提供依据。任何组织的公关活动都应从收集信息开始，这样才能做到知己知彼、百战不殆。

3.咨询建议

公共关系职业化的起点就是从公关咨询开始的，从这个角度来讲，咨询建议是公共关系最有价值的职能。在现代企业看来，公共关系部门就是企业的"智囊团"，而公共关系人员则被企业称为"开方专家"，他们可以向决策层和各级管理部门提供公共关系方面的意见和建议，使得企业的决策更加科学化、系统化，更加照顾到社会公众的利益。

4.沟通协调

这是公共关系最根本的职能。组织作为一个开放系统，面对各类公众不同利益的要求，组织需要做的是在各类公众之间进行信息沟通，协调组织内部领导与员工之间的利益与关系，以及各部门、各环节之间的利益与关系，协调组织与外部公众之间的利益与关系，通过协调使组织与各类公众的关系达到良好的状态，确保组织更好地生存与发展。

5.教育引导

公共关系的教育引导职能体现在两个方面：一是对组织员工素质的培育。通过向员工灌输公关意识、传播公关思想、传授公关技能来提升员工的公关素质。二是对公众进行教育引导。公众不可能永远是对的，在协调各类公众关系的过程中，通过环境和心理优化，适时引导公众的思想和行为，以利于组织公共关系活动的开展。

📋 **知识拓展 1-2** 　　　　北京冬奥：展示中国文化与智慧的舞台

北京冬奥会是我国重要历史节点的重大标志性活动，是展现国家形象、促进国家发展、振奋民族精神的重要契机，当冬奥会与中国故事交融，诞生了许多宣传中国文化的智慧结晶；当冬奥会与中国匠心碰撞，凝铸出时代精神，为长远发展留下了宝贵财富；当冬奥会与中国环保碰撞，激发了太多令人赞叹的绿色环保创意。

"中国故事"的巧心独运，为冬奥舞台书写了点睛之笔；此次北京冬奥会的诸多设计都富含中华文明的深厚故事底蕴；传统文化邂逅创新，拓展了文化的深度和厚度。例如，冬奥会火种灯创意源自"中华第一灯"——西汉长信宫灯，借"长信"之义，表达了人们对光明和希望的追求和向往；灵感来源于古代同心圆玉璧的奖牌设计，体现了"天地合·人心同"的中华文化内涵，也象征全世界人民在奥林匹克精神的感召下，团结一心，共享冬奥盛事；灵感来源于中国传统山水画与冬奥会核心图形雪山图景的冬奥制服外观设计，体现了中国传统的"道法自然、天人合一"的思想，并融合了京张赛区的山形、长城形态，以及《千里江山图》的青山绿水。此外，会徽、吉祥物、图标等都蕴含着中国传统文化的巧妙设计，处处体现了中国式的吉祥如意，不一而足。

资料来源：王璐．北京冬奥：展示中国文化与智慧的舞台［EB/OL］．［2021-10-30］．http：//news.longhoo.net/2021/lhrp_1030/520822.html.

（二）公共关系的原则

组织在为树立良好形象而策划和实施公关活动时，必须要在正确的原则的指导下，才能达到预期目的。严格遵循相关原则是公共关系工作成功的基础和保障。公共关系的原则包括以下五个方面：

1.真诚守信原则

真诚是组织赢得公众支持和社会赞誉的资本，守信是组织公共关系成功的要诀。公共关系强调真诚守信原则，要求公共关系人员实事求是地向公众提供真实信息；同时，还要遵守诺言，说到做到，以实际行动取得公众的信任、理解和支持。

2.互惠互利原则

一个社会组织只有在互惠互利的情况下，才能真正实现自身利益的最大化。利益从来都是相互的，没有一厢情愿的利益。组织的公共关系应能协调双方的利益并实现双方利益的最大化。

3.不断创新原则

公共关系活动应适应公众求新、求异、求变的心理特征，需要无穷无尽的创新，使自己的策划永远保持新意，一直有新的思路、新的形式、新的方法、新的手段。

4.尊重公众原则

公共关系的对象是公众，失去了公众的组织也就丧失了生存的环境。组织应从公众利益角度出发，真诚地对待公众，设身处地地为公众着想，尊重公众、了解公众、善待公众，尽可能地满足公众的需求；同时，还要积极地引导和影响公众，使公众的行为有利于组织的发展。

5.全员公关原则

全员公关指社会组织中的所有工作人员都参与公共关系活动，都具有较强的公关意识，上下齐心，合力做好公关工作。

公关实务1-2　　　　　　　　　　　　　**自揭其短的"坦诚"**

背景与情境：

某体育用品有限公司生产的运动衣口袋里，无一例外都有一张这样的说明书：

"这件运动衣选用最优质的染料，用最精湛的技术染色，但是我们仍觉得遗憾的是，茶色的染料还没有达到不褪色的程度，还是会稍微褪色。"

资料来源：陶应虎，张志斌，吴静，等. 公共关系原理与实务［M］. 4版. 北京：清华大学出版社，2021.

思考：

该体育用品有限公司的这种做法带给你什么启示？

第三节 公共关系的产生与发展

案例导入1-3 杜邦公司的"门户开放"政策

背景与情境：

杜邦公司原是从事炸药生产的化学公司，由于技术不够成熟，时常发生爆炸事故。起初公司采取保密政策，一律不准记者采访。社会公众对此议论纷纷，久而久之，杜邦公司在公众心目中留下了一个"流血杀人"的可怕印象，对市场营销和企业发展造成了极为不利的影响。杜邦公司找来报界朋友咨询，报界的朋友建议其实行"门户开放"政策，把"象牙塔"变成"玻璃屋"。杜邦公司采纳了这一建议，并请这位朋友出任公司新闻局局长。杜邦公司改变了以往的做法，坚持向公众公开公司的事故和内幕，同时精心设计出一个宣传口号："化学工业能使你生活得更美好！"（此口号一直用到21世纪）此外，杜邦公司还积极赞助社会的公益事业，组织员工走上街头提供义务服务，一举改变了过去留给公众的"流血杀人"的印象。于是，许多公司也都聘请新闻代言人，采取厂区开放、参观介绍等公关措施，利用大众传播手段来修建自己的"玻璃屋"，实行透明经营。于是，在这场为企业塑造新形象的热潮中一个新的职业诞生了。

思考：

案例中最后所提到的"新的职业"指的是什么职业？

公共关系是现代经济社会发展的产物，它的出现又推动了现代经济社会的发展。自古至今，公共关系的思想、方法和技术已然成了社会组织处理好各种复杂社会关系，国家、组织谋求生存和发展的重要手段。公共关系对人类社会的发展有着非常重要的意义。

一、古代公共关系的萌芽

纵观历史，世界公共关系的源头可追溯到古埃及、古希腊、古罗马、古巴比伦和波斯时期。统治者为了巩固自己的统治地位，想到了运用舆论来处理与民众的关系，其公共关系思想更多地体现在政治统治和军事领域。统治者通过修建寺院、陵墓、写赞美诗等，为自己树碑立传，向后人颂扬自己的丰功伟绩，从而树立自身的声誉，塑造自己伟大神圣的形象。古希腊时代就已经有了靠创作赞美诗维持生计的人。例如，公元前4世纪，著名的学者亚里士多德就在《修辞学》中强调语言修辞在人际交往和演讲、争取和影响听众的思想和行为方面的重要性。古罗马的独裁统治者恺撒精通沟通技术，他办起了世界上第一份官报——《每日纪闻》，作为自己和臣民沟通的工具，他还专门请人写了一本记录他战绩的纪实性著作《高卢战记》，使他得到了古罗马人的拥戴。考古学家发现，早在公元前1800年，伊拉克政府就发布农业公告，告诉农民如何播种灌溉、如何对付地里的老鼠、如何收获庄稼等，这与现代社会中某些农业组织公关部的宣传材料很相似。这些活动堪称古代社会公共关系实践活动的典范。

中国古代的公共关系思想主要体现在政治和军事领域，后来也延伸到了经济领域。中国历史上，人们对"关系"的认知很明确：承认关系的客观存在，注重关系处理的有效性。人们也在复杂多变的关系处理中总结出了一些经典的处理方法和技巧，这为后来公共关系发展过程中针对公众关系的协调和沟通起到了非常重要的指导作用。作为中国著名的思想家、教育家、政治家，孔子提倡"仁义""礼乐""德治教化"，以及"君以民为体"，儒学思想渗透到中国人的生活、文化领域，同时也影响了世界上其他地区的部分人近2 000年。孔子认为"仁"即仁爱、爱人；从国家统治的角度，他主张施惠于民，以教育说服人、感化人；从人际交往的角度，要讲求诚信，即"言而有信"，并提出"人而无信，不知其可也"。此外，他提出"己所不欲，勿施于人"，表达了一种为他人着想的理念。这些主张与公共关系中讲求的诚信原则是一致的。孔子与弟子周游列国14年，传道讲学，推行儒家的政治主张和思想，晚年修订六经，即《诗》《书》《礼》《乐》《易》《春秋》，对国家和社会的发展起到了不可替代的作用。

另一位儒家思想的代表人物孟子认为："天时不如地利，地利不如人和。"这里所说的"人和"，是指人与人之间的协调关系。孟子把追求"人和"、创造一个良好的人事环境与组织环境放在首要地位，恰恰与现代公共关系活动遵循的基本原则和追求的美好目标相一致。《孙子兵法》中有"攻城为下，攻心为上"的说法，推崇"不战而屈人之兵"。古代一些英明的君王非常注重与民众的关系。例如，唐太宗李世民把君与民的关系比作舟与水的关系："民，水也；君，舟也。水能载舟，亦能覆舟。"唐太宗在位期间实施分权行政，三省职权划分初步体现了现代化的分权原则。唐太宗知人善任、用人唯贤，不问出身，从各阶层招募了许多杰出人才。由于唐太宗励精图治，在政治上加强对西域等地区的管辖，在外交上加强与亚洲各国的友好往来，在军事上积极平定四夷，在民族关系上对待少数民族"爱之如一"，即位期间出现了政治清明、经济复苏、文化繁荣的治世局面。

总体来看，古人对关系的处理在观念认识上重视民众舆论，强调仁者爱人；在语言交际上讲究语言传播的经验和技巧；在交往方式上注重人和、平等、谦让；在行为规范上讲究"礼""信"。这些与现代公共关系的原则几乎是吻合的。此外，历史上的一些典故也是公共关系实践活动的典范，如诸葛亮七擒七纵孟获、张骞出使西域、郑和下西洋、文成公主吐蕃联姻等。

明清时期，公共关系思想开始进入经济领域的商业活动中。例如，酒店门口悬挂的写着"酒"字的旗帜，店铺门上的"百年老店"招牌，人们经商活动中遵循的"和气生财"准则，都是公共关系思想在商业活动中的运用。这一时期，人们甚至还有了朦胧的形象意识，已经懂得良好的企业（店铺）名称对顾客的正面影响。

综上所述，古代中外历史上都可以找到大量类似于现代公共关系的思想和活动。但由于当时社会生产力水平相对低下，经济发展水平较低，社会经济关系相对简单，因此总体来看，人类早期的"公共关系"活动主要出现在政治、军事领域，是自发的、盲目的，带有强烈的政治色彩和伦理色彩。因此，这种早期的公共关系思想萌芽和实践活动被称为"类公共关系"或"准公共关系"。

课堂互动1-3

互动内容：

根据课堂所学，你还能举出哪些中国古代的"类公共关系"实践活动？说说你的观点。

互动要求：

请每位参与互动的同学结合所学的内容独立思考，积极陈述自己的见解，也可以和周围的同学简单沟通后作答。

二、现代公共关系的产生与发展

现代公共关系的产生有其特定的政治、经济、文化和技术条件，四个条件必须同时具备，缺一不可。

（一）现代公共关系产生的社会条件

1.现代公共关系产生的政治条件——民主政治

封建制度向民主制度的过渡是一场深刻的社会变革，这也是现代公共关系得以产生的重要前提。事实证明，民主制度的建立提高了民众的社会地位。政府首脑和各级官员首先必须要取得民众的信任，民众言论自由才能提高民众的参与意识。政府的决策也必须赢得民众的支持才能得以实施。政府和社会组织只有争取广大民众的信任和支持，才能提高其声望和形象。政治民主化是现代公共关系赖以产生和发展的社会政治条件。

2.现代公共关系产生的经济条件——市场经济

随着社会分工的加剧、商品经济的高度发展，落后的小农经济逐渐被市场经济所取代。市场经济条件下，买方市场形成，企业只有从公众的需求角度出发，满足公众的利益和要求，才能生存和发展；市场的变化使得公共关系应运而生。可以说，现代公共关系是供过于求的市场经济条件下的产物。

3.现代公共关系产生的文化条件——人性文化

人性文化注重人性要素，它让现代企业意识到了生产过程中要充分发挥员工的工作积极性，也让企业意识到了顾客的多样化需求，甚至其他公众关系的重要性。尊重员工、尊重公众是企业人性文化的重要表现，也是衡量社会文明程度的重要指标。企业人性化管理理念的本质是注重人性的、人文的、开放的文化，这是现代公共关系产生的精神源泉。

4.现代公共关系产生的技术条件——大众传播技术

随着大众传播技术的不断发展和大众传播媒介的出现，社会传播形成了一种多空间、多层次、多元化的传播体制，言论自由、新闻多样使得公众意见的表达、社会舆论的力量愈发具有影响力。大众传播技术的出现为现代公共关系的产生提供了重要的物质技术支持。

微课 1-2

现代公共关系
的发展阶段

（二）现代公共关系的发展阶段

19世纪末20世纪初，现代意义上的公共关系开始在美国出现，这与当时美国社会的政治、经济、文化、科技等因素是分不开的。现代公共关系产生以后，其相关理论和实践的发展经历了以下四个阶段：

1.巴纳姆时期

1833年，曾经在马萨诸塞州的《斯普林特菲尔德共和党报》当过学徒的本杰明·戴，为人类报纸的革命做出了重要贡献。他在9月3日这一天创办了《纽约太阳报》，由此掀起了美国报刊史上的"便士报运动"，即以一便士就可以买到一份报纸。该报是一份面向平民百姓的报纸，报纸不仅售价低廉，而且内容贴近平民百姓。这一具有重要影响力的社会舆论工具引起了大公司和财团的注意，它们借助报纸来宣传自己、制造新闻，甚至为了提高影响力不惜做夸大和虚假的宣传。报纸为了迎合下层读者的阅读心理，也乐于接受和发表这些新闻，这样两者相配合，就出现了美国历史上有名的"报刊宣传活动"。

这一时期最有代表性的人物就是巴纳姆。其工作信条就是：凡宣传皆是好事。为了使个人和公司扬名，置公众利益于不顾，任意编造谎言和神话故事，利用报纸"愚弄公众"是该时期的显著特点。这一时期虽然利用报刊制造舆论，催生了当时的报刊宣传活动，但是这种不择手段的吹嘘和欺骗行为是全然不顾公众利益、毫无职业道德的，是完全违背现代公共关系宗旨的，由此成为公共关系史上不光彩的一页。

2.艾维·李时期

19世纪末，美国爆发了以揭露工商企业丑闻为主题的新闻"揭丑运动"，史称"扒粪运动"。这场运动的冲击使工商企业意识到了取悦舆论的重要性。许多企业开始尝试经常与报界联系、邀请记者到企业参观，以改善与新闻界之间的关系，但他们都没有将这些活动进行到底，更没有提出现代公共关系的理念。

1903年，艾维·李开办了历史上第一家公共关系事务所，这标志着现代公共关系的问世，也标志着公共关系职业化的起点。艾维·李的公共关系核心思想就是"说真话"。1906年，他向新闻界发表了著名的"原则宣言"，全面阐明了他开办事务所的宗旨——"公众应被告之"。他提出"凡是有益于公众的事务必然有益于企业和组织"的观念，成功地为企业解决了许多难题。从此，艾维·李作为成功的公关实践第一人而名声大噪。但艾维·李的公共关系实践有艺术无科学，某种程度上制约了公共关系的发展。

知识拓展1-3

"揭丑运动"

19世纪末，美国已进入垄断资本主义时代，少数企业寡头掌握着全美国大半的经济命脉，它们不择手段地榨取剩余价值，人们对它们的行为十分反感，称其为"强盗大王"。它们的残酷压榨引起了工人强烈的不满，阶级矛盾日益激化，各个阶层和集团之间的利益冲突尖锐，终于爆发了以揭露工商企业丑闻为主题的新闻"揭丑运动"，史称"扒粪运动"。第一个正面发起进攻的是《麦克卢尔》杂志。这家杂志从1902—1904年连续刊出了"美孚石油公司发迹史"，以大量事实揭露了当时显赫一时的石油大王洛克菲勒如何通过不正当的手段挤垮竞争对手的真面目，使他此后多年一直处于挨批的境地。一批年轻正直的记者勇敢地充当了"揭丑斗士"，他们的锋芒指向那些不法巨头及政府的腐败行为，将其丑行暴露在光天化日之下。在近10年的时间里，各种报刊上发表的此类文章达2000多篇，从而使许多大企业和资本家声名狼藉。垄断财团最初想使用高压手段平息舆论，先是进行恫吓，继而又以不继续在参与揭丑的杂志上登广告相威胁，或以贿赂为"武器"，或自办报刊继续制造"神话"，企图掩盖丑闻。结果事与愿违，公众对垄断寡头们的敌意反而与日俱增。"揭丑运动"与当时的罢工运动给那些垄断寡头们带来沉重的打击，使美国的经济界开始正视新闻界与公众对企业发展的重要影响，他们开始转变思维方式以图摆脱危机。

资料来源：李兴国. 公共关系实用教程［M］. 3版. 北京：高等教育出版社，2015：25.

3. 伯尼斯时期

艾维·李创办了公共关系事务所之后，美国的公共关系事业迅速崛起。公共关系实践需要公共关系理论和学科化的发展。使现代公共关系形成学科化发展的是美国著名的公共关系顾问——爱德华·伯尼斯。爱德华·伯尼斯的公共关系核心思想是投公众所好。1923年，伯尼斯出版了世界上第一本公关专著——《舆论明鉴》，并开始在纽约大学讲授公共关系，成为在大学讲授公共关系课程的第一人。1925年，其出版了《公共关系学》一书，使公共关系理论化、系统化、学科化，提高了公共关系的理论水准。至此，公共关系进入学科化阶段。

4. 卡特李普和森特时期

20世纪50年代以来，公共关系的实践和理论研究进入了一个全新的发展时期。这一时期的代表人物是卡特李普和森特等一批公关大师。这个时期强调"双向沟通、双向平衡、公众参与"，也被称为"双向对称式"时期。1952年，卡特李普和森特出版了《有效的公共关系》一书，这本具有权威性的公共关系专著提出了"双向对称"的公关模式，它强调在公共关系的目标上，将组织和公众的利益置于同等重要的位置上，在方法上坚持组织与公众之间的双向传播与沟通。此书不断再版，被誉为公共关系"圣经"。此后，1955年5月，国际公共关系协会在伦敦成立，这标志着公共关系已作为一个世界性的行业而独立存在。

三、现代公共关系在中国的发展

（一）引进模仿时期

20世纪80年代初期，现代公共关系伴随着改革开放进入中国大陆。国门的打开和经济建设的需要使得现代公共关系这一新生事物得到迅速传播。深圳、广州的一些中外合资企业和外商独资企业开始模仿西方国家的企业设立公共关系部。1980年，我国第一家公共关系性质的专业公司——深圳蛇口华森建筑设计顾问公司成立。1982年，深圳竹园宾馆成立公共关系部，开展以招徕顾客、扩大影响面为目标的服务性公共关系活动。1983年，中外合资的北京长城饭店成立公共关系部，并因成功策划接待美国总统里根访华而名扬海内外。1984年，广州中国大酒店设立公共关系部。1984年9月，我国国有企业的第一个公共关系部——广州白云山制药厂公共关系部正式成立。至此，我国初步完成了公共关系的引进。

（二）快速发展时期

20世纪80年代中后期，公共关系在中国快速发展，专业性公共关系公司、公共关系协会应运而生。1985年，伟达公司和博雅公司这两家世界上最有影响力的公共关系公司先后进入中国。其中，博雅公司与中国新闻发展公司于1986年7月合资成立了我国第一家公共关系公司——中国环球公共关系有限责任公司。1987年5月，全国权威性的公共关系社团组织——中国公共关系协会在北京正式成立。1985年9月，深圳大学传播系率先设立公共关系专业（专科）。此后，中山大学、北京大学、兰州大学、首都师范大学、复旦大学、清华大学、中国人民大学等相继讲授公共关系课或开办公共关系专业。1986年11月，中国社会科学院新闻研究所公共关系课题组编著的《塑造形象的艺术：公共关系学概论》正式出版；同年12月，王乐夫、廖为建合著的《公共关系学》问世。随后的1988年1月，中国公共关系领域第一家专业性报纸——《公共关系报》在杭州创刊。1989年1月，中国第一份国内外公开发行的公共关系杂志——《公共关系》在西安创刊。上述活动，把公共关系在中国的发展推向了高潮。

（三）成熟稳定发展时期

从20世纪90年代初期开始，公共关系在中国的发展进入了一个相对稳定、成熟的时期。在这一时期，公共关系的发展受到了党和国家领导人的高度重视。1991年4月，中国国际公共关系协会成立，促进了中国公共关系理论研究与社会实践的国际化。1994年，中山大学被教育部批准开办部属院校第一个公共关系本科专业，随后在行政管理专业的硕士点招收公共关系方向的硕士生。1997年11月15日，劳动部（现为人力资源和社会保障部）成立了中国公共关系职业审定委员会，正式将中国公关职业命名为"公关员"，并于1999年5月将公共关系职业列入《中华人民共和国职业分类大典》，这标志着经过近20年的发展，公共关系职业终于获得了社会的认可。

（四）全面提升时期

进入21世纪，随着市场经济的深入发展，我国公共关系的发展进入了全面提升时期。这一时期，无论是公共关系理论和学科化发展，还是我国的公共关系行业、职业的发展，都取得了巨大突破。目前，国内涌现出了一大批公共关系专业的学者，国内开设公共关系专业的高校数量在不断增多，全国公开出版的公共关系相关书籍也在不断增多。中国本土的公共关系协会也在努力和国际接轨。这些都对国内公共关系的学科化提升和发展起到了重要的作用。在这一时期，中国本土公关公司的数量日益增多，并以其对国情的熟悉及创新能力赢得了国内外市场的认可，迅速成长起来。网络化时代，信息技术、数字化传播技术广泛应用于公共关系行业，新媒体的运营也为公共关系行业的创新发展提供了机遇和挑战。

思政园地1-1

人类命运休戚与共，国际协调、合作更加迫切。国家和，则世界安；国家斗，则世界乱。纵观人类发展史，国家间加强协调，世界才会和平；国家间开展合作，人类才会进步。国际社会演进至今，贫困、疾病、冲突、战争等困扰人类前行的障碍依然存在，观念之争、价值冲突更是加重了国家间的隔阂。面对纷繁复杂的国际形势和世界不平衡发展的现状，中国始终坚定弘扬全人类共同价值，促进各国文明交流互鉴，推动落实全球发展倡议和高质量共建"一带一路"，促进世界填补信任赤字、弥合发展鸿沟。人类的前途命运和长远未来有赖持续深化国际合作，特别是大国之间要互尊互谅、平等协作。作为世界和平的建设者、全球发展的贡献者和国际秩序的维护者，中国将坚定站在历史正确的一边，站在人类进步的一边，携手各国向着构建人类命运共同体稳步前行。

资料来源：钟联．构建新型大国关系 贡献和平发展力量［EB/OL］．［2022-03-29］．https：//www.fx361.com/page/2022/0329/10207615.shtml.

思考题

1.公共关系的含义有几个层次？分别指的是什么？
2.现代公共关系产生和发展的社会条件是什么？
3.请阐述现代公共关系的四个发展阶段。
4.公共关系的职能是什么？
5.公共关系的六大特征对个人今后的发展有什么指导意义？

实训设计

班级学生每4人一组，收集组织公共关系的案例，各小组制作PPT进行课堂案例展示，教师进行点评，引导学生掌握本章相关知识，并让学生切身体会公共关系对组织发展的重要性。

第二章

公共关系组织与人员

学习目标

· 知识目标：通过对本章的学习，了解公共关系部的职能、组建原则和组织结构类型；熟悉公共关系公司的基本类型和业务范围；理解选择公共关系公司的标准；掌握公共关系从业人员的素质要求。

· 能力目标：通过对本章案例导入、课堂互动等内容的学习，培养学生运用公共关系组织与人员理论的相关知识解决实际中存在的问题的能力。

· 素养目标：通过对本章知识的学习和拓展，能够借助"思政园地"等栏目，形成对公共关系组织与人员的基本理论的认识，培养学生吃苦耐劳的敬业精神和诚实守信的职业道德，具备公关人员从业的基本素养。

知识导图

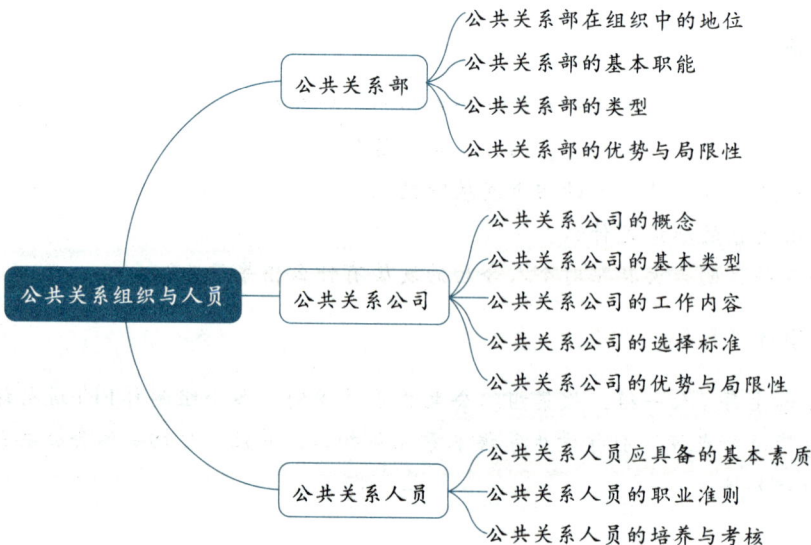

公共关系组织与人员
- 公共关系部
  - 公共关系部在组织中的地位
  - 公共关系部的基本职能
  - 公共关系部的类型
  - 公共关系部的优势与局限性
- 公共关系公司
  - 公共关系公司的概念
  - 公共关系公司的基本类型
  - 公共关系公司的工作内容
  - 公共关系公司的选择标准
  - 公共关系公司的优势与局限性
- 公共关系人员
  - 公共关系人员应具备的基本素质
  - 公共关系人员的职业准则
  - 公共关系人员的培养与考核

公共关系由社会组织、公众、媒介三个要素构成。其中，公共关系的主体要素是社会组织，客体要素是社会公众，连接主体与客体的媒介是信息传播。公共关系的理论研究、实际操作和运行发展都围绕这三者的关系而展开。公共关系的主体是指公共关系活动中处在主导地位的各类社会组织，它们是公共关系活动的策划者和实施者。在公共关系活动中，公关人员起着决策发动、组织实施、控制管理等决定性作用。具体而言，公共关系的主体有三个层次：社会组织、是代表社会组织行使公共关系职能的公共关系机构、代表社会组织具体执行公共关系职能的公共关系人员。

公共关系活动有一个从自发到自觉的过程。自觉的公共关系活动一经开展，便产生了建立组织机构的需要。目前，专门从事公共关系工作的组织机构主要是组织内的公共关系部和独立的公共关系公司。公共关系人员是公共关系工作的策划者、承担者和执行者。他们是否具有良好的素质将会影响公共关系工作的顺利开展。

第一节　公共关系部

案例导入 2-1　　　　　　　褚木电力公司的亲善公关

背景与情境：

1972年6月的一天，成群的渔民冲破保安人员的阻挡，闯入了日本名古屋褚木电力公司的大楼，他们呼喊着、叫骂着，发泄着心中的怨恨。原来，这家公司下属的一座发电厂没有处理好废水，使许多海洋生物遭殃，严重影响了渔民的生计。这家公司是有社会责任心的公司，为了减少环境污染，采用了低硫燃料，却使用电的成本提高，导致用户怨声载道。为此，公司积极筹建核电站来改变这个局面。筹备工作相当困难，每次选定的地点都遭到当地民众的反对。渔民的抗议使公司意识到，这种与公众利益息息相关的事业，必须首先取得公众的理解。在全力建设新电厂的同时，公司改变了工作重心，决定成立公共关系部，以改善公司与社会公众的关系。

公共关系部成立以后，制订了一个相当庞大的计划，展开持续几年的"消费者亲善活动"。每半年为一个阶段，每个阶段有不同的主题。例如，第一个主题是"让我们关心生活与电力"，第二个主题是"说说未来的能源"。其主要目的是向公众提供各种必要的知识、背景资料，以使公众理解当前日本公共事业面临的困难，并说明公司正在采取积极措施来解决困难。亲善活动采取的方式还有邀请消费者来厂参观、座谈，组织公开演讲，上门服务等。公司安排自己的1.8万名员工有计划地访问400万顾客中的40万，为保证访问质量，还专门编写了指南，给员工提供各种必需的资料。员工也主动参与当地的慈善活动：到养老院去演戏，清洗马路上的交通标志等。在做各种好事时，他们穿上公司的工作服，市民们一看到就说"褚木公司又在做好事了"。褚木公司的诚恳态度终于感动了"上帝"。几十万条信息渠道打通了，市民们的意见、建议源源不断地涌向了公司。这些意见、建议都经由推销部、人事部高级经理人员组成的委员会处理，做出答复。

褚木电力公司在公众心目中的形象也随着亲善活动的开展而发生了变化。公众认定这是一家具有社会责任感的公司，理解了公司的方针与困难，也谅解了公司暂时存在的不足。

资料来源：窦红平. 公共关系实用教程［M］. 2版. 北京：北京邮电大学出版社，2021.

思考：

（1）什么是企业公共关系部？

（2）结合实际，谈谈企业设置公共关系部的意义。

公共关系部是组织内部的公关机构，一般可以定义为社会组织内部自行设立的专门负责处理公共关系事务的部门或机构。现实中公共关系部的称呼多种多样，如公共关系部、公共事务部、公关策划部、传播企划部等。一个组织的规模越大，公共关系事务必然就越多，因此最有效的办法就是将公共关系的职能在机构设置上予以保证。

一、公共关系部在组织中的地位

微课 2-1

公共关系部

对企业自身来说，设置公共关系部的重要性体现在以下三个方面：

（一）有利于企业领导集中精力解决重大问题

设置公共关系部以后，可将分散的属于公共关系范围的工作和公关职能统筹起来，减少领导层的负担，使领导从大量的接待、应酬、协调等琐碎事务中解脱出来，集中精力去考虑全局发展的战略问题。

（二）有利于组织整体效能的实现

对于没有设立公共关系部的企业，公关活动由各个部门分别处理，各个部门考虑问题时往往从本部门利益的角度出发，导致效能较低、内耗增加。此外，各平行部门之间还会彼此封闭，妨碍共同发展。设立公共关系部以后，就可以从全局着眼，协调各部门间的利益关系，发挥整体的最大效能。

（三）有利于公关职能的充分发挥

企业公共关系部是代表企业进行工作的，对内代表决策层来协调处理员工与员工、员工与部门、员工与领导、部门与部门以及部门与领导的关系；对外代表企业发布消息，征询意见，处理问题，接待来宾。公共关系部作为组织内部的常设机构，能保证公关工作的连续性和系统性。

二、公共关系部的基本职能

公共关系部的职能因其所在的组织性质不同或因其所处层级不同而有所差异，但其主要职能大体相同，可以概括为以下几个方面：

（一）收集和处理信息

公共关系部的重要职能之一就是信息的收集和处理。企业要适应复杂多变的社会关系和激烈竞争的市场环境，就必须有专门的机构充当"耳目"，监测社会环境的变动。通过与组织内各部门、各方面保持接触和联系，对组织外的公众进行调研，收集并汇总信息，进行分析和处理；了解社会政治、经济、文化等各种因素的变化，预测未来的发展趋势，提出科学的见解和方案，掌握组织内外公众的要求和倾向，为最高领导层做出决策提供参考，使组织了解自己周围的环境，不断校正自己的决策和行动，从而适应多变的环境，在与环境的相互关系中发挥主导作用。

（二）传播和编辑制作

公共关系部也担负着向公众宣传、解释组织的有关政策或行动以及传递有关信息的重要职责。

其具体工作有组织各类展览，参观访问，举办联谊会、信息发布会、记者招待会、交流会以及各种专题活动，既可以教育和引导内部公众，使其理解并执行本组织的政策，又能够使外部公众了解、谅解、理解本组织的政策和行动，并给予合作和支持。公共关系部要根据不同公众和不同时期的计划要求撰写新闻稿，编辑各种内部刊物、宣传手册或画册，并设计制作各种相关的影像节目等。

（三）沟通和协调交往

公共关系部还担负着沟通和协调社会交往的职责，通过正常的途径妥善处理好内部公众之间的关系、组织之间的关系等，需要接待来访和来信投诉，必要时需协助组织开展协调各种关系的洽谈活动。通过沟通和协调交往，公共关系部不仅能够使组织内部各类成员之间、成员与组织之间增强理解与合作，也能使组织与外界加强横向联系，减少社会摩擦，建立良好的社会关系网络，赢得社会的理解和支持。

（四）调查与处理事件

公共关系部必要的时候还需调查与处理公关事件。例如，由于企业产品质量或其他方面的原因所导致的公众不满情绪和行为，有的属于公众误会，有的则属于企业自身问题。公关事件的发生，有如房子失火，若不及时扑灭，必然会阻碍企业的正常运转，严重的还会导致企业倒闭。对于可能给组织的形象与发展带来影响的突发事件，公共关系部要及时协助组织最高层迅速客观地调查与处理。最终目的是塑造良好的组织形象，提高组织的社会影响力，获得长远的发展效应。

■ 课堂互动 2-1

互动内容：

有些公共关系著作把公共关系部的职能形象地比作"情报部""参谋部""外交部""消防队"。你是如何理解的？

互动要求：

请每位参与互动的同学结合所学的内容独立思考，积极陈述自己的见解，也可以和你周围的同学简单沟通后作答。

三、公共关系部的类型

公共关系部在组织内部的设置方式在一定程度上可以反映其在组织中的地位与作用。由于不同组织的规模和工作内容不同，对公共关系活动的要求不同，因而所设公共关系部的结构规模也会不同。但是任何一个组织在设置公共关系部时，都应该遵循以下几项原则：规模适应性、整体协调性、工作针对性和机构权威性。组织在设置公共关系部及有关机构时，对以上原则必须加以综合考虑，而不能只考虑其中一项或几项原则。

公共关系部的组织结构没有固定模式，按不同的分类方法可分为不同的类型。

（一）按公共关系部在组织内部的位置分类

公共关系部按其在组织内部的位置可分为领导直属型公共关系部、部门并列型公共关系部、部门隶属型公共关系部和职能分散型公共关系部。

1.领导直属型公共关系部

领导直属型公共关系部直接隶属于组织最高领导层，由总经理或副总经理担任负责人。公共关系部的一切工作都要汇报到组织的最高决策机构讨论批准（如图2-1所示）。公共关系部单独由企业的最高决策者直接领导。这样公共关系部与其他职能部门之间既是平行的关系，又具有某些指导关系，成为一个与企业决策层有直接联系的部门。这种类型的公共关系部的优点是能够着眼于企业的各个经营环节，便于全面、有针对性地开展公关工作。在开展企业内部的公关工作时，可以使公关思想从上而下融会贯通，并具有权威性。它不仅负责企业内部各部门的信息沟通与协调工作，而且能够对整个企业的经营决策提出直接或间接的参考意见，对最高决策者产生重要的影响。这种模式是一种最为理想的公共关系机构模式。

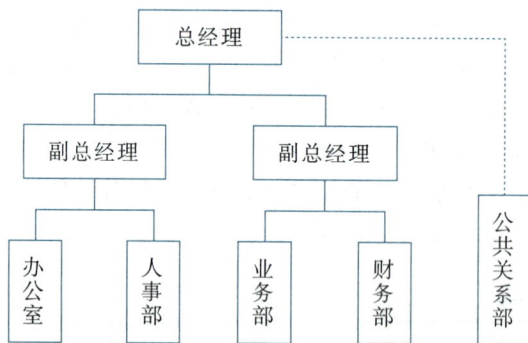

图2-1　领导直属型公共关系部

2.部门并列型公共关系部

部门并列型公共关系部是指公共关系部与组织内部的其他职能部门平行并列，处于同一层次（如图2-2所示）。这种类型的公共关系部可直接参与最高层决策，有足够的职权去调动资源、协调关系，其传播业务也比较完整，能够独立自主地开展公关活动。其优点在于既可以与最高层领导直接对话，也便于高层领导了解公众的意见和意图；既可以使公关部了解组织决策与行动的真实指向，也容易使公关部的意见影响决策过程。但一般来说，只有大型的组织才需要和可能设置这样的公共关系部。

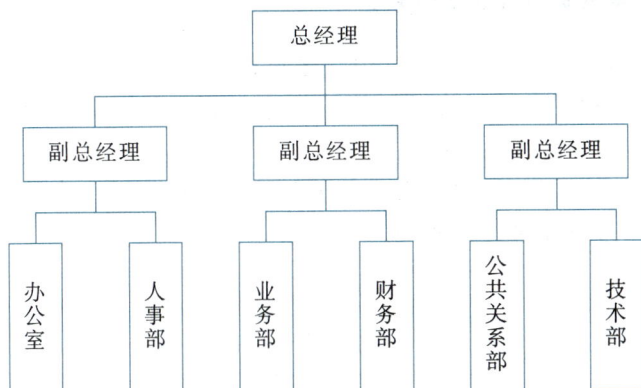

图2-2　部门并列型公共关系部

3.部门隶属型公共关系部

部门隶属型公共关系部是指公共关系部隶属于组织的某个职能部门。一般来说，其隶属于沟通业务比较集中、比较繁重的部门，如办公室、销售部、人事部、广告宣传部、接待部门等（如图2-3所示）。这种类型的公共关系部较其他职能部门低一个层次，受某一个具体职能部门的管辖。这种公共关系部（的组建模式）仅仅侧重于公共关系某一作用的发挥，而忽视了公共关系工作在企业经营管理中的全局性地位，是一种初级的公共关系机构模式。

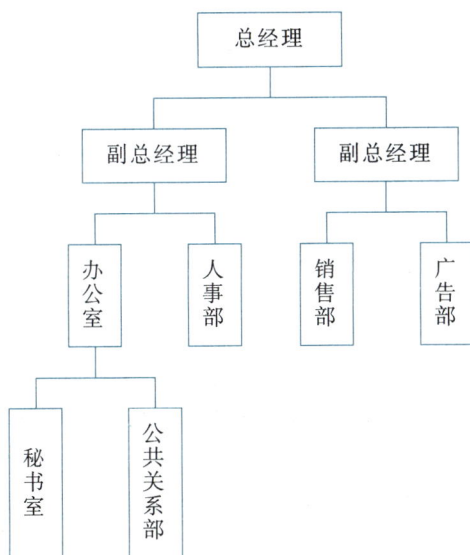

图2-3　部门隶属型公共关系部

4.职能分散型公共关系部

在一些组织中，虽然也有人专门做着公共关系工作，但并未设立独立的公共关系部，而是对公共关系部的职能进行分解，在其他部门中分别体现与本部门相关的公共关系职能。如在销售部门中设专人从事调查消费者对产品的意见和建议等工作，在宣传部门专门安排人负责与新闻媒介的联系等。

（二）按公共关系部的内在结构分类

公共关系部按其内在结构可分为公共关系过程型公共关系部、职能手段型公共关系部、公众对象型公共关系部和工作区域型公共关系部。

1.公共关系过程型公共关系部

公共关系过程型公共关系部主要是按公共关系活动的过程（主要包括调研、策划、传播及评估）来设置的（如图2-4所示）。

图2-4　公共关系过程型公共关系部

2.职能手段型公共关系部

职能手段型公共关系部是按其工作手段和所发挥的职能来设置的。如下设新闻通信办、编辑出版办、信息调查办、活动策划办、美工制作办和业务拓展办等机构（如图2-5所示）。职能手段型公共关系部的优点是职责明确，有利于工作人员业务水平的提高和工作人员熟练地掌握专业的公关手段。

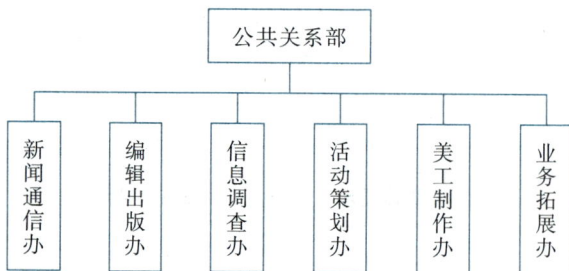

图2-5　职能手段型公共关系部

3.公众对象型公共关系部

公众对象型公共关系部主要按工作对象的不同设置机构，并以相应的工作对象作为机构名称，可下设内部公共关系部和外部公共关系部（如图2-6所示）。内部公共关系部处理员工关系和股东关系，外部公共关系部处理客户关系、媒介关系、政府关系、社区关系、竞争关系等。其优点是工作人员较熟悉自己的工作对象，能够有针对性地开展工作，争取不同类型的公众对组织的支持。

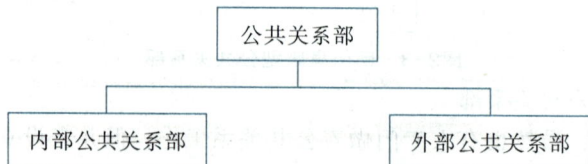

图2-6　公众对象型公共关系部

4.工作区域型公共关系部

一般大中型组织的工作对象分布面比较广泛，这时可以按照工作对象所在的不同区域来设置公共关系部。一般来说，从大的方面考虑，工作区域型公共关系部可以分国内公共关系部和国外公共关系部。国内公共关系部又可以具体分为东北地区事务办、西北地区事务办、华北地区事务办、华东地区事务办、华南地区事务办和西南地区事务办等。国外公共关系部又可以具体分为亚洲地区事务办、欧洲地区事务办和美洲地区事务办等（如图2-7所示）。这种组织类型的最大优点是能够针对不同区域公众的不同需求开展有针对性的公关工作。

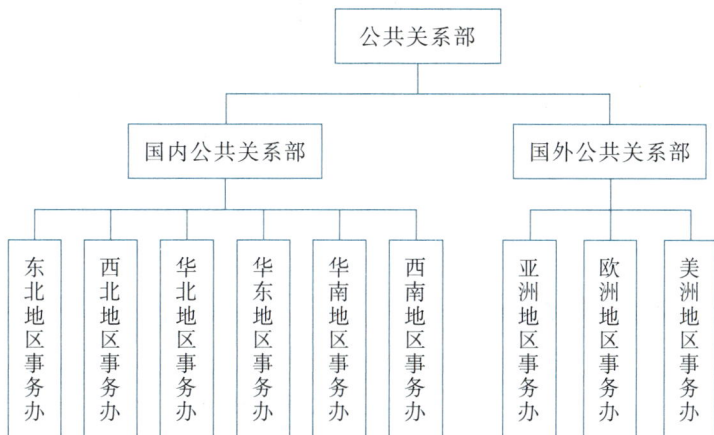

图2-7　工作区域型公共关系部

四、公共关系部的优势与局限性

组织内部的公共关系部本身就是组织的一个部门。它的工作人员熟悉本组织的内外环境，寻找问题的症结准确快速，拟订的计划切实可行，能随时为决策者提供咨询建议，促成组织内部交流渠道的顺利建立，有利于公共关系工作的连续性和系统性，为突发事件提供快速有效的对策；有利于贯彻经济上的节俭原则，为组织尽量节省经费，降低成本。

由于组织内部公共关系部与本组织的关系十分密切且受制于本组织，所以在分析问题、考虑对策时易受组织内部人际关系的影响，存在一定的局限性，容易形成偏见，会给组织分析现状、采取对策造成阻碍。组织内部公共关系部人员较少，人员的经验、社会活动范围与社会联系也有限，敏锐性不强，缺乏突破创新。

公关实务 2-1　　　　　　　　　　　**中国足球队化解危机的公关**

背景与情境：

1997年11月8日凌晨，世界杯亚洲区预选赛十强赛卡塔尔、伊朗之战终场哨响，预示着中国足球队新一轮冲击世界杯再次失利。以后的比赛，对中国队来说，仅仅具有形式上的意义。民众的疑惑、失望、痛苦溢于言表，外在化、激情化的言辞、行动不断出现在各种媒体上。中国队的能力受到极大的怀疑，形象遇到前所未有的危机。

"给民众一个说法"已是大势所趋。

11月13日，中国足球队在大连东方大厦举行记者招待会，足球协会常务副主席王俊生为主要发言人、国家体委宣传司司长何慧娴为主持人，教练组成员戚务生、金志扬、迟尚斌、陈熙荣，运动员代表范志毅、徐弘、区楚良等出席会议。何慧娴首先表达了中国足球队非常希望与新闻媒体见面、共同为中国足球会诊的真诚愿望。王俊生接着作长篇发言，分析此次失利的主要原因：判断出现偏差，发挥欠稳定，战术水平需要尽快提高，关键时刻在关键位置上出现了技术失误，导致失分。他和其他发言人还回答了记者提出的问题。

会上发布了中国队致全国球迷的一封公开信《擦干眼泪，奋起直追》，来自全国各地的新闻单位的百余名记者参加了2小时的记者招待会。

资料来源：佚名. 中国足球队化解危机的公关［EB/OL］.［2018-10-11］. https：//www.beisuan.net/dt/7204.html.

思考：

社会组织如何化解形象危机？

第二节　公共关系公司

案例导入2-2　　　　博雅公共关系公司（Burson-Marsteller）

背景与情境：

1985年，受新华社邀请，博雅公关成为最早进入中国的国际公关公司之一。

出于对客户资料保密的原则，很多人对博雅处理危机公关的情况了解甚少。但事实上，在危机公关处理上，博雅公关凭借其专业的知识、丰富的经验和默契的团队配合一直以来深受雇主信赖。譬如，在全球性病毒暴发、枪杀案件、大型企业纠纷事件中，博雅公关都成功地帮助客户控制了局面，减轻了负面影响，重振了公众信心。作为全球最大的公关公司之一，博雅公共关系公司的创始人兼董事长、被誉为"现代公共关系之父"的夏博新给出的建议是："危机往往在人们想不到的时候发生，发生时就需要大家及时调查，尽快找到原因，可是很多公司忽略了这一点。公关公司固然要支持客户的业务发展，可是最主要的职能就是帮助公司保持透明度，说真话。现在互联网很发达，谎言最终会被揭穿的。"

资料来源：佚名. 博雅公关公司公关案例［EB/OL］.［2020-08-16］. https：//www.docin.com/p-2432000460.html.

思考：

（1）什么是企业公共关系公司？

微课2-2　（2）公共关系公司的职能有哪些？

一、公共关系公司的概念

公共关系公司，又称公共关系咨询公司或公共关系顾问公司，是存在于组织外部的公关机构，不依附于任何具体的社会组织，由公关专家和专业人员组成，运用专门知识、技能和经验，依照有关法律、政策建立起来的有计划、有分工、有工作程序，专门向社会各界提供公共关系服务的营利性社会组织。

公共关系公司是随着公共关系作为一种职业的出现而产生和发展的。1903年，美国的艾维·李首创了具有公共关系性质的事务所。1920年，N.W.艾尔正式开办了公共关系公司。

由于公关公司在政治、经济生活中发挥了巨大作用，从而确立了它在社会中的地位。公关公司的出现是社会再分工的必然产物，是社会组织开展公共关系活动的必然要求。随着全球经济一体化进程的不断加快，市场竞争也在不断加剧，这就使得各种社会组织都想方设法来赢得公众的认同，求得公众的理解和支持，使本组织在社会公众心目中塑造良好形象，以谋求组织的和谐发展。一些小型企业由于受到人力、财力、物力等诸多因素的限制，没有能力设置门类齐全的内部公关机构，因此就需要借助专业咨询公司的广泛影响和巨大优势去实现企业的目标。对于一些较大型的社会组织，虽然其内部设有公共关系部，但在开展公共关系活动时也常在某些专业问题上求教于同行专家。对于一些刚成立的组织内部公共关系机构，更需要行家的指点和帮助，这样既可以突破本组织公关人员在经验和知识水平上的局限性，又可以得到公关咨询公司更高层次和更广泛、有效的指导。

从公关活动手段及效果看，公关咨询公司也有着组织内部公关机构不可替代的作用。首先，企业公关部成立以后，面对的首要问题就是如何克服内部公关人员在经验和活动范围上的局限性，使公关手段向科学化、规范化迈进，提高公关效率，增强公关效果。这就需要聘请公共关系专家作为顾问，使本组织的公关工作提升到更高的层次。其次，公关咨询公司较之企业公关部有着巨大的信息优势，在策划公关活动时更能着眼于企业的长远发展。另外，现代公共关系的一大特点就是技术性和专业化要求越来越高，许多策划活动不是企业自己所能承担的，需由经验丰富且受过专业训练的人主持。公关咨询公司能够集中人力、物力为各类社会组织提供各种专门服务，适应各种不同需要，因此，其产生和发展也就成了一种必然。

公共关系公司的业务范围很广，能参与任何方面的公共关系事务并提出建议、提供服务。公共关系公司的基本职能是对客户一切影响公众利益的活动予以指导、建议和监督，使客户与社会公众进行良好的双向信息交流和沟通，帮助客户建立良好的声誉。公共关系公司是公共关系职业化发展的产物。它的工作实际上是公共关系部工作的社会化，所以公共关系公司具有社会性、服务性、营利性的特征。

📋 知识拓展2-1　　　　　　　　　　**公共关系公司发展之最**

（1）1903年，现代公共关系之父——艾维·李创立的公共关系事务所是最早的具有公关性质的公共关系公司。

（2）1913年，伯尼斯夫妇创办了第一家真正意义上的公共关系公司。

（3）1984年，美国伟达公共关系公司在北京设立分公司。我国才逐渐出现职业公共关系公司。

（4）1985年，美国博雅公共关系公司与中国新闻发展公司签约，于1986年成立中国环球公共关系公司，这是我国第一家专业的公共关系公司。

资料来源：窦红平. 公共关系实用教程［M］. 北京：北京邮电大学出版社，2021：27.

二、公共关系公司的基本类型

公共关系公司的划分方法很多，如根据公司的规模可分为大型公关公司、中型公关公司和小型公关公司。据美国 20 世纪 70 年代的调查，小型公关公司平均在 6 人以下；中型公关公司在 6 人到 25 人之间，平均只略高于 7 人；拥有 25 人以上的则算是大型公关公司。按照经营地域，公共关系公司可分为全球性公关公司、全国性公关公司和地区性公关公司。按照资本的性质，公共关系公司可分为外国独资公关公司、中外合资公关公司、本土公关公司等。

比较常见的还是按照公关公司的业务范围来进行划分，形成所谓的综合服务型公关公司、专项服务型公关公司和顾问型公关公司。

（一）综合服务型公关公司

综合服务型公关公司可以为客户提供全面的公共关系服务。业务范围涵盖咨询诊断、联络沟通、信息收集、新闻代理、广告代理、产品推广、活动策划、危机处理、培训服务等诸多方面。此类公关公司实力强大、联系广泛，一般拥有先进的信息收集和分析系统，同时拥有一大批擅长处理不同公关问题的知名专家，包括分类公共关系专家（如媒介关系专家、消费者关系专家、社区关系专家、员工关系专家等）和公共关系技术专家（如演说专家、出版界专家、民意测验专家等）。

（二）专项服务型公关公司

专项服务型公关公司是侧重于为客户提供某一方面特定公共关系服务的公司。其服务项目往往仅限一种，但比较专业。如专为客户提供 CI 战略的策划和实施、专为客户提供公众调查服务等业务。专项服务型公关公司的人员通常是某一领域的专家，在此方面有着很强的实力。这类公司的经营规模和业务范围较综合服务型公关公司要小，但在某些特定的公关服务方面具有一定的优势。

（三）顾问型公关公司

从严格意义上说，顾问型公关公司也是一种专项服务型公关公司。它所开展的服务一般仅限于为客户提供咨询业务，对客户的公共关系活动提出意见或建议。但顾问型公共关系公司所提的意见和建议往往是多方面的，并不局限于某一特定方面，这是它与专项服务型公关公司的最大区别，因此将其单独划分出来。顾问型公关公司的成员基本上由某一工作领域的专家组成，如公共关系专家、公共关系协调专家、市场分析专家、广告策划专家、新闻媒体专家等。

三、公共关系公司的工作内容

公共关系公司可以就客户提出的公关问题提供建议和某方面的信息等，供客户决策层参考。公共关系公司还可以接受客户的委托，全权负责客户的某项专题公关活动（如市场调查、公众调查）、大型活动方案的制订和执行、充当客户的引荐人和调解人等。公共关系公司可以受客户的长期聘请，包揽客户的全部公关工作，或指派公关专家做客户的长期公关顾问。

公共关系公司的业务可分为咨询业务和代理业务，具体工作内容包括以下几个方面：①提供各方面的公关咨询，如针对各种公关问题的调查研究，帮助客户分析各种公关问题；确定公关目标，预测发展趋势；设计形象，制订公关计划；设计、实施具体公关项目的方案；编制实施程序和公关预算等。②运用自己所长帮助客户组织实施公共关系计划。③接受客户的委托训练公共关系人员。公共关系公司可以利用其专业技术优势和丰富的实践经验，帮助需要建立公共关系部门的组织，建立公共关系部门，协助客户开展内部公共关系工作，并为其培训公共关系人员，提高他们的业务水平。④帮助客户进行公共关系计划实施效果的评估，提供效果检验服务，协助总结经验教训。⑤协助客户处理社会性事件，消除不良影响。为客户提供公共关系一般业务服务，如帮助客户联系新闻媒介、策划大型专题会议、撰写稿件等。

四、公共关系公司的选择标准

在现代社会，正确选择公共关系公司是组织公关的一件大事。组织可以按以下五个方面的标准来综合评价并选择公共关系公司：

（一）公共关系公司的信誉和声望

公共关系公司的历史长短，业绩如何，社会上的影响力如何，有无成功地承办过大规模的公关活动、解决过难度大的公关问题，在工商界、公关界的知名度如何，同社会各界（如政府、新闻界、公关界、社区等）过去的、现在的客户关系如何，以及对合同履行的态度、财务管理的规范程度等，都可以作为衡量公共关系公司信誉和声望的具体指标。

（二）公关公司目前的人才状况

公关公司目前的人才状况，如有多少专业人员，其专业结构如何、经验如何、业务水平如何等，是选择公关公司需要加以考虑的标准。

（三）公关公司的专长与本组织需要的相关程度

不同的公共关系公司有不同的专长。公关公司的专长常表现为：处理某类事务如改换公司名称、处理某种危机等的专长；处理某个特定领域公关问题（如政府公关、金融公关、医药卫生公关、旅游公关等）的专长；提供某种具体专业服务（如调查研究、编辑公关刊物、制作公关声像资料等）的专长；处理某地域内公关问题（如国际公关问题、全国性公关问题、区域公关问题或社区公关问题等）的专长。选择公关公司时，以专长最能满足组织的公关需要为最佳标准。

（四）公共关系公司的财务状况

一般财务状况良好的公共关系公司，也有能力掌握、处理与公共关系事务有关的各个方面的信息和资料。这样才能保证委托单位的公共关系工作不因公关公司的财务困难而受影响。

（五）公共关系公司的收费是否合理

委托单位如果财力允许，选择的方法应该是在以上各个标准综合评价的基础上，用花费尽可能少、效果尽可能好的标准来综合评价各公共关系公司的收费是否合理。

五、公共关系公司的优势与局限性

公共关系公司具有公共关系部所不具备的优势。由于公共关系公司与委托办理业务的单位没有直接的利益关系，公共关系公司的人员不是客户的员工，不存在心理上、感情上、人情上的关系，因而可以从旁观者的角度冷静地观察问题、分析问题，对问题做出客观的评价。公共关系公司是由专家组成的，他们有丰富的公共关系经验和策划能力，容易赢得决策者的信任。他们所提出的建议和方案也容易受到决策者的高度重视。公共关系公司长期从事公共关系实务，已经建立起一套较为完善的信息网络，它们与政府部门、社会团体、新闻媒介以及同行业之间跨地区、跨国别的联系，使其信息来源广泛、信息渠道畅通。

但是，与组织内部的公共关系部相比，公关公司也有一定的局限性。其对委托单位内部情况了解的深度不够，因而建议、方案等有时可能同客户的实际情况脱节，不能及时为委托单位提供针对性服务。此外，公关公司与委托单位之间还存在着沟通困难和障碍，在费用、服务内容及质量上容易产生矛盾和分歧，影响公共关系工作的正常开展及双方的协调配合。

📋 **知识拓展2-2**　　　　　　　　**全球最大的公关公司**

全球最大的公关公司博雅公司成立于1953年，是全球领先的公共关系事务公司，公司在广泛的公共关系、公共事务、广告及与网站相关的服务领域，向客户提供战略思维和项目施行服务。公司的全球无缝网络由44个全资事务所及49个子事务所构成，在全球六大洲57个国家开展业务。

第三节　公共关系人员

■ **案例导入2-3**　　　　　　　**"你会坐吗?"——一次公关部长聘任考试**

背景与情境:

一家公司准备聘用一名公关部长，经笔试筛选后，只剩8名应试者等待面试。面试限定他们每人在两分钟内对主考官的提问做出回答。当每位应试者进入考场时，主考官说的是同一句话："请您把大衣放好，在我面前坐下。"

然而，在进行面试的房间中，除了主考官使用的一张桌子和一把椅子外，什么东西也没有。

有两名应试者听到主考官的话以后，不知所措；另有两名急得直掉眼泪；还有一名听到提问后，脱下自己的大衣，搁在主考官的桌子上，然后说了句："还有什么问题？"结果，这五名应试者全部被淘汰了。

剩下三名应试者，一名听到主考官发问后，先是一愣，旋即脱下大衣，往右手上一搭，躬身致礼，轻轻地说道："这里没有椅子，我可以站着回答您的问话吗？"公司对这个人的评语是："有一定的应变能力，但创新开拓能力不足；彬彬有礼，能适应严格的管理制度，可用于财务和秘书部门。"另一名应试者听到问题后，马上回答道："既然没有椅子，就不用坐了。谢谢您的关心，我愿听候下一个问题。"公司对此人的评语是："守中略有攻，可先培养用于对内，然后再对外。"

最后一名应试者听到主考官的发问后，眼睛一眨，随即出门，把等候面试时坐过的椅子搬进来，放在离主考官侧前约一米处，然后脱下自己的大衣，折好后放在椅子后背，自己就在椅子上端坐着。当"时间到"的铃声一响，他马上站起来，欠身一礼，说了声"谢谢"，便退出考试房间，把门轻轻地关上。公司对此人的评语是："不着一词而巧妙地回答了问题，富有开拓精神，加上笔试成绩佳，可以录用为公关部部长。"

资料来源：龚荒. 公共关系——原理 实务 案例［M］. 北京：清华大学出版社，北京交通大学出版社，2015.

思考：

公共关系人员应具备哪些素质？

公共关系人员（PR Practitioner）是从事公共关系工作的各类人员的统称。公共关系人员有广义与狭义之分。从广义角度看，公共关系人员是指所有从事与公共关系有关的工作的人员，包括在公关机构从事公关工作的人员、公关理论研究人员、公关课程教师以及对公关活动感兴趣的人员。从狭义角度看，公共关系人员则指专门从事公共关系工作的职业人员，包括在公共关系公司工作的职业人员和在社会组织的公共关系部门中工作的职业人员。随着公共关系工作涉及的范围越来越广，工作越来越复杂，只有专业的公共关系人员才能应对公共关系实践。公共关系活动成效的大小，不仅取决于公关机构是否完善与健全，还取决于公共关系人员的素质与能力。从事公关工作的人员应该遵守公共关系职业道德准则，具备强烈的公共关系意识、良好的心理素质、全面的知识储备等。

微课2-3

一、公共关系人员应具备的基本素质

（一）强烈的公共关系意识

公共关系意识是一种公共关系哲学或公共关系思想，也可以叫作公共关系观念，是一种自觉的而非自发的观念，是公共关系产生和发展的一大标志。它是公共关系活

公共关系人员

动的本质和规律在公关人员大脑中的能动反应。公关意识一旦形成，就成为支配人们行为的内在动力，成为公共关系行为的一种力量。公共关系意识是指一种尊重公众、自觉致力于塑造组织形象、传播沟通、争取公众理解与支持的观念和指导思想，是公关知识的凝练、公关实践的升华，对公关实践有指导作用。它是组织建立良好公共关系的必要前提，是公关人员必备的基本素质和核心。

公共关系意识包括以下内容：

1.塑造形象的意识

塑造形象的意识是公共关系意识中的核心。公共关系的真谛就是树立组织的良好形象，为组织积聚无形资产。只有具备塑造形象意识的人，才能深刻认识到知名度与美誉度对组织生存和发展的价值，明确认识到良好的组织形象是现代企业的无形财富和取用不尽的资源，才能卓有成效地开展各种类型的公共关系活动，对组织的公共关系人员来说，确立塑造形象的意识是开展一切公共关系活动的前提。

2.服务公众的意识

公众是公共关系工作的对象，是公共关系的客体。为公众服务是组织的基本生存价值。组织因公众而存在，因公众而发展。离开了公众，组织就失去了发展的基础。为公众提供周到的服务，注重质量，是组织珍惜信誉、塑造形象的具体体现，也被称为最好的公关活动。因此，公共关系人员必须有尊重和服务公众的意识。一切公关工作都要以维护公众的利益为出发点，满足公众各方面的需求，投公众所好。

3.协调沟通的意识

公共关系工作是一个系统工程，需要协调各方面的关系。因此，公共关系人员应该具有良好的协调沟通意识；要遵循双向对称原则，平等竞争、公平合作、互惠双赢。在沟通中寻求理解与支持，来增强组织内部的凝聚力和外部的和谐力，在沟通中谋求和谐发展。协调沟通的意识是一种平等、民主、真诚、互惠的意识。

4.立足长远的意识

公共关系工作是一种潜移默化的渗透。组织形象的树立不是一朝一夕的事儿，是一个需要长期努力、不断积累的过程。为此，公共关系人员要有长远的眼光，既要立足于公共关系活动的经济效益，更要着眼于长期的公共关系战略目标；既要追求公共关系活动的经济效益，更要注重公共关系活动的社会效益。公共关系人员立足长远的意识，不仅要求其做到对公共关系工作的坚持不懈，而且要做到不急功近利。

5.勇于创新的意识

公共关系的生命在于创新。突破固定程序，追求无重复的创新，才能使公共关系工作更有魅力。对公共关系而言，创新是永恒的，唯有创新才能塑造具有个性的组织形象。公共关系人员的创新意识是公共关系工作成功的前提条件。

6.强烈的危机意识

现代社会危机无处不在。引发危机的原因各种各样，使组织防不胜防。公共关系人员要面对现实，树立强烈的危机意识。在危机发生之前，密切关注环境变化情况，注意发现潜伏的可能造成危机的因素，加强管理，防患于未然；在危机发生之后，必须及时、果断、准确地判断危机性质，采取灵活多变的应对政策，化解危机。

（二）高尚的职业道德

1.知法守法

公共关系人员作为社会人，要具有强烈的法律观念，自觉遵纪守法，一切依法办事。

2.诚实守信

实事求是、真诚可信，是公共关系的生命所在，是公共关系人员应具有的最基本的道德准则。其要求公共关系人员收集的信息真实可靠，对来自各方面的意见要正确对待，对获得的信息要进行科学比较、分析，向社会传播信息时要真实、准确、透明、公开；不讲假话、大话、空话，不欺骗组织和公众。

3.公正负责

公正负责，要求公共关系人员必须具有高度的原则性，为有益于社会进步的正义事业和合法组织服务；自觉尊重、维护组织与公众双方的利益，无论是对人还是对事，应实事求是、公平对待、一视同仁、认真负责、不谋私利，不因自己及组织的利益而忽视社会公众的利益；要以公道之心，承担起整个社会的责任和义务。

（三）较高的文化素质

1.公共关系的基本理论知识和实务知识

掌握公共关系的基本概念、公共关系的基本职能、公共关系活动的基本原则、公共关系的三大要素、公共关系的调研、公共关系的策划、公共关系活动的实施和评价等知识，有助于公共关系人员更专业地处理公共关系领域中的问题。

2.与公共关系密切相关的学科知识

与公共关系密切相关的学科有管理学、社会学、心理学和传播学等，这些学科知识对提高公共关系人员理论修养和分析现实问题的能力十分重要。

3.有关组织的知识和开展特定公共关系工作所需的专门知识

公共关系人员只有全面掌握组织的情况，才能顺利做好公共关系工作。另外，根据特定需要，公共关系人员为开展某些特定的公共关系工作，需要掌握专业知识，不断拓展自身的知识结构。

（四）良好的心理素质

1.热诚开放的心态

公共关系人员在工作中要通过与公众的交往积极地影响公众。热诚的态度表现出的是一种自信和务实的精神，能够实事求是，讲求实效，勇于承担责任；在人际交往中又表现为对他人的关心与同情，能够诚实待人，乐善好施。此外，公共关系人员还需要有开放的心态。开放的心态可以使人感受到世界和人的多样性，充分尊重他人的利益、需求和选择。热诚开放的心态在实践中表现为对不同环境、不同交往对象的适应能力。这对公共关系人员来说是不可缺少的。

2.抗压承受能力

公共关系工作经常会面临各种困难和许多突如其来的问题。面对巨大的精神和工作压力，公共关系人员要有强大的抗压承受能力。公关人员只有具有坚强的意志，坚韧不拔、锲而不舍的毅力和恒心，执着敬业的精神，才能在各种复杂的情况下，想方设法地克服困难，出色完成组织的任务。

3.成熟的思维方式

公共关系活动复杂多变，要求公共关系人员要具有严密的逻辑思维能力和综合分析问题的能力，善于对各种问题和矛盾进行分析判断；要有丰富的想象力和创造力，善于不断创新。只有具备这样的能力，才能够更加适应环境、改造环境，实现既定目标。

4.健全的人格

公共关系人员必须具有开朗和善的性格，要热情活泼，善于交际，谈吐高雅；既要四方交友，又要善解人意、耐心细致、和蔼可亲；热情而不急躁，活泼而不轻浮，果断而不鲁莽。这样才能结交更多朋友，更好地完成公共关系工作。

（五）健康的体魄

健康的体魄是对公共关系人员体形、长相、外表、风度等方面的要求。其要求公共关系人员有较好的体形、强健的体格、整洁的仪表和潇洒飘逸的风度。这样就会对公众产生天然的吸引力，给公众留下良好的印象，为彼此进一步发展交往、增进友谊、开展工作打下良好的基础。同时，公共关系工作流动性强、强度大，健康的体魄也是公共关系人员开展工作的先决条件。

（六）全面的能力素质

1.观察和研究能力

公共关系人员要具备敏锐的观察和研究能力。公共关系人员应该能从普通的资料、数据和新闻报道中看出问题，从平常的现象中发现潜在的变化。公共关系人员要对周围的人和事从公共关系角度予以分析和判断，这样才能把握组织和公众各方面的变化。

2.人际交往沟通能力

公共关系人员是社会组织的代言人，是组织形象的体现者，肩负着沟通公众、树立形象的重任。因此，公共关系人员要具备一定的人际沟通能力，包括对交际礼仪的掌握、人际沟通技巧的掌握和人际沟通手段的运用。

3.组织管理能力

公共关系人员的组织能力主要表现为能够纵观全局，制订周密、详尽的通盘计划，把工作安排得井井有条；能够把不同职业、不同层次、不同特点的人员，按工作任务和相互作用组合成一个彼此协作的整体。

4.表达能力

公共关系人员需要具备一定的文字功底，如能够撰写新闻稿件、演讲稿、咨询方案，起草活动方案，编辑刊物等。此外，公共关系人员还需要具备较强的口头表达能力，能够清晰无误地传播信息，和公众进行言语沟通。

5.应变能力

公共关系人员要具有协调和处理突发事件和问题的能力。在公共关系活动中，意料之外的情况随时发生。这要求公共关系人员在工作中要反应灵敏、临危不乱、处事不惊、沉着冷静、果断勇敢。

课堂互动 2-2

互动内容：

有许多人认为他们的性格内向，身材、长相一般，所以不具备成为成功的公共关系人员的条件。对此，你如何评价？你认为性格和容貌在优秀公共关系人员的成功中起到多大作用？

互动要求：

请每位同学结合实际谈谈自己的看法。

公关实务 2-2　　　　　　　　**顾客争座时，肯德基怎么办？**

背景与情境：

2000年8月，南昌肯德基餐厅有顾客因争座被殴打而向报社投诉肯德基，引起一场不小的风波。

事件经过大致如下：一位女顾客用所携带物品占座后去排队购买套餐时，座位被一位男顾客坐了，双方因此发生争执。先是两位顾客因争座发生口角，尽管已引起其他顾客的注意，但大家都未太在意，此时餐厅的员工未能及时平息两人的争端。接着两人由口角上升到大声争吵，店内所有顾客的目光都被争吵所吸引，邻座的顾客则停止用餐，离座回避；带小孩的家长担心事态危险和小孩受到粗话的影响，领着小孩离店。最后二人由争吵上升到斗殴，男顾客大打出手，殴伤女顾客后离店，其他顾客也纷纷离座外逃和远远地看热闹。女顾客非常气愤，当即要求肯德基餐厅对此事负责，并加以赔偿。此时，其影响还仅局限于人际范围，如果餐厅经理能满足顾客的要求，女顾客就不至于向报社投诉。但餐厅经理表示"这是顾客之间的事情，肯德基不应该负责"，拒绝了女顾客的要求。女顾客马上向《南昌晚报》和《江西都市报》两报投诉。两报立即派出记者到场采访。女顾客讲述了事件的经过并坚持自己的要求，而餐厅经理在接受采访时对女顾客被殴表示同情和遗憾，但是认为餐厅没有责任，不能做出道歉和赔偿。两报很快对此事作了报道，结果引起众多市民的议论和有关法律专家的关注。事后，根据《中华人民共和国消费者权益保护法》，肯德基被认为对此事负有部分责任，向女顾客公开道歉，并赔偿了部分医药费，两报对此也都作了后续报道。

资料来源：佚名. 顾客争座时，肯德基怎么办［EB/OL］.［2021-10-21］. https://www.guayunfan.com/baike/328037.html.

思考：

从公共关系角度来看，顾客争座，肯德基到底该不该管？

二、公共关系人员的职业准则

在众多公共关系组织制定的职业准则中，要数《国际公共关系道德准则》的影响最大。很多国家直接采用此准则，或以此为范本制定自己的职业道德准则。除了《国际公共关系道德准则》外，《英国公共关系协会职业行为准则》和《美国公共关系协会职业行为准则》的影响也很大。此外，中国国际公共关系协会（CIPRA）于2002年审议通过了《中国国际公共关系协会会员行为准则》。各国公共关系职业道德准则的具体条文虽然不尽相同，但都可归纳为以下三个方面的内容：

（一）遵纪守法，不损害社会道德和他人的正当权益

任何一个国家的公共关系人员，或者在任何一国开展公共关系活动的人员，都必须遵守该国基本的法律、法规和社会公认的道德规范。这是公共关系人员最基本的职业准则。在公共关系实践中，如果组织的个体利益与社会整体利益发生冲突，公共关系人员必须牺牲组织的个体利益，而不能采取不正当的手段和方式，违法乱纪，从而损害社会整体利益或其他组织的利益。

（二）忠于职守，自觉维护组织信誉

公共关系人员是代表某一组织开展公共关系工作的，应忠于职守，避免使用含糊或可能引起误解的语言；对当前和以往的客户或雇主都始终忠诚如一，任何场合下均应在语言和行动中表现出对所服务的机构和公众双方的正当权益的尊重，以赢得有关方面的信赖；不能借用公共关系的名义从事任何有损所属组织或公共关系信誉的活动。

（三）公正诚实，不传播虚假信息

公共关系人员在开展公共关系活动中，不能传播没有确凿依据的信息，或者为了个体利益故意传播虚假的或使人误解的信息。做好这一点，既是公共关系人员对公众利益的尊重，也是从根本上长久维护组织良好信誉的保证。

三、公共关系人员的培养与考核

（一）公共关系人员的培养目标

根据公共关系工作的需要，通才型公共关系人员、专才型公共关系人员和一般型公共关系人员的培养目标各有不同。

1.通才型公共关系人员的培养目标

通才型公共关系人员知识面广，头脑灵活，思路开阔，考虑问题周全，有较全面的智力基础、能力结构和适宜的性格气质。

2.专才型公共关系人员的培养目标

专才型公共关系人员主要承担公共关系中的技术性工作，需要能够从事和处理某

一方面的公共关系业务，具有较高的技术水平；培养上注重动脑、动手和专业技能。

3.一般型公共关系人员的培养目标

一般型公共关系人员主要承担公共关系的一些辅助性工作和事务性工作，维持公共关系部门的日常运营；培养上注重一般工作常识和能力、仪表修饰、礼节礼貌和道德品质。

(二)公共关系人员的培养途径

1.正规系统培养

正规系统培养是指高等院校的培养。其属于学历教育，是培养公共关系专门人才的主要途径。这种培养是建立在系统和严格的教学计划、教学大纲以及专业师资、专业教材和明确的培养目标基础之上的。学生经过3～4年的公共关系专业知识的学习，能较全面地掌握公共关系的基础理论知识和技能以及相关的学科知识，为从事公共关系工作奠定良好的基础。

2.岗位培训

岗位培训面向已经从事公共关系工作的人员，属于非学历教育，分为普及型和提高型两种。普及型培训面向非公共关系专业人员普及公共关系的基础知识，以便他们接受培训后能成为正式的公共关系人员。提高型培训面向的是具有一定公共关系知识的工作人员，从某些实践方面提高他们的理论水平和工作能力。

(三)公共关系人员的考核

公共关系人员的考核主要包含两层含义：一是对公共关系人员的职业资格进行考核；二是组织内部对本组织公共关系人员的工作能力和工作状况进行评价。

1.职业资格考核

目前，国际上对公共关系人员的职业资格考核尚无通用模式。但英国公共关系协会参与主持的国际特许资产管理师（Chartered Asset Manager，CAM）考试已得到英国各界的普遍承认，对我们具有重要的参考价值。

CAM考试共分两个等级：第一等级有七门课程的考试，即市场学、广告、公共关系媒介、调查与行为研究、传播实践、商业、经济环境。公共关系、广告和市场营销人员只要通过其中六门课程的考试，就可获得CAM传播研究证书。只有获此证书者才能参加第二等级考试。第二等级考试又有两种类型：一是针对广告和市场营销人员，二是针对公共关系人员。针对广告和市场营销人员的考试有五门课程，即消费者广告与市场营销、工业广告与市场营销关系、国际广告与市场营销、高级媒介研究、管理资源。通过其中三门课程的考试，可获得CAM广告与市场营销文凭。

2.工作业绩考核

组织对内部公共关系人员工作业绩的考核结果是组织对公共关系人员施行奖惩的标准与依据。进行工作业绩考核，有利于调动公共关系人员的工作积极性，提高其工作效益。考核方法有以下几种：

（1）考试评议法

考试是指通过口试或笔试的方式检查公共关系人员的专业理论知识和专业技术能力。评议就是采用多种方式征求相关人员对被考核者的意见，并组织分析、讨论，最终做出公正的评价。

（2）工作标准法

工作标准法是指根据不同岗位的具体工作要求制定不同的工作标准，并以此衡量相应公共关系人员的水平。这种方法有明确而具体的客观标准，比较公正合理，特别适合考核公共关系人员的工作业绩，也适用于调整职务津贴和奖金分配。但是，有些岗位不宜制定工作标准，尤其是复杂的脑力劳动，更难制定工作标准，会给考核带来一定的难度，因此绝不能"一刀切"。

（3）量表评定法

量表评定法是以一种标准化的等级量表为工具，采用组织评、群众评、自己评等多种途径，对公共关系人员进行全面评定的方法。这种方法的优点在于评定项目设计严格，定义明确，计算方法统一合理，评定结果既能客观、全面地反映一个人的实际水平，又能进行相互间的合理比较。

（4）相对比较法

相对比较法是指根据各考核要素，将所有被考核者按两人一组的方法进行对比，判定每组的优者和劣者，然后综合其结果得出最终的序列和成绩。采用这种方法考核的结果准确性高，能够避免主观性、片面性和随意性。但这种方法易受被考核者人数的影响，如人数多、考核量大，易造成考核工作的烦琐化，适用范围也会受到一定的限制。

课堂互动 2-3

互动内容：

让·雅克·卢梭说："自信心对事业简直是奇迹，有了它你的才智可以取之不尽、用之不竭。一个没有自信力的人，无论他有多大才能，也不会有成功的机会。"你觉得这种说法对吗？为什么？

互动要求：

请每位同学结合实际谈谈自己的看法。

思政园地 2-1

由于油门踏板和脚垫的安全故障，丰田自2021年年底开始在全球大规模召回车辆，总裁全球"巡回道歉"。在"召回门"愈演愈烈之时，国家市场监督管理总局就丰田车加速踏板等缺陷发出风险警示通告，希望消费者谨慎使用部分车型，同时在全国范围内搜集缺陷信息。2021年3月1日，丰田汽车公司总裁丰田章男在北京举行记者会，就大规模召回事件进行说明，向中国消费者道歉，并宣布召回丰田在中国销售的多款品牌汽车。过去10年一直高速发展的丰田公司，遇到了重大的危机，公司的发展速度将大受影响。

2021年丰田全球销售额超过美国三大汽车厂商的总和，令业界惊呼：世界汽车业迎来丰田时代！谁能预料，高速发展的丰田模式竟然隐藏着巨大的缺陷——快速的扩张、对市场份额过度追求，使得丰田忽视了对企业质量生命线的严谨把控，数以百万计的丰田车存在严重的质量隐患。2021年突然爆发的丰田"踏板门"危机事件，其实就是企业过往细微质量瑕疵集中显现的结果。面对汹涌而来的危机，丰田的危机公关策略曾经出现了重大失误，危机公关经历了一个从早期的"不作为""动作迟缓"到后来的不得不"正面出击""全力布局"的过程。随着事态的发展，丰田公司也采取了不少应对措施，甚至公司总裁在美国国会的听证会上掉着眼泪表示对此事件负责，并跑到中国向中国消费者道歉。然而，多数媒体并没有因此而改变对丰田的指责，"道歉来得太迟""道歉的态度不好""中美车主待遇为啥不同"等诸多负面新闻仍然接连不断，让丰田陷入了前所未有的困境。然而，丰田公司仍然两次错失解决危机的主导权。幸好丰田公司认识到了自身的错误，重新制定危机策略，在全球范围内进行召回，并积极与消费者沟通，总裁亲身现身致歉，上书政府承认错误，丰田危机方未愈演愈烈。

"态度决定命运"，对于危机事件，这句话再贴切不过了。在危机事件的处理上，态度比方法更重要。如果态度过关，方法就算有所欠缺，也会挽回一定的损失；而态度不好，再好的方法也无济于事。这也是对丰田在此次"召回门"事件中的一大启示。

公司如此，人何尝不是如此呢？

资料来源：佚名. 2021经典公关案例分析［EB/OL］.［2021-04-28］. https://www.docin.com/p-2650878414.html.

思考题

1.简述公共关系部的工作内容。

2.公共关系部的组建模式有哪些？各有什么特点？

3.公共关系公司的具体工作内容有哪些？

4.组织选择公共关系公司应从哪些方面进行考虑？

5.公共关系人员应具备什么样的素质？

实训设计

1.以小组为单位进行讨论：作为一家公司公共关系部的部长，将如何组建一个公共关系部？小组组长全班汇报，各组之间互评，最后由教师做出点评。引导学生掌握本章知识要点，提高操作能力，培养职业素养。

2.以小组为单位，试着为自己组织的公关人员拟订一份培训考核方案。小组组长全班汇报，各组之间互评，最后由教师做出点评。引导学生掌握本章知识要点，提高操作能力，培养职业素养。

第三章

公众

学习目标

• 知识目标：通过本章知识学习，能够熟悉公众的概念、公众的分类，掌握公众的特征，了解公众的心理构成等基础知识。

• 能力目标：通过本章的公关实务、课堂互动和知识拓展等活动，会分析公众的心理定势，掌握对基本目标公众的分析方法。

• 素养目标：通过本章知识学习和公关实务、知识拓展、思政园地等活动，激发学生树立良好公众形象、处理和协调好与各种组织之间关系的兴趣。

知识导图

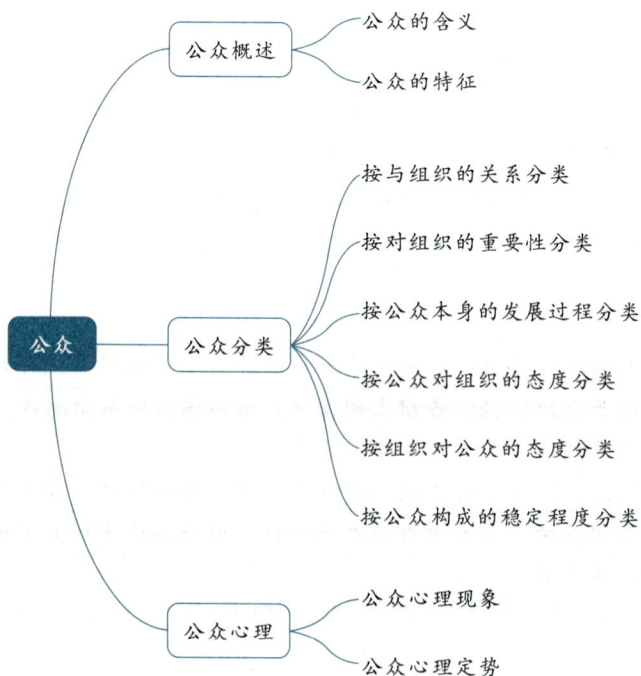

第一节 公众概述

案例导入 3-1 "白象方便面"再次登上热搜

背景与情境：

2022年3月6日，一个让人感觉似曾相识的方便面品牌登上了热搜，原因是它常年做公益的事迹被大家发现了。这个品牌便是最近话题度正火的"白象方便面"。据网上的早期资料描述，白象食品公司的董事长姚忠良是第十一届、十二届全国人大代表，对残疾人这一弱势群体特别关注，早在湖南分公司成立之初，他就开始吸纳大量的残疾人来此就业。值得一提的是，这些残疾员工统一被称为"自强员工"，公司内部对"自强员工"主要是根据其身体状况来安排岗位的，除了和其他正常员工同工同酬外，在生活方面公司还格外关照他们。车间外的公共区域有无障碍通道和减速带，洗手间里有无障碍扶手和防滑垫，并且划分有专门的安全通道，避免与货车接触，方便员工通行。食堂里有安放台阶的特殊窗口，方便个子较低的员工打饭。为了不让"自强员工"爬楼梯，他们的宿舍都安排在一二楼，正常员工则被安排到3楼及以上；宿舍内都安装有空调，洗衣房内有自动洗衣机，员工不仅能自行清洗衣物，还可以熨烫、缝纫等。此外，洗澡间也设置有凳子，供腿脚不便的员工使用。诸如此类的生活便捷设施，在公司的每一个角落几乎都有，对"自强员工"的关照可谓无微不至。只是由于公司低调做事的风格，加上长期受市场竞争力不足的因素影响，不少人对白象方便面的印象还停留在儿时的记忆里，有人甚至认为它已经倒闭了。直到流量时代的到来，在大家追求国产品牌和正能量的今天，白象方便面才在偶然间火遍全网。白象方便面的走红表面上看是一种偶然，但这背后却是公司日复一日坚持做正确的事才换来的高光时刻。无论是鸿星尔克，还是白象方便面，老百姓始终需要这种有社会责任担当、有家国情怀，同时又价格实惠亲民的良心企业。只要大家有这份向往，国产品牌未来依然有市场。只是，在支持国货的时候，理性消费始终都应排在第一位。

资料来源：佚名."白象方便面"再次登上热搜，但"野性消费"扶不起掉队的白象［EB/OL］.［2022-03-12］. https://new.qq.com/omn/20220312/20220312A08L0Z00.html.

思考：

（1）该案例告诉了我们什么？对你有何启发？

（2）结合实际，谈谈企业面对的公众有哪些，如何处理与各种公众的关系。

一、公众的含义

公共关系的客体，一般来说指公关的对象，是对社会组织或公众人物进行关注、监督和评价的特定社会群体，在整个公关过程中处于会被主体影响又保持独立思考的状态。简单地说，公共关系的客体就是公众，是公关活动指向的对象。组织要想做好公共关系工作，就必须要了解和研究公众。组织在开展任何公关活动前，首先都要清楚地了解此次活动的公众有哪些，了解和研究其心理活动和行为特征，处理好与公众的关系，这样才能有效地开展公关活动，在公众心目中树立其良好的形象。

公众是公共关系学中的一个基本概念。公众的英文为 Public，泛指公众、民众，也就是普通老百姓和广大群众。而公共关系学中的公众，与人民、群众、人群等概念相近，但区别还是比较明显的。人民，属于政治哲学及社会历史范畴，指以劳动群众为基础的社会基本成员，包括各个历史阶段推动社会发展的阶级、阶层或集团。而群众则泛指人民中从事物质资料和精神资料生产的劳动者。人群，作为社会学用语，与人民、群众有着比较大的区别，它是指成群的人，但不一定需要合群的整体意识和相互联结的牢固纽带。公共关系学中的公众，并不是广泛意义上的公众、民众，而是指对组织这个主体的生存和发展有着现实或潜在利益的那些个人、群体和社会团体，是公共关系对象的总称。就某一社会组织来说，它的公众既包括与它有关系（涵盖组织内部和组织外部）的个人，也包括与它有关系的其他社会组织。任何社会组织的公众都会是一个社会群体。

公众，对社会组织确定目标、实现目标、扩展目标，以至于对社会组织的生存和发展，具有实际的或潜在的利益关系和影响力。公众是社会组织赖以生存与发展的基础，是社会组织开展公关工作的对象。公共关系工作，就是社会组织面向特定的公众，协调好组织与各类公众之间的关系，使组织与各类公众相互适应、彼此合作，创造出和谐与协调的内外生存环境。公众的态度和行为反映着公共关系目标的实现程度。比如，当公众对某一组织的行为不满意时，他们可能不会直接抗议，但是会选择不再购买其产品，不再消费其产品和服务等。

综上，公众是公共关系的客体，是社会组织开展公共关系活动时进行信息传播与沟通的对象。

微课 3-1

二、公众的特征

由公众的定义和其扮演的角色，同时联系生活实际，我们可以归纳出公众的如下五个特征：

公众的含义和特征

（一）整体性

公共关系工作面对的不是单一的个人、群体、组织，而是与某一组织运行相关的整个公众环境。组织运行过程中必须面对的社会关系和社会舆论即公众环境。任何组织在其发展过程中都会面对某种社会关系和社会舆论，公共关系工作不可只注重其中某一类公众而忽略其他公众，而是要处理多种类别的公共关系。例如，一家饭店开业，需要面对卫生主管部门、税务部门、供应商、承租方、社区公众、消费者、政府机构、相关媒体、其他饭店等公众。单就消费者而言，就可以细分为本地消费者、外地消费者等；在组织内部要处理部门与部门之间、部门员工之间、股东之间的关系。因此，应将组织所面对的这些公众视为一个整体（如图3-1所示），他们共同构成了该组织必须面对的公众环境。公关主体需要面对整个公众环境开展公关活动。

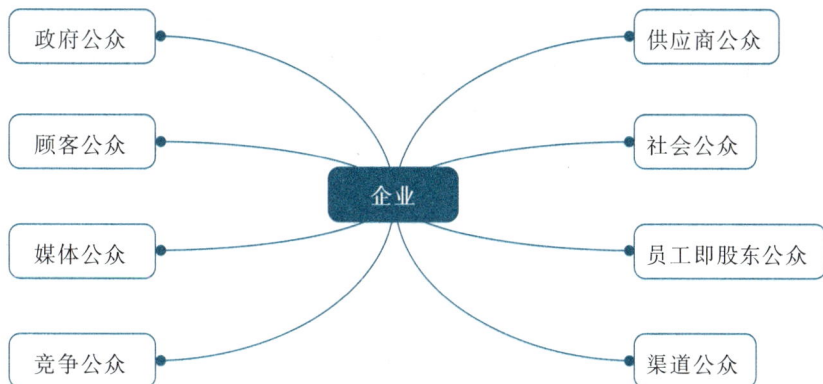

图3-1 企业的公众环境

（二）同质性

公众的同质性主要表现为他们或是面对共同的利益，或是具有相同的需求和兴趣，即构成该类公众的成员都面对共同问题，有共同利益和共同要求。也正是因为他们在面对的问题、利益和要求上的共同性，彼此之间很容易产生互动和共鸣，具有天然的一致性，甚至形成心理上、情感上的默契和一致，从而表现出明显的合群意识。如在购物直播间里的用户本来互不相识，也没有联系，但由于他们都在同一直播间购买而成为网店的公众。美国在印度建造的一家化工厂，由于有毒物质泄漏，造成大量当地居民的伤亡，这些伤亡者的亲属彼此之间可能毫无联系，但他们在面对有毒物质泄漏事件时有些共同点，这使他们的态度和行为具有某种内在联系，不约而同或者有组织地对这家化工厂形成一定的舆论压力，甚至采取一致的行动，因此就成为该化工厂的公众了。公关的主体只有充分了解和分析自己的公众，找出他们共同的特点，分析其利益所在，才能更好地开展公关活动，妥善解决公关危机。了解公众的同质性有助于组织确认属于自己的目标公众。

（三）多样性

公众是一个代名词，既可以是个人，也可以是群体，还可以是具有严密组织结构的团体或组织；处在不同的社会阶层，从事不同的职业，针对组织的态度或行为也具有多样性。世界上没有一成不变的东西。每个人的角色也会因为时间、地点的改变而改变。对商店来说，你是顾客；对学校来说，你是学生；对企业来说，你是员工或者股东。不管你的角色如何变，组织的目的都是使你成为它的伙伴、朋友，让你向有利于组织的方面变化。据统计，在发达国家，企业要与顾客、雇员、股东、社区等24种公众打交道（见表3-1）。不同类型的公众既有利益上的共同性，又有各自的特殊性。公众的多样性形成了对信息需求的多样性，也就决定了沟通方式和传播媒介的多样性，公关主体在开展公关活动时需要注意分析公众和传播方式的多样性，不断修改和更新公关工作的目标、方法和手段，注意不断变化的公众交流信息。

从公众与组织之间关系的紧密程度看，公众针对组织的态度或行为也具有多样性。因此，组织在开展公共关系活动时，必须全面、准确地了解不同类型的公众，对症下药，找到问题的切入点，适时、适当地进行信息的传播和沟通。

📋 **知识拓展3-1**

企业与24种公众有着广泛的联系，见表3-1。

表3-1 企业的24种公众

股东	雇员	顾客	社区	政府	工会
竞争者	新闻界	批发商	代理商	经销商	公务员
学校	劳工	消费者	工业界	宗教团体	慈善机构
金融机构	政治团体	一般公众	同业团体	原料供应商	公共服务团体

（四）变动性

公众不是封闭僵化、一成不变的对象，而是一个开放的系统，处于不断发展变化的过程之中。一方面，公众自身的社会角色不断变化；另一方面，组织自身的变化也使工作对象所处的环境不断变化。不仅公众群体的产生、解体是可变的，而且随着时间的推移，公众群体的构成、态度和作用也是不断变化的。公众环境的变化，必将导致公共关系工作目标、方针、策略、手段的变化。因此，公关主体必须以发展的、动态的眼光来认识和把握自己的公众。变动性是公众的动态特征。组织公共关系工作面对的公众无时无刻不处于变化之中，这种变化表现在公众的性质、结构、数量、重要程度等诸多方面，而且公众对象的产生与消失、公众数量的增加与减少、公众态度的好与坏等都处在不断变化的过程之中。公众的这些变化可能会给组织的发展带来新的转机，因此组织在政策和行动上必须做出相应的调整与反应，以利于自身抓住机遇或应对危机，得到更好的发展。公众的变动性要求公关人员时刻关注公众的变化及趋势，及时收集相关信息，研究公众的态度和行为，并观察组织环境的变化，制定和修改相关的政策和目标，以适应组织的发展。所以，组织要适应公众的变化，及时调整公关工作的目标、方针、策略和手段，随时注意公众的变化；组织必须用发展的眼光来分析、认识自己的公众。

（五）相关性

公众不是孤立存在的，而是与特定的组织密切相关的。公众与组织具有一定的相关性、互动性，组织发展现状制约着公众共同利益的实现、需求的满足等；他们的观点、态度和行为则实际或潜在地影响着组织的成败。公众总与一定的组织相关，实际上一个组织的公众是具体的，也是有限的。不同的组织有不同的公众，只有与特定组织发生相互关联的公众才是该组织的公众。这样的相关性可以是间接的，可以是实际的，也可以是潜在的。双方利益上的相关性是组织与公众形成公共关系主客体的关键链条。也正是由于公众希望从该组织获得某些利益，该组织的决策和行为才会对公众产生一定的影响力和制约力。这些公众之所以会成为该组织的公众，是因为他们的意见和行为对组织的发展也有一定的影响力和制约力。这就是组织与公众的相关性。例如，超市促销打折、提供微笑服务，会对公众产生明显的影响，而顾客对商品和服务态度的评价也会对超市的生存和发展产生影响。公关主体要经常分析这种相关性，正确界定自己的目标公众，制定正确的公共关系策略。一群人、一个团体或者一些组织之所以成为某个组织的公众，是因为他们与该组织具有一定的相关性、互动性，即组织的发展现状制约着他们共同利益的实现、需求的满足、问题的解决、特长的发挥等；而他们的观点、态度和行为对该组织的目标和发展具有实际或潜在的影响，甚至决定组织的存亡。因此，这种相关性决定了组织与公众关系的形成和维持。寻找和确定组织与公众的相关性，就是为了确定目标公众，分析各类公众的心理特征，以针对不同公众采取差异化的管理手段和策略。

课堂互动3-1

互动内容：

近日，网上传出一张截图，是一个民警发的。民警表示，自己在重庆磁器口游客中心执勤的时候，停在星巴克门口吃盒饭，被星巴克员工赶走了，员工认为民警会影响星巴克的品牌形象。民警感觉很憋屈，于是就发了朋友圈吐槽一下。没有想到的是，民警在朋友圈的吐槽登上了热搜，星巴克也对此进行回应：正在调查中！

2月16日消息，"星巴克驱赶门口吃盒饭民警"持续引发网友热议，今日，有市民发现涉事星巴克门前有人送来白花，还扔了一地鸡蛋。此外，当保洁人员想去打扫时，被市民劝阻不要扫。

资料来源：佚名. 执勤民警在星巴克门前用餐被赶走，因为影响品牌形象？[EB/OL]. [2022-02-14]. https://new.qq.com/20220214/20220214A08 C4500.html.

互动要求：

请思考星巴克被扔鸡蛋的原因，如果你是星巴克主管，民警在门口吃盒饭你如何处理？每位参与互动的同学结合所学的内容思考并积极陈述自己的见解，也可以和你周围的同学简单沟通后作答。

第二节　公众分类

案例导入3-2　　包子铺"习近平套餐"卖脱销 捧场顾客排到400多号

背景与情境：

"我们包子店头一次要领号，等着取包子的人最多排到了400多号。"习近平总书记到月坛北街的庆丰包子铺就餐，引起市民们的疯狂"追随"，昨天该店迎来开业以来的销售高峰，总书记点过的猪肉大葱馅包子和芥菜"套餐"一度脱销。市民们也为了能在总书记就餐的桌边就餐合影，不惜排队半小时。昨天中午，《北京晨报》记者来到月坛北街的庆丰包子铺，小小的店里已经挤满了人，点餐的顾客排着"百转千回"的长队站在大厅内等着点餐。取餐处，两名工作人员拿着手里的纸片喊着："223号，您的包子好了，来取一下。"人群中一名带着孩子的老人挤到取餐台前问道："是猪肉大葱馅的吧?"听见服务员肯定的答复后才放心拿走。70多岁的白老先生告诉记者，自己就住在月坛体育场附近，平时经常来这里买包子。"我看见新闻上说习近平总书记都来这里吃包子，所以就更得来这儿捧场了。赶着周末，我带着小孙子来买包子。让他知道，咱们传统快餐也好吃，别老是想着去吃洋快餐。"白老爷子坦言，平时不买猪肉大葱馅的，知道习近平总书记吃的是这个馅，所以改了口味，"我们也点了现在最流行的'习大大套餐'，猪肉大葱包子、芥菜，还有炒肝。"据现场工作人员称，中午12点半左右等待取餐的人数已有400多人，是开店以来人数最多的一天。"我们从来没有排过号，今天头一次。实在是蒸得不如卖得快，只能委屈顾客多等会儿。"在用餐的内堂，记者发现，很多端着盘子的顾客就站在习近平总书记当天用餐时坐过的桌子边排队，等待拍照留念，不少人不只满足于坐着照，还要站着、蹲着、抱着，变换多个姿势留影。当天曾和习近平总书记合影的贺店长和收银员小郭也感受到了大家的热情，很多人要求与他们合影和握手。小郭说："可能大家希望能沾沾习近平总书记的气息，我也是挺受宠若惊的。"不仅如此，庆丰包子铺其他分店的生意也因此红火起来。"对我们每个店的生意都有所带动，算是一个销售的小高峰。"店内的负责人说。

资料来源：佚名. 包子铺"习近平套餐"卖脱销 捧场顾客排到400多号［EB/OL］.［2013-12-30］. http://travel.cnr.cn/2011lvpd/gny/news/201312/t20131230_514526430.shtml.

思考：

（1）包子铺的首要公众是谁?

（2）包子铺为什么能火，与首要公众有什么关系?

一、按与组织的关系分类

1.内部公众

微课3-2

公众分类

内部公众是指组织内部的成员群体，主要指的是组织内部的领导及其他员工。在实行股份制的企业中，还包含股东。内部公众一般与组织有着归属关系，又是组织外部公共关系工作的主体。内部公众是公共关系所协调的最重要的公众之一，组织的生存和发展离不开内部公众，如员工、股东和员工家属等。组织内部公关的目的是增强内部员工的向心力和凝聚力，营造健康和谐的组织氛围，建设组织文化，提高组织素质和竞争力，为外部公关打下坚实的基础。

2.外部公众

外部公众是指组织的外部沟通对象。这类公众对组织的生存和发展有着潜在影响，因而直接影响着组织的利益，并且这类公众相比内部公众分布广、数量大，如消费者、政府部门、新闻媒体、社区居民、行业竞争者等。

二、按对组织的重要性分类

（一）首要公众

首要公众是指对一个组织的生存与发展具有重要影响力或起决定性作用，而且还影响和制约着其他公众的公众，如员工和股东、商店的顾客、宾馆的旅客、组织领袖等。首要公众是组织生存和发展的生命线，是公关对象中最关键的公众，因此，组织的公关部门应该投入最多的人力、财力和物力，将其作为公关工作的重点去维护和改善与这类公众的关系。

（二）次要公众

次要公众是指对一个组织的生存和发展有一定影响，但这种影响尚不具有决定性作用的公众，如社区公众、新闻界公众、广告代理等。由于组织的资源是有限的，因此应将此类公众放在次要位置，以突出公共关系工作的重点。对于次要公众，组织要注意其群体倾向，注意引导和转化，如果完全忽视次要公众的存在，仍然会造成组织公共关系的恶化。

对一个组织来说，首要公众和次要公众有一定的相对性，今天是首要公众，可能明天就是次要公众，因此，组织要根据不同时期自身的实际情况和发展需求来确定组织的首要公众和次要公众。组织要将首要公众作为公关的重点，但也不能忽视了次要公众。

📋 **知识拓展3-2　从丽兹到丽思·卡尔顿，百年狮王的荣光如何做到屹立不倒**

丽思·卡尔顿饭店是全球豪华的酒店品牌之一。对奢华酒店的目标客户群而言，对服务体验的需求远远超越酒店的设施和价格，成为入住的首要因素。丽思·卡尔顿酒店是国际酒店集团巨头之一万豪国际旗下的高端奢华酒店品牌，以"金牌"服务标准而著名，成为国家政要和社会名流下榻的首选。丽思·卡尔顿酒店因"我们以绅士淑女的态度，为绅士淑女们忠诚服务"这句名言在业内被传为一段佳话，同时也是丽思·卡尔顿酒店的经典企业文化。由此不难判断出，丽思·卡尔顿酒店的企业文化在酒店管理方面的应用主要专注于维持良好的宾客关系、员工关系及社会关系，从而助推丽思·卡尔顿酒店在奢华酒店市场中占据重要且不可替代的地位。在日常管理方面，酒店尊重每位员工提出的建议，重视每位员工的心理感受。在这样的理念被切实执行后，才有了丽思·卡尔顿虽身处员工流失率极高的酒店行业，却拥有大批忠诚的员工。除了用心关照、包容员工之外，丽思·卡尔顿酒店还通过举办"让我们宠爱你""让我们与你一起成长"等员工感谢周系列活动，让员工们感受到在丽思·卡尔顿酒店工作的"家庭氛围"。丽思·卡尔顿酒店注重对员工职业生涯的规划，在每年年末，各部门管理者会评估、分析部门内每一位员工的个人表现和发展潜力，并定制个人发展计划来帮助员工进行自我素质的提升，打通晋升渠道。绅士淑女不仅是气质高贵、衣着得体，更要有善良的品质和肩负社会责任的声誉。以上海浦东丽思·卡尔顿酒店为例，酒店坚持7年资助和关爱紫罗兰希望小学。在圣诞节期间，酒店大堂会布置挂满孩子心愿盒的圣诞树，客人可以取下这些心愿盒来帮助他们实现愿望；同时，酒店也会帮助这一年来学业进步最大的孩子实现自己的愿望。在圣诞节前夜，酒店会举办梦想实现仪式，并邀请希望小学的100名学生到场。这样的爱心创意公益活动让丽思·卡尔顿酒店的企业文化高度更上一层楼，彰显了一个有社会担当、有内涵而不单是奢华浮于表面的企业形象。

资料来源：佚名. 从丽兹到丽思·卡尔顿，百年狮王的荣光如何做到屹立不倒［EB/OL］.［2019-07-20］. https://www.sohu.com/a/328224497_395910.

三、按公众本身的发展过程分类

（一）非公众

非公众是指处在某组织的影响范围内，但其观点、态度和行为不受该组织的影响，也不对该组织产生影响力的公众。例如，造纸厂是服装厂的非公众。

（二）潜在公众

潜在公众是指已经同组织产生了某种关系，由此引发了某种问题，但其本身暂时未意识到这种问题存在的公众，即由于组织机构的行为，在将来可能与组织机构发生利害关系的公众对象，它是与现实公众相对应的。意识到潜在公众的存在，有利于组织制定有针对性的公关策略，也有利于组织调整对现实公众的政策。例如，在不知有质量问题的前提下购买了某种产品的消费者。

课堂互动3-2

互动内容：

2011BMW儿童交通安全训练营还在下半年推出了一部"BMW儿童城市安全生活"电视系列动画片，通过一个个发生在安安熊一家和安安好朋友之间的小故事，向孩子们传递健康文明的城市生活方式。系列动画片的播放为宝马儿童交通安全训练营开辟了一个全新的、更为便捷的、专业的平台，让交通安全教育走出训练营，进入千家万户。

这项公关活动的意义并不在于对首要公众的公关，其真正的精髓是对"孩子"这一潜在公众的作用。当下，越来越多的汽车品牌也开始把目光投向孩子这一群体，本着着眼于长远利益的原则和"培养品牌偏好要从娃娃抓起"的意识，它们开始在孩子身上花功夫、做文章。纵观这些"放长线，钓大鱼"的汽车厂商，不难发现，它们之中无一例外都是汽车行业中的佼佼者、领头羊。对一个大品牌、行业领导者来说，主要公众创造现在，潜在公众却可能决定未来，这或许就是潜在公众的魅力和影响力所在。以宝马公司的这一公关活动为例，儿童是整个公关活动的核心，通过儿童吸引父母，本身就是一步妙棋，比直接面向父母的活动更能带动他们参与的积极性。

互动要求:

请思考并讨论宝马此次公关活动针对的是哪类公众,为什么要针对此类公众。

(三) 知晓公众

知晓公众是指由潜在公众发展而来,本身已经意识到这种问题的存在,并且开始积极地收集相关信息,了解事情真相,寻求解决办法,准备向相关部门提出权益要求的公众。例如:知道购买的产品存在质量问题的消费者。

潜在公众是可以转化为知晓公众的,从潜在公众转化为知晓公众一般有三条途径:首先,潜在公众了解了厂家发出的信息后转化为知晓公众;其次,潜在公众直接通过大众传播媒介接收到了关于厂家的相关信息,如购买电视机时不知道电视机质量有问题,随后看报纸得知此事;最后,潜在公众在使用产品过程中得知信息从而转化为知晓公众。此时,组织不能放任不管,应积极应对,主动与此类公众沟通,满足公众的需求,转变在公众心目中的负面形象,同时关注舆论动态,及时采取措施防止矛盾激化。

(四) 行动公众

行动公众是指那些不仅意识到问题的存在,而且准备采取或已经采取行动(如向有关部门举报、投诉等)以求问题解决的公众。行动公众是由知晓公众转化而来的。行动公众的出现说明问题已经给组织带来不好的影响,处理不好会对组织的生存、发展构成直接威胁,或给组织带来较大的困难和产生恶劣影响。面对行动公众,组织的公关部门应当及时采取补救措施,尽可能消除造成的负面影响,让公众看到组织积极解决问题的努力,争取变不利为有利,把行动公众带来的压力转化为动力。行动公众的出现,不仅会对企业构成威胁,也会给公共关系工作增加难度,因此组织必须全力进行补救,使问题得到妥善解决,问题一旦解决,行动公众自然会消失。

🎯 **思政园地 3-1**

别砍了!6万人在线砍不下一台手机,拼多多回应……

拼多多的"砍一刀"再次引发热议!

日前,一位主播在直播间内邀请数万观众"砍一刀"领取免费手机却失败了,上万人砍不下"最后一刀"。一场游戏直播,意外让拼多多的"砍一刀"再次陷入舆论风波。事情的起因是:2022年3月17日,游戏直播平台斗鱼的一位游戏主播在直播中,用两个多小时带直播间6万多观众参与了一场拼多多砍价活动。彼时,该主播称,目的是想通过庞大的观众数量,零元拿到一款vivo手机,然后把手机送给幸运观众。让他想不到的是,历时两个多小时,6万多人参与,直接砍到了小数点后六位,结果还是没有砍完,也就是没能成功拿下这部2 000多元的手机。有网友评论道:6万人出门要饭都能开回一辆奔驰,却拼不下拼多多一部手机。最终,该主播不得不放弃了相关砍价活动。

莫名其妙的是,主播下播两个小时后竟然收到一张0.01元的无门槛购物券,这才

"成功"砍下这台手机。有业内人士分析称，这张优惠券，极有可能是拼多多官方在监测到相关舆情后，通过后台"技术手段"补发的一张优惠券。此事经过舆论发酵，迅速冲上微博热搜，网友纷纷要求拼多多给出回应。

拼多多称，砍价成功后，将对活动资格进行审核，审核成功后将为用户生成商品订单，或是发放一张无门槛商品券，或提供现金打款，具体以实际发放形式为准。但"好事不出门，坏事传千里"，更何况这忽悠消费者的事儿更容易引人关注，这事儿还是冲上了热搜。不知道拼多多的营销、引流是不是有很多套路，但有一个不争的事实是，尽管拼多多2021年以来一直声称已经做到了年度活跃用户第一，但其股价却已经从212美元/股最低跌到了23美元/股。

时下市场竞争激烈，拼多多想要赢确实不易。但总想着套路消费者，这永远差的一刀，实际上刀刀砍向的是拼多多自己。

资料来源：佚名.别砍了！6万人在线砍不下一台手机，拼多多回应……［EB/OL］.［2022-03-21］.https://xw.qq.com/cmsid/20220321A0DF3000.有删减.

四、按公众对组织的态度分类

（一）顺意公众

顺意公众是指对组织的政策、行为和产品持赞成、支持和认同态度的公众，如回头客、品牌忠诚者。公关人员应多与他们联系，及时沟通，争取到更多的认同和支持，并对周围公众产生影响和带动效果。

公关实务3-1 "米粉经济"如何成就了小米成为全球品牌？

背景与情境：

近年来，每当提到靠着互联网营销风生水起的科技品牌，小米若说排第二，江湖恐怕无人敢自称第一。一整套行之有效的"小米式营销打法"，助力这一年轻品牌在不到十年的创立时间内快速崛起、走向海外，并在全球范围内不断成功复制该模式，斩获大批忠诚"米粉"。如今炙手可热的"米粉"模式，其实起源于小米手机用于研发测评的网络社区。从100位超级用户开始，第一批"米粉"产生于小米第一款手机上市之前，其深度参与了最早小米手机论坛上的系统设计测试。短短10年间，这一品牌专属社群粉丝已经遍及全球，从100位到1 000万再到更多"米粉"的不断加入，缔造了一个基于新型用户关系的崭新品牌。其"扁平式"用户关系的核心，是邀请用户深度参与品牌建设：小米以线上社区的前瞻形式，适时拥抱品牌营销转型趋势，通过将与用户的实时沟通融入产品研发迭代中，不断突出用户的极致话语权，将品牌价值与不断变化的用户需求深度绑定，催生出了第一批跟随品牌成长的忠诚"米粉"群体。而海外的小米粉丝，也为小米的成功出海奠定了基础。2019年5月4日，小米国际"参谋长"Alvin发微博称："条条大路通罗马！小米欧洲今天在罗马的顶尖商场Porta di Roma开了罗马第一家小米之家，虽然今天天气不佳下着雨，但'米粉'们非常给力，出现了超过300位米粉一起剪彩的盛况！因为'米粉'，所以小米！五一假期在罗马度假的朋友们欢迎过来参观。"不仅如此，一路攻入欧洲成熟市场的小米至今已是捷报频传。据《财经》杂志近日报道：除印度外，目前海外市场的主要增量来自欧洲，并已成为小米第二大海外市场，占总销量三成。据第三方机构 Canalys 数据，2019 年第二季度小米是欧洲市场增长最迅猛的公司，同比增长 48%，卖出智能手机接近 450 万台。小米欧洲开业伊始至今能够顺利斩获一连串业绩，离不开"米粉"群体"前行一步"的自发式口碑传播，因为小米手机的众多海外版本也是各国"米粉"自发参与制作和推广的。海外市场"米粉"开花的背后，展现了小米运营模式的全球复制能力和营销理念的输出能力：在深度理解当地用户需求的基础上，将自己定位成用户身边富有亲和力的朋友，而非高高在上的传统科技品牌，这样的理念成了小米品牌全球成功的优势所在。

资料来源：佚名."米粉经济"如何成就了小米成为全球品牌？[EB/OL].[2019-11-08].https://software.it168.com/a2019/1108/6083/000006083374.shtml.

思考：

"米粉"属于小米公司的哪类公众，对小米发展起到了哪些作用？小米公司应如何对待"米粉"？

（二）逆意公众

逆意公众是指对组织的政策、行为或产品持批评、反对甚至敌视的态度的公众，如不会购买甚至影响别人购买该产品的消费者。对此，公关人员要分析是自身原因还是由公众误解造成的，从而有针对性地开展公关活动，促使逆意公众的态度发生转变。

（三）边缘公众

边缘公众是指态度、观点和意向不明朗的公众，如可买可不买的公众。面对此类公众，公关的重点是把边缘公众转化为顺意公众。

五、按组织对公众的态度分类

（一）受欢迎的公众

受欢迎的公众是指完全符合组织的需要并主动对组织表示兴趣和沟通意向的公众，如自愿的投资者、捐赠者、赞助者等。组织面对这类公众要经常给予一定的回报。

（二）被追求的公众

被追求的公众是指符合组织的利益和需求，但对组织却不感兴趣，缺乏交往意愿的公众，如著名的记者、社会名人等。组织要设法接近此类公众，与他们建立起良好的关系。其目的在于借助名人的社会知名度提高本组织对公众的影响力和号召力，强化组织的良好形象。

公关实务 3-2 押注冬奥会＋谷爱凌，安踏终成大赢家

背景与情境：

2022 年 2 月 8 日上午，中国运动员谷爱凌夺得自由式滑雪女子大跳台项目冠军，这是她个人的首枚冬奥会奖牌，同时也是冬奥会历史上第一枚自由式滑雪女子大跳台项目金牌，以及中国代表团冬奥会历史上的第一枚雪上项目金牌。夺冠后，"谷爱凌"三个字迅速霸屏热搜榜，其背后的代言和商业价值也备受瞩目，安踏体育（以下简称安踏）毫无疑问成为最大赢家。其中，谷爱凌在场下穿着的安踏羽绒服登上微博热搜榜第一，话题#谷爱凌这羽绒服显瘦#引发网友广泛讨论。安踏在谷爱凌夺冠后第一时间快速生成海报，并进行微信朋友圈广告投放，不断扩大品牌影响力。截至发稿，安踏股价接近 130 港元/股，市值超 3 500 亿港元。

奥运明星代言策略效果显著，较早签约谷爱凌影响力飙升

此次冬奥会，早早押中谷爱凌的安踏，无疑收获了空前的关注。据安踏副总裁朱晨晔介绍："现在是一个短视频与互联网融合的时代，我们很早就与腾讯商定做"金牌朋友圈"，她一夺金牌，在 10 分钟之内就会上线安踏朋友圈的广告，包括即时营销海报与视频也会在 10 分钟之内发出，这些我们会事先都准备好。当然海报上的文字会视夺冠状况而定，我们有一个团队在北京办公，会快速进行调整与营销，在 10 分钟之内确认发出。"作为较早签约谷爱凌的品牌方，安踏的影响力有望进一步提升。朱晨晔在采访中表示："安踏今年的冬奥广告实际整体是以谷爱凌为主，包括 CCTV 和其他社交媒体上与营销相关的内容，都是以谷爱凌为核心进行展现。所以现在大家都说这届冬奥会安踏的品牌渗透力非常强。在商业价值上，她极有可能会创造历史，拿下 3 枚金牌，如果谷爱凌能拿下 3 枚金牌，其商业价值与影响力将是巨大的。"在品牌聚集效应的加持下，安踏的发展也取得了"意外之喜"。

资料来源：王非. 押注冬奥会＋谷爱凌，安踏终成大赢家 [EB/OL]. [2022-02-10]. https://new.qq.com/omn/20220210/20220210A06DTK00.html.

思考：

企业如何选择被追求的公众才能获得双赢？

（三）不受欢迎的公众

不受欢迎的公众是指违背组织的利益和意愿，对组织构成潜在或现实威胁的公众，如对组织抱有敌意的人等。公关人员面对此类公众不能忽视，应尽量争取到他们的理解，避免矛盾激化形成对立。

六、按公众构成的稳定程度分类

（一）流散性公众

流散性公众是指流动性大、分散性强的公众，如飞机上的乘客、游客等。面对此类公众，组织应做到有预案、有应急处理的办法、有应对的对策等。

（二）临时性公众

临时性公众是指因某一临时事件、活动或某一共同问题临时聚集在一起的公众，如运动会、剧院的观众等。

（三）周期性公众

周期性公众是指按一定规律和周期出现的公众，如招生时节的考生和家长、上海进博会的来宾等。组织应做到有组织、有计划、有规律地开展此类公关活动。

（四）稳定性公众

稳定性公众是指由于兴趣、爱好、习惯的影响，比较集中地与某些组织发生稳定的联系的公众，如定期去某医院体检的老年人等。组织应对此类公众采取特别的措施和政策，以展示彼此密切的关系。

（五）权力性公众

权力性公众是指组织最为严密、援用某种行政权力的公众，如政府及其各级行政管理机构、上级主管部门。

公众的分类，可以帮助公关人员认识和分析与组织相关的公关对象。公众的分类有多个角度，现实中，公众并不纯粹属于哪一类型，而是承担多种角色。如图3-2所示，对组织来说，要根据自身实际情况区分所要面对的各种公众，并针对不同公众采取不同的应对措施。

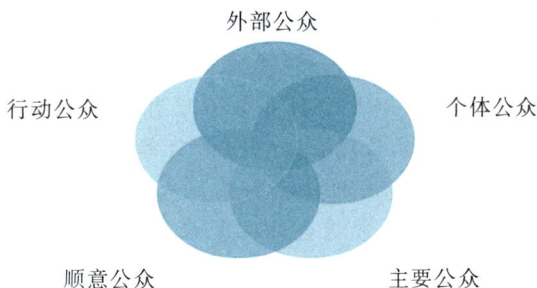

图3-2　公众维恩图

第三节　公众心理

案例导入3-3　　　　　　　　　　　　邯郸学步

背景与情境：

相传在2 000多年前，燕国寿陵有一位少年，不愁吃不愁穿，论长相也算得上中上等，可他就是缺乏自信心，经常无缘无故地感到事事不如人、低人一等——衣服是人家的好，饭菜是人家的香，站相坐相也是人家高雅。他见什么学什么，学一样丢一样，虽然花样翻新，却始终不能做好一件事，不知道自己该是什么模样。家里的人都劝他改一改这个毛病，他以为是家里人管得太多。亲戚、邻居们说他是狗熊掰棒子（玉米），他也根本听不进去。日子久了，他竟觉得自己走路的姿势太笨、太丑了。有一天，他在路上碰到几个人说说笑笑，只听得有人说邯郸人走路姿势特别美。他一听，急忙走上前去，想打听个明白。不料想，那几个人看见他，一阵大笑之后扬长而去。邯郸人走路的姿势究竟有多美呢？他怎么也想象不出来。这成了他的心病。终于有一天，他瞒着家人，跑到遥远的邯郸学走路去了。一到邯郸，他感觉处处新鲜，简直令人眼花缭乱。看到小孩走路，他觉得活泼、美，学；看见老人走路，他觉得稳重，学；看到妇女走路，摇摆多姿，学。就这样，不过半月光景，他连走路也不会了，路费也花光了，只好爬着回去了。

资料来源：作者根据百度相关资料编写.

思考：

案例中这位少年为什么最后爬着回去？

对社会组织来讲，公众关系的建立和维护最终取决于组织对公众心理需求的把握程度，这将直接关系到公关活动的成败。因此，了解公众的需要、分析公众的心理需求便成为公共关系理论的重要内容之一。

知识拓展3-3　　　　　　　　　　公众知觉

1.知觉

知觉是人脑对直接作用于它的客观事物的整体反映。身体内部各感觉器官之间的联系是知觉的基础。知觉分为视觉、听觉、嗅觉、味觉、触觉五种感觉。心理学告诉我们，通常我们感觉到的世界，不一定是现实的千真万确的客观世界，它往往带有人们的主观看法。因此，对于同一件事情，不同的人由于知识水平不同、阅历不同，就会产生不同的知觉。"一千个观众的心中有一千个哈姆雷特"描述的就是这一现象。虽然客观的社会现象呈现在每个人面前都是一样的，但是不同的知觉主体汲取的信息不同，就会产生不同的社会知觉，从而导致不同的个体心理和行为。例如，想买笔记本电脑的人，日常就会关注笔记本电脑的相关情况，如品牌、价格、质量等信息。

知觉的基本特征包括：

（1）客观原因：事物特征明显，与众不同，引人注目。

（2）主观原因：个性、兴趣、经验、知识、身份、价值观、信仰等因素。

2.错觉

错觉是指人的知觉不能正确地表达外界事物的特性而出现种种歪曲。

错觉有很多种，常见的有大小错觉、形状错觉、方向错觉、形重错觉、倾斜错觉、运动错觉、时间错觉等。

一、公众心理现象

公众心理现象主要分为以下几种类型：

（一）时尚心理现象

流行心理定势像流行感冒一样，是在短时期内你感染他、他感染你、互相感染，而过一段时间不经治疗也会自然痊愈的一类心理现象。时尚是在一定时期内一定社会成员中流行的生活样式，它具有反常规的特点，往往以"新"和"奇"吸引公众，所以又叫时兴，它只是一种心理现象。

当一个流行项目刚刚兴起时，人们为了标新而追求流行；当该项目广为传播时，人们为了趋同而追求流行。追求时尚是年轻人与生俱来的叛逆所驱使的。我们到十四五岁的时候还没有这个意识；青少年时期，当我们开始半成熟的时候，我们发现这个世界被牢牢地控制在成年人手里，年轻人永远是弱势群体，这个现象在哪个国家都是一样。年轻人不甘心自己处于这种弱势地位，由此产生强烈的反叛、逆反心理，这种心理总会以一种形式发泄出来，追求时尚就是其中的一种，是叛逆本能驱使的。

（二）从众心理现象

从众心理指个人受到外界人群行为的影响，而在自己的知觉、判断、认识上表现出符合公众舆论或和多数人趋同的行为方式。这种现象指的是个体由于非智力因素，自觉或者不自觉地受其他个体的影响。在我们的观念中，通常情况下，多数人的意见往往是对的；少数服从多数，一般是不会错的。

每一个个体在群体中都会自觉或不自觉地在知觉、判断、认知和行动上表现得和大多数人一致。一方面，人们希望自己符合社会与群体的要求，以免被指为异类；另一方面，人们追求时尚，社会本身又具有多元性和不确定性，而大多数人对个性的把握趋于模糊，所以，人们在行为上比较注意模仿大众传媒所提供的对象。

当我们走在大街上时，走在前面的人往右边看了一眼，随后又看了一眼，后面的人也会跟着往右边看，最后导致很多的人都往右边看，其实，右边可能什么事也没发生。这就是一种从众心理现象。在我们身边，类似的现象还有很多。比如，同一个宿舍的人有人买了一部新手机，接下来全宿舍的人陆陆续续地都买了新手机，这可以说也是一种从众心理。

有一些组织专门利用人们的从众心理来达到自身的某种目的，某些商业广告也是利用人们的从众心理，把自己的商品炒热，从而达到畅销的目的。生活中也确有一些震撼人心的大事会引起轰动效应，群众竞相传播、议论、参与。但也有许多事件是人为地宣传、渲染而引起大众关注的，常常是舆论一"炒"，人们就容易跟着"热"，有从众心理的人就会跟着"凑热闹"。缺乏分析，不作独立思考，不顾是非曲直地一概服从多数，随大流走，则是不可取的，是消极的"盲目从众心理"。从众有消极与积极之分，我们要分清利弊，不要盲目从众。

课堂互动3-3

互动内容：

学习从众：宿舍成员集体出动参加各种证书考试培训班，已然成为大学校园蔚然流行的风尚，一男生直言，周围同学都在拼命学习考试，我不考岂不是丢人？消费从众：进入大学，可谓"大开眼界"，同学经常聚会、参加各种活动，吃得高档、穿得时尚、玩得潇洒。有些大学生下餐馆、打游戏、览名胜、会朋友、吃奖金、喝补助，名目繁多、五花八门。大学生纷纷搭上宿舍、班级、朋友、老乡的"班车"，无视自己的经济基础，钞票大把大把地花。有当局者一语道破天机：无可奈何，为了面子，只好不顾底子了。

根据课堂所学，你还能举出哪些生活中的从众案例？

互动要求：

请每位参与互动的同学结合所学的内容思考并积极陈述自己的见解，也可以和周围的同学简单沟通后作答。

（三）恐慌心理现象

因为生活中的某些事情感到恐慌害怕，或因为事件的传播而恐惧，这就是我们常见的恐慌心理。

产生恐慌心理的原因主要有：第一，群体情绪蔓延的影响。如身边的人感染了某种疾病，生活中某种负面情绪不断蔓延，面对这些现状，人们会切身感受到一种来自全社会的群体性紧张和恐慌情绪。第二，网络信息传播的影响。由于人们对某件事情的高关注度，使得网络相关信息的传播数量、速度和广度都非常惊人，稍有不慎，也容易造成严重的心理恐慌，而谣言是造成恐慌心理的主要影响因素。

公关实务3-3   **买买买+囤囤囤，"恐慌性抢购"是谁的锅？**

背景与情境：

随着新冠肺炎病毒在全世界加速扩散，媒体对民众疯狂抢购、囤积物资的报道也越来越多，如食品、厕纸、医疗用品……根据Business Insider的报道，民众对新冠病毒的恐慌导致世界各地的超市排长队，货架空空如也。2021年3月，在澳大利亚某超市内，三名民众因抢购厕纸而大打出手。民众对病毒的蔓延无能为力，于是他们转而为想象中可能到来的"世界末日"储备物资。与此同时，记者们一遍又一遍地告诉消费者，"商店里的生活必需品储备快要耗尽了"。事实是否真的如此？此类报道的泛滥还引发了一个令人不安的问题：这些新闻是否是民众"恐慌性抢购"的诱因之一？近日，哥伦比亚大学新闻学院新闻研究刊物《哥伦比亚新闻评论》对这一问题进行了解读。是什么加剧了不甘落后的买买买？想要证明有关恐慌性抢购的新闻报道与民众囤积物资之间有直接关系不是一件易事。社交媒体监测公司Brandwatch在最近的一份报告中试图将恐慌性抢购事件报道的密集程度与社交媒体中"缺货"一词的出现频率进行比较。结果显示，一段时间内围绕抢购的密集报道确实会使"缺货"一词的使用频率激增。尽管这项研究的科学性还有待考量，但其结论并不令我们惊讶：如果人们读到、看到或者听到食物即将紧缺，他们则更有可能去抢购。哥伦比亚大学新闻学院教授Judith Matloff称，"恐慌性购买现象在危机中是普遍存在的。唯一不同的是，有些人在超市里只能买到一袋普通的大米，而有些人能买到价值数百美元的芝士和羊肉。"Sawyer称赞了上周PBS NewsHour对一家食品杂货集团主席的采访，他认为这是近期他见过的最好的关于抢购现象的报道："这段采访提出了一个非常有说服力的观点——我们目前有充足的基本生活用品供应，如果人们停止恐慌囤积，物资会更充裕。"在未来一段时间内，媒体记者们或许还会不断跟进如恐慌性抢购等一系列由新冠肺炎疫情引起的焦虑行为。将特定问题纳入更大的社会背景中分析是避免加剧此类恐慌行为的关键。

资料来源：佚名．买买买+囤囤囤，"恐慌性抢购"是谁的锅？［EB/OL］．［2022-04-16］．https://zhuanlan.zhihu.com/p/131582295.

思考：

"恐慌性抢购"是谁的锅？

面对恐慌心理，我们需要从以下五方面加强自身素质：①提高自省能力，了解自己的心理承受力，适当面对自己能够应对的可怕状况，不要让自己面临不必要的危险，引发令自己没有办法克服的恐惧心理，导致伤害发生；②提高科学认识，不要让不必要害怕的事情引发恐慌；③提高自己的安全感，不产生不必要的危险预感，并在应对处置时变得有力、确定和可控；④接纳自己的恐惧情绪，从而有效克服恐惧感；⑤表达情绪，认识这种恐惧情绪的必要性，如果再次面临这样的情境，你会如何控制情绪，如何做，如果有其他人面对这种情境产生恐惧心理，你会对他说什么。

（四）逆反心理现象

逆反心理是指作用于个体的同类事物，超过了个体感官能接受的限度而产生的一种相反的体验，使个体有意识地脱离习惯的思维，向相反的思维方向探索。

逆反心理并不是什么不可思议的东西。一般来说，在以下三种情况下，容易引发逆反心理：

（1）强烈的好奇心。当某种行为被禁止时，最容易引起人们的好奇心和求知欲。尤其是在只做出禁止而又不加以任何解释的情况下，极易给此种行为蒙上浓厚的神秘色彩。

（2）企图标新立异。青年人处于性格形成和寻求自我的时期，通过否定权威和标新立异可以获得自我肯定的满足感。在社会生活中，青年人不仅是简单地适应社会规范，而且希望社会承认他们的价值和地位，从而获得社会的认同。因此，他们往往表现得偏执，好表现自己，有意采取与其他人不同的态度和行为，以引起别人的注意。

（3）特异生活经历。比如，有的人多次失恋，便认为人世间没有真正的爱情；有的人一向循规蹈矩、与世无争，而偶然一次受到了莫名其妙的冤枉，以至于性情大异，变得粗暴、多疑、怪僻。

这种在特定条件下，其言行与当事人的主观愿望相反，产生了与常态性质相反的逆向反应，是逆反心理的典型表现。一旦这种心态形成了心理定势，就会对人的性格产生极大的影响；经常性地左右他的一举一动，成为他言行举止的一个基本特征。

逆反心理是一种单向、固执、偏激的思维习惯，它使人无法客观、准确地认识事物的本来面目，而采取错误的方法和途径去解决所面对的问题。

逆反心理经常、反复地出现，就构成一种狭隘的心理定势，无论何时何地都与常理背道而驰。其表现形式与富有创造性的行为颇有类似之处，因此，某些逆反倾向严重的青年也常对此津津乐道，或在心理上为自己的怪异行径寻求"科学的依据"。处于青春期的青少年容易产生逆反心理。比如，在马克·吐温的《汤姆·索亚历险记》中，汤姆被姨妈处罚刷墙，被其他小伙伴看到，汤姆装作刷墙是一种特权，不让别人插手，结果成功地使他人不仅替他刷墙，还向他付钱。然而，逆反心理在本质上与创造性的个人素质有着根本区别，它往往是孤陋寡闻、妄自尊大、偏激和头脑简单的产物。所以逆反心理有正反两方面的影响，我们应充分利用这把"双刃剑"。对于不良的逆反心理，要找到其克服的途径。

课堂互动3-4

互动内容：

丑陋玩具风靡全美

美国艾士隆公司董事长布希耐有一次在郊外散步，偶然看到几个儿童爱不释手地玩一只肮脏并且丑陋的昆虫。布希耐突发异想：市面上销售的玩具一般都是形象优美的，假若生产一些丑陋的玩具，结果又将如何呢？于是，他让自己的公司研制出了一套"丑陋玩具"，并迅速推向市场。结果一炮打响，"丑陋玩具"给艾士隆公司带来了巨大收益，并使同行们也受到了启发，于是"丑陋玩具"接踵而来。如"疯球"就是一串小球上面印上许多丑陋不堪的面孔。又如，橡皮做的"粗鲁陋夫"，枯黄的头发、绿色的皮肤和一双鼓胀且带血丝的眼睛，眨眼时发出非常难听的声音。这些"丑陋玩具"的售价虽然超过正常玩具，却一直畅销不衰，而且在美国掀起了一场行销"丑陋玩具"的热潮。

资料来源：佚名. 丑陋玩具风靡全美［EB/OL］.［2012-02-16］. https://www.docin.com/p-343147190.html.

互动要求：

请用所学公共关系学中的公众心理知识分析该案例。

知识拓展3-4

故事一：

"鲜花与手枪"

一位法国商人听到门铃声，从门上的窥视镜向外望去，发现有两名男子手捧一大束鲜花来拜访他，这位商人高兴地打开门。谁料来者从鲜花中抽出一支手枪。在枪口的威胁下，商人只好眼睁睁地看着他们抢走10万美元扬长而去。

问题：商人为什么会被抢劫？

故事二：

有一位既聋又哑的人想买几根钉子，他来到五金商店，对售货员做了这样一个手势：左手两个指头立在柜台上，右手攥成拳头做出敲击状的样子。售货员见状，先给他拿来一把锤子；聋哑人摇摇头，指了指立着的那两根指头。于是售货员就明白了，聋哑人想买的是钉子。聋哑人买好钉子，刚走出商店，进来一位盲人。这位盲人想买一把剪刀。

问题： 盲人将会怎么做？为什么？

思考： 什么老鼠两条腿走路？那么，什么鸭子两条腿走路？

二、公众心理定势

公众心理是公共关系情境中公众受组织行为影响和大众影响方式的作用所形成的心理现象和心理变化规律，是日常生活中普遍存在的一种团体心理特征。在一定社会条件下，由人与环境相互作用而出现的公众对某一对象（人、事、物）的共同的心理状态和一致的行为倾向，构成公众心理定势。心理定势使人们不自觉地按照长期形成的固定方式去感知、记忆事物，思考和解决问题。心理定势一方面帮助人们正确地认识事物，另一方面对人们的认识造成障碍。把握公众心理定势及其基本特征，是社会组织与公众建立良好的心理关系的必要前提。

（一）公众心理定势的特征

1.潜伏性

心理定势是一种内在的心理倾向，由人们对某一对象的评价、情感体验与意向三个因素组成，是外界环境与人们行为的中间环节。

2.动力性

公众心理定势具有干预现实生活的主动性，一旦爆发出来，就会具有一种难以驾驭的力度。

3.自发性

公众心理定势是对特定环境的特定反应，是公众的一种无意识反应，和自主性心理行为有着明显的不同。

4.规范性

公众心理定势又是人们对某一自然现象或社会事务的共同反应，具有一定程度的规范性和约束力，规范着人们的心理和行为。

5.综合性

公众心理定势是多种心理成分的综合，是人的认知、情感、意志等综合作用的结果，并不是认识领域独有的现象。

（二）公众心理定势的作用

1.使人们快速地识别对象

人们存在这样一种习惯心理，即相貌美的人，心灵也是美的、善良的；相貌丑的人，心灵不太美，或者起码没有好的印象。日常生活中还经常能遇到这样的情况：一个人蓄着长发，穿着奇装异服，很多人就会对他看不惯，认为他不是一个好人；一个人对某人产生好感，就可能认为他一切都好，也有可能对其缺点和错误视而不见、听而不闻。这是一种简单化的思想认识，它会导致人片面地、静止地、简单地看问题，或者以点概面、以偏概全，这容易使人迷失前进的方向，遭受挫折或失败。

2.使人们的认知发生偏差

认知的范围很广泛，它包括对人的认知，对客观事物的认知，对社会的认知等。由于心理定势的作用，人就会出现认知偏差，尤其是年轻人，由于生活阅历不足，缺少社会经验和对人的认识，因此对坏人往往分辨不清甚至被坏人利用。

3.使人们的心理和行为受到约束

在日常生活中，我们的认知时常是这样的：看到一个模样胖乎乎的人，你可能认为他是一个厚道宽容的人，因为人们总是认为心宽才能体胖；男人总认为女人是弱者，需要男人的保护，能力不如男人等。这种认知会导致人们的心理和行为受到约束，会使创造性思维活动受到限制，难以突破旧框架；或思维僵化，缺乏灵活性，甚至造成认知的歪曲。因此，我们要了解心理定势的特性，克服其消极作用，这有利于我们形成对新事物的认知，有利于开展创造性思维活动。

（三）心理定势实验

苏联心理学家曾做过一个关于"心理定势"的实验：研究者向参加实验的两组大学生出示同样一张照片（如图3-3所示），但在出示照片前，向第一组学生说：这个人是一个十恶不赦的罪犯；对第二组学生却说：这个人是一位大科学家。然后让两组学生各自用文字描述照片上这个人的相貌。

图3-3　心理定势实验图

第一组学生的描述是：深陷的双眼表明他内心充满仇恨，突出的下巴证明他沿着犯罪道路顽抗到底的决心……

第二组学生的描述是：深陷的双眼表明此人思想的深度，突出的下巴表明此人在科研道路上克服困难的意志……

微课3-3

公众心理定势

（四）心理定势的类型

1.首因效应（强调第一印象的效果）

首因效应由美国心理学家洛钦斯首先提出，也叫首次效应、优先效应或第一印象效应，指交往双方形成的第一印象对今后交往关系的影响，即"先入为主"带来的效果。虽然第一印象并非总是正确的，但却是最鲜明、最牢固的，并且决定着以后双方交往的进程。如果一个人在初次见面时给对方留下了良好的印象，那么人们就愿意在之后的相处中与他接近，彼此也能较快地取得信任，并会影响人们对他以后一系列行为和表现的解释；反之，一个初次见面就引起对方反感的人，在今后的接触中，人们也会对其较为冷淡，不愿意主动了解和信任，在极端的情况下，甚至会在心理和实际行为上与其产生对抗状态。

实验心理学的研究表明，外界信息输入大脑时的顺序，在决定认知效果的作用上是不容忽视的。最先输入的信息作用最大，最后输入的信息也起较大作用。大脑处理信息的这种特点是形成首因效应的内在原因。首因效应本质上是一种优先效应，当不同的信息结合在一起的时候，人们总是倾向于重视前面的信息。即使人们同样重视了后面的信息，也会认为后面的信息是非本质的、偶然的。人们习惯于按照前面的信息解释后面的信息，即使后面的信息与前面的信息不一致，也会屈从于前面的信息，以形成整体一致的印象。当不同的信息结合在一起的时候，人们总是倾向于重视前面的信息。

历史上最著名的首因效应的例子就是东吴孙权拒绝庞统的故事，孙权觉得庞统难看，就不让其在东吴任职，事实上，庞统是一位难得的人才。

知识拓展3-5　　　　　　　　　"第一印象"实验

1957年，美国心理学家洛钦斯做了这样一个实验：他编撰了两段描写一个名叫吉姆的男孩的生活片段的文字，第一段文字将吉姆描写成热情、外向的人，说吉姆与朋友一起去上学，他走在撒满阳光的马路上，与店铺里的熟人说话，与新结识的女孩子打招呼等；第二段文字则相反，把他描写成冷淡而内向的人，说吉姆放学后一个人步行回家，他走在马路的背阴一侧，没有与新近结识的女孩子打招呼等。在实验中，卢钦斯把两段文字加以组合：

第一组，描写吉姆热情外向的文字先出现、冷淡内向的文字后出现。

第二组，描写吉姆冷淡内向的文字先出现、热情外向的文字后出现。

第三组，只显示描写吉姆热情外向的文字。

第四组，只显示描写吉姆冷淡内向的文字。

洛钦斯让四组人分别阅读一组文字材料，然后回答一个问题："吉姆是一个什么样的人？"结果发现，第一组中有78%的人认为吉姆是友好的，第二组中只有18%的人认为吉姆是友好的，第三组中认为吉姆是友好的人占95%，第四组中只有3%的人认为吉姆是友好的。

洛钦斯的研究揭示了第一印象对人们认知的影响，尽管这些第一印象并一定都是正确的，但确是最鲜明、最牢固的，在日后的交往中总是会受第一印象的影响，所以我们常常听到那句忠告"注意你给别人的第一印象"。

资料来源：佚名．"第一印象"实验［EB/OL］．［2018-08-18］．https://www.jianshu.com/p/35426cad9423.

2.晕轮效应（以点概面、以偏概全）

晕轮效应又称成见效应、光圈效应等，指人们在交往中，对方某个特别突出的特点、品质会掩盖人们对对方其他品质和特点的正确了解。这种错觉现象，心理学上称为"晕轮效应"。美国心理学家哈罗德·凯利、S.阿希等人在印象形成实验中证实了这一效应的存在，从对象的某种特征推及对象的总体特征，从而产生美化或丑化的印象。

知识拓展3-6

美国心理学家哈罗德·凯利针对麻省理工学院两个班级的学生分别做了一个实验：上课之前，凯利向学生宣布，临时请一位研究生来代课，接着告诉学生有关这位研究生的一些情况。其中，向一个班的学生介绍这位研究生具有热情、勤奋、务实、果断等多项品质；向另一个班的学生介绍的信息除了将"热情"换成了"冷漠"之外，其余各项都相同。学生们并不知道两种介绍间的差别。下课后，前一班的学生与研究生一见如故，亲密攀谈；另一个班的学生对他却敬而远之、冷淡回避。可见，仅介绍中的一词之别，竟会影响到一个人的整体形象。学生们戴着这种有色眼镜去观察代课者，而这位研究生就被罩上了不同色彩的晕轮。

20世纪70年代，美国著名社会心理学家Richard Nisbett也论证了"光环效应"这个案例。Nisbett和Wilson希望调查听课的学生是如何评判讲师的。学生们被告知这是一项有关评价老师的研究。他们还被特别告知，实验者对不同的评价是否依赖学生和某一讲师接触得多少感兴趣。这纯粹是一个谎言。实际上，学生们被分为两组，他们会分别看两段关于同一位讲师的不同视频，而这位讲师有很重的比利时口音（这和实验是相关的）。第一组学生看到这位讲师和蔼而友好地回答了一系列的问题，第二组学生看到同一位讲师用冷酷而疏远的语气回答了同样的问题。实验让我们明确到底哪一种人格更讨人喜欢，这是十分明显的。在其中一种人格中，讲师显得热爱教学和学生；而在另一种人格中，他看上去更像是一个完全不喜爱教学的权威人物。

在每组学生看完视频之后，他们被要求给这位教师的外表、特殊语言习惯（特殊语言习惯在两段视频中是一样的）甚至还有他的口音打分。与光环效应相一致，看到讲师"和蔼"的学生认为他更有吸引力，他的语言习惯更令人喜爱，甚至他的口音也更加有魅力。这并不奇怪，因为它支持了之前关于光环效应的研究。

资料来源：作者根据百度相关资料整理.

最典型的例子，就是当我们看到某个明星在媒体上被爆出一些丑闻时总是很惊讶，而事实上我们心中这个明星的形象是他在银幕或媒体上展现给我们的那圈"月晕"，他们真实的人格我们是不得而知的，仅仅是靠荧幕前展现的形象加以推断的。利用形象正面的明星来代言产品，有可能会使我们在使用产品前，就因为代言人而对这个产品产生特别的好感。例如，很多"明星种草""明星直播带货"的产品，其实可能并不是那么好用，但销量却非常好。

实际生活中，很多人常会不由自主地以外貌作为主要依据去评价人，这种由表及里的推断，含有很大的偏见成分。为了防备晕轮效应的不利影响，我们在熟悉他人的过程中，应当避免受到表象的迷惑，应注意了解对方的思想、行为和心理等深层次的东西，善于倾听和接受他人的意见，尽量避免感情用事，保持理性客观。这样，我们才能有效地摆脱外貌晕轮效应的影响。

3.经验效应

经验效应又称为刻板效应，是指在人们头脑中存在的关于某一事物对象的固定印象，认为某种事物应该具有其特定的属性，而忽略事物的个体差异。

公众个体凭借以往的经验认识、判断、决策、行动的心理活动方式，也属于微观心理定势的范畴。经验是一种财富，也是一种包袱；人不能迷信经验，也不能一概否定，要充实经验、更新经验、发展经验。

《三国演义》中曾与诸葛亮齐名的庞统去拜见孙权，"权见其人浓眉掀鼻，黑面短髯、形容古怪，心中不喜"；庞统又去见刘备，"玄德见统貌陋，心中不悦"。孙权和刘备都认为庞统这样面貌丑陋之人不会有什么才能，因而产生不悦情绪，这实际上也是刻板效应的负面影响在发生作用。比如，人们一般认为工人豪爽，农民质朴，军人雷厉风行，知识分子文质彬彬，商人较为精明，诸如此类都是类化的看法，都是人脑中形成的刻板、固定印象。此外，性别、年龄等因素亦会成为刻板效应对人分类的标准。例如，按年龄归类，认为年轻人上进心强，敢说敢干，而老年人则墨守成规，缺乏进取心；按性别归类，认为男人总是独立性强，竞争心强，自信和有抱负，而女性则是依赖性强，起居洁净，讲究容貌，细心软弱。由于刻板效应的作用，人们在认知某人时，会先根据他的一些特征将其归属为某类成员，又把属于这类成员的典型特征归属到他的身上，再以此为依据去认知他。

生活中的刻板印象无处不在，它给人们的生活、工作带来的危害也不可小觑。事实上，它往往导致人们产生一定的偏见与歧视。其中，性别歧视、种族偏见是比较严重的例子。因此，我们在为人处世和交友的过程中，应该给予自己和他人更多的理解和支持，给予更多的时间和耐心做出判断，时刻提醒自己要理智，不要被刻板印象所左右；摆脱旧有的思维习惯，时刻更新自己的思维，摘掉刻板效应的有色眼镜，突破心理定势的认知障碍。

课堂互动3-5

互动内容：
请讨论：中国人对老外有哪些刻板印象？

互动要求：
请每位参与互动的同学结合所学的内容思考并积极陈述自己的见解，也可以和周围的同学简单沟通后作答。

4.移情效应（爱屋及乌）

心理学上将特定对象的情感迁移到与该对象相关的人或事物上来的现象称为移情效应。移情效应的表现包括：人情效应、物情效应和事情效应。

我国古代就有"爱人者，兼其屋上之乌"之说，这就是移情效应的典型表现。意思是说，因为爱一个人而连带爱他屋上的乌鸦。后人以"爱屋及乌"形容人们爱某人之深情及和这人相关的人和事，心理学将这种现象称为"移情效应"。

我们可以看到，在化妆品、护发产品等更注重消费体验的产品的广告中，移情效应比比皆是。例如，"飘柔"洗发水就先后起用罗雪娟、佟丽娅等名人进行宣传，这就是移情效应。

利用移情效应的另一个经典案例是"力士"香皂。最初，"力士"香皂的知名度并不高，但是通过"娜塔莎·金斯基喜欢用力士香皂，那么您呢？"这样一句广告语，力士香皂的知名度有了质的飞跃。这种将公众对名人的情感迁移到产品中来的做法，是常用的广告手段，而这样的广告也明白地告诉消费者：请把你们对名人的喜爱转嫁到产品上来。事实上，当这些广告反复地在媒体上播出之后，产品的知名度和美誉度都得到了提升，进而推动了产品的销售。

不过，心理学家的研究证明，不仅正面情感会移动，负面的憎恨、嫉妒等情绪也会产生转移。所以，在选择产品代言人时，要慎重考虑名人形象与自身产品的契合度，利用名人效应要投其所好，要针对消费者的兴趣及爱好开展广告行为，以增强消费者对自身产品的忠诚度。古时候可以因一人犯罪而株连其九族，其恨可谓泛；战国时的庞涓因嫉妒孙膑的才华而设计剜去孙膑的膝盖骨，其妒可谓深。人都是有"七情六欲"的，所以人和人之间最容易产生情感方面的好恶，并由此产生移情效应。

■ 思考题

1.公众有哪些分类？

2.为什么说组织把握公众心理及其规律是获得公众的理解和认同的前提？

3.为什么说心理定势形成后产生的心理效应会成为人们认识新事物、解决新问题的障碍？

4.请举例分析内部公众的地位和作用。

■ 实训设计

1.以小组为单位深入调查当地一家企业，就消费者关系或媒介关系制订一份公共关系活动方案。

2.根据自己的身份、经历，列出你曾经是哪类组织、哪几种类别的公众。

3.请为你所熟悉的组织列举出三种不同类型的公众。

第四章

公共关系传播

学习目标

• 知识目标：通过本章知识学习，掌握公共关系传播的含义和特征，公共关系传播的要素、模式、内容和类型。

• 能力目标：通过本章的公关实务、课堂互动和知识拓展等活动，能分析公共关系传播媒介的类型，掌握公共关系传播媒介的使用技巧，认识有效传播的条件和传播媒介的选择。

• 素养目标：通过本章知识学习和公关实务、知识拓展、思政园地等活动，激发运用公共关系传播技巧的兴趣，掌握改善传播效果的方法，做到适时而有效地表达自己，塑造自身良好形象。

知识导图

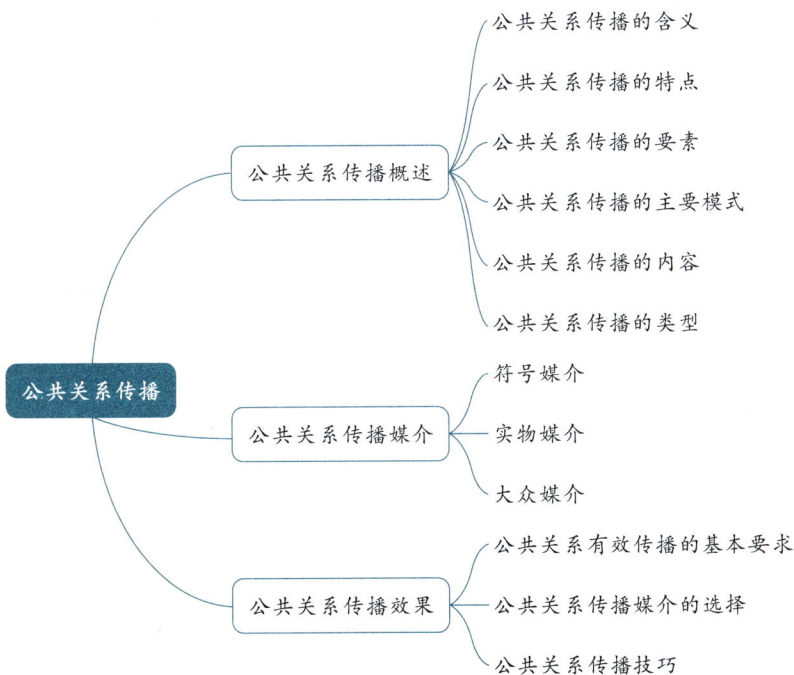

公共关系传播
- 公共关系传播概述
  - 公共关系传播的含义
  - 公共关系传播的特点
  - 公共关系传播的要素
  - 公共关系传播的主要模式
  - 公共关系传播的内容
  - 公共关系传播的类型
- 公共关系传播媒介
  - 符号媒介
  - 实物媒介
  - 大众媒介
- 公共关系传播效果
  - 公共关系有效传播的基本要求
  - 公共关系传播媒介的选择
  - 公共关系传播技巧

第一节 公共关系传播概述

背景与情境：

相信大家最近对"钉钉"这个软件再熟悉不过了。"钉钉"本来是上班族常用的办公通信App，不过最近随着全国各地中小学陆续开始在线上课，"钉钉"也成了"学生党"使用的工具。2月5日，"钉钉"和"腾讯会议"的下载量在Apple Store上超过微信，位列排行榜前两名。这也是苹果应用商店里，办公类应用产品历史上首次跃居第一位。然而，谁也没想到的是，这两款应用软件在下载量超过11亿人次的同时，评分竟不到两星！打低分的主力正是广大中小学生。被疯狂打一星的"钉钉"终于看不下去了，16日在官微发布了一则"钉钉本钉，在线求饶"的视频，请求用户5分好评一次付清。目前，这则动画的观看量已突破1 000万次，内容是"钉钉"满满的求生欲。然而，钉钉对小学生的力量一无所知。听说评分低于1分就会被强制下架后，学生们疯狂给"钉钉"打低分。大家开始变本加厉地恶搞"钉钉"，B站上，电音版"钉钉之歌"填平了整个"鬼畜区"。"腾讯会议"也没有幸免。14日，被逼无奈的"钉钉"发布一条微博，求"学生党"手下留情。阿里旗下的其他产品也纷纷前来"求情"，又心疼又好笑。淘宝留言："大家看在我的面子上，多打两颗星吧。""钉钉"以为它的面子应该是大的。事情还没完。2月15日，有人在B站发布了一则改编歌曲《你钉起来真好听》，并称"此生无悔入钉钉，分期付款给五星"。"钉钉"表示："产品经理已经哭晕……"面对来势汹汹的差评，"钉钉"第一时间明确了应对方案。"钉钉"第一选择是发了一个表情包，用调侃的语气说出"我知道，你们只是不爱上课"，直接向用户指明了问题的核心——不是我产品不好，是学生调皮，并通过自家阿里巴巴等蓝V新媒体矩阵的扩散，助推话题的传播，在澄清的同时用"卖萌"的语气深化了品牌人格，提升了用户好感。在阿里系全员出动"帮场子"后，舆情已经不像一开始那么激烈，"钉钉"选择趁热打铁，在短短两天后放出了第二次"求饶"视频，用"鬼畜歌曲"的方式，表达了对"少侠们"的服软，并阐述了自身的难处。视频放出后一下子就击中了"少侠们"的爽点——既能看到偌大一个品牌向他们"低头"，满足了青少年们的群体虚荣心，又能从"鬼畜视频"中找到文化认同感，不仅"钉钉"的评分开始回暖，B站中也逐渐出现为其"洗白"的热门"鬼畜"作品，随之而来的媒体报道和热议还给"钉钉"带来了正面形象的二次传播。

资料来源 佚名.在线"求饶"的钉钉，一次成功的借势营销［EB/OL］.［2020-02-21］. https://www.sohu.com/a/374743231_120220021.有删减.

思考：

（1）对于"钉钉"借助媒体在线求饶的做法，你怎么看？

（2）结合实际，谈谈公关媒介传播的意义。

自20世纪初现代公共关系事业诞生以来，传播信息就一直作为主要的工作手段之一，并且取得了明显的效果。公共关系的过程是组织与其公众之间进行信息传递、信息交流的过程。公共关系传播是公关活动的基本内容和手段，是联系公共关系主体与客体的桥梁与纽带。从本质上讲，公共关系就是组织与公众的信息交流过程。这也是公关人员最基本、最常见的工作。公共关系实质上是一种传播关系，这是公共关系的本质特征之一，是其区别于组织其他社会关系（如人力关系、财务关系）的主要特征。不懂传播的人员，就不可能真正懂得公共关系；不掌握传播媒介的运用方法和技术的人员，也无法胜任公关工作。公共关系活动效果的好坏取决于传播。为了保证信息传播的效果，公关人员必须了解相关传播的基本理论、模式、媒体种类和特征，掌握有效的传播方法和技巧，具备较强的传播沟通意识和能力，积累相关的公关工作经验。

一、公共关系传播的含义

传播的英文为communication，也有"共享""共同性"的意思，是指人们运用符号并借助媒介来交流信息的行为与过程。传播是一种社会性交流信息的行为，是人类社会的普遍现象和人的基本行为。在传播学研究中，对传播这一基本概念的解释不胜枚举。其中，弗雷德里克·威廉斯认为，"文明的发展只有通过人类的传播过程才成为可能"。符号学家皮尔士认为"传播的唯一手段是像（icon）的集合"。美国学者霍本认为"传播就是用言语交流思想"。而社会学家威尔伯·施拉姆则强调"传播的结局是传播的客体被传播者和接受者分享"。沃伦·韦弗认为"传播是一个心灵影响另一个心灵的全部程序"。我们认为传播是一种社会性交流信息的行为，是人与人之间传递、交流和分享社会信息的行动或过程。因此，传播是人类建立相互联系、维持社会生活的一种社会行为。公共关系的过程就是信息的传播、交流、沟通与反馈的过程，是传播者向被传播者传递信息，从而影响被传播者的过程。

公共关系中的传播不同于一般的传播，它是社会组织即传播者有组织、有目的地针对某一特殊公众进行的特定信息交流和共享活动。有些学者强调公共关系传播在公共关系中的重要性，认为对传播过程和模式的研究是公共关系的主要内容，甚至认为离开了沟通与传播，公共关系就无法界定。这种观点有一定的道理。但当我们把公共关系视为一个整体进行研究时，会发现传播和公众、组织一样，都是公共关系系统中的要素，传播只是组织和公众之间建立关系的一种手段，传播媒介是实现这种手段的工具。只有手段和工具这两者相结合、共同作用，才能产生整体大于部分之和的协同效应，才能使组织的公共关系活动顺利开展，使组织在公众面前树立和维持良好的形象。组织、公众、传播三者的关系可用图4-1来表示。

图4-1　公共关系中组织、公众、传播的关系

传播实际上是人与人之间、人与社会之间的信息传递和共享活动，而公共关系活动是社会组织与其相关公众之间的信息交流活动，它属于人类传播活动的一个特定领域。所谓公共关系传播，就是信息交流的过程，是社会组织开展公共关系工作的重要手段。因此，公共关系传播就可以理解为社会组织为了实现公共关系目标、塑造良好

形象、提高自身的知名度和美誉度，借助各种传播媒介，有计划、有目的地与公众进行双向信息交流和沟通的过程。这个定义包括如下含义：

（1）公共关系传播是一个有计划、有目的的完整过程。"有计划、有目的"是指公共关系传播是组织制定目标按步骤进行的。"完整"说明组织在开展传播活动时要遵守"5W"系统传播模式，即任何信息的传播都要包括以下五个方面：who（谁），say what（说什么），what channel（通过什么渠道），to whom（对谁），what effect（产生什么效果）。这就是美国政治学家哈罗德·拉斯韦尔在大量实例研究的基础上提出的著名的5W传播过程模式。

（2）公共关系传播是一种共享活动。在传播过程中，传播者（组织）和被传播者（公众）在信息的传递、交流、共享和反馈等方面实现双向沟通、共享共用，使双方的利益均达到最大化。

二、公共关系传播的特点

1.传播行为的受制性

公共关系传播是一种重要的组织行为，服务于组织目标，因此会受到不同的组织特性的制约。它从时间上、空间上、内容上和形式上，都需要组织目标、组织制度、组织规范等的制约。

2.传播内容的真实性

良好的信誉是组织与公众交往沟通、建立良好关系的基础，是树立良好的组织形象最重要的因素。良好的信誉对一个社会组织来说是一笔无形的资产。强调传播内容的真实性，是公共关系活动的一大特点，是公关界所遵循的一条重要原则。公关人员作为传播专家、企业声誉的维护者，帮助组织传播组织信息将成为公关业越来越重要的价值所在。公共关系传播是组织的一种公共关系行为，目的是沟通公众、服务公众，在社会公众心目中树立良好的社会形象，进而求得公众的理解与支持。因此，公共关系传播必须讲求其内容的真实性和态度的诚实性，要使公众感觉到组织的公共关系传播是客观的、实在的和公正的。

3.传播渠道的多样性

公共关系传播的对象是公众，公众是一个类型复杂、层次多样的社会群体。公众有不同的类型，有个人、有群体，也有组织；公众的习惯、偏好、性格、行为等都不同，喜欢和接受的传播媒介、渠道自然也不同。因此，组织必须针对目标公众，采取多种传播渠道进行信息的传播，保证公共关系传播具有针对性和影响性。

4.传播方式的策略性

公共关系是一门学科，也是一门艺术。公共关系传播在遵循传播规律和原则、确保传播内容真实和客观的前提下，还要掌握传播的技巧和谋略，及时调整相关策略，对不同的传播客体、不同的传播内容应选择不同的传播媒介和传播技术，避免出现冲突和矛盾；要创造性地运用各种传播的技术和方法，巧妙地向公众传播公关信息，从而有效地影响公众、服务公众、赢得公众，取得最佳的公共关系传播效果。

5.传播活动的高效性

在公共关系传播中，应注重传播时机的选择，按组织发展的不同时期的特点来进行（公共关系传播）；同时，要注重选择传输通道，可根据不同情况采取普遍性目标公众策略、集中性目标公众策略、选择性目标公众策略，以确保公共关系传播的针对性和指向性，最终确保公共关系传播的高效性。

6.传播过程的双向性

公共关系传播是社会组织与公众之间双向信息交流、沟通的过程（如图4-2所示）。一方面，组织能及时地从公众那里了解到他们的利益、意愿和要求，公众对组织政策的意见、态度和偏好，并将其作为组织决策的依据；另一方面，组织又能及时地将其采取的政策传递给公众，让他们及时地了解组织的情况，以减少双方的误解，保证组织的政策得到公众的理解和支持，从而建立起良好的关系。组织要使传播方案具有针对性，必须及时收集有关公众的反馈信息。

图4-2　传播的一般途径

三、公共关系传播的要素

离开了传播，公众无从了解组织，组织也无从了解公众。如果我们把社会组织看作公共关系工作的主体，把公众看作公共关系工作的客体，传播就是二者之间相互联系的纽带和桥梁。组织与公众的沟通，在很大程度上依靠信息传播；组织与公众之间的误解，也往往是由于信息不畅造成的。因此，一个社会组织不但要有明确的目标、符合公众利益的政策和措施，还要充分利用传播手段开展公关活动，赢得公众的好感和舆论的支持，获得良好的经济效益和社会效益。公共关系传播是组织运用传播手段向公众传递信息的过程，是信息由传播者到受传者的全过程，因此，最基本的传播要素有公共关系传播者、公共关系传播内容、公共关系传播媒介、目标公众以及公共关系传播效果、公共关系传播反馈，如图4-3所示。

微课4-1

公共关系传播
的含义和要素

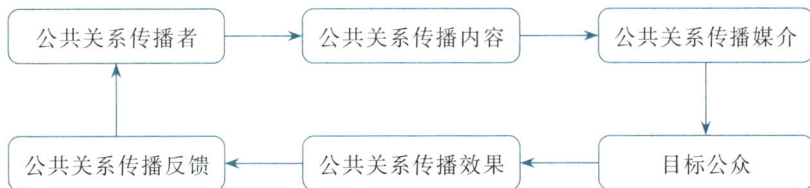

图4-3　公共关系传播要素

（一）公共关系传播者

公共关系传播者也被称为公共关系信息发布者、信源，是信息的最初发源地。公共关系传播者是公共关系活动的主体，是构成传播过程的主导因素。在公共关系活动中，如果由组织首先发出信息，那么传播者就是组织；如果组织收集公众的相关信息，则传播者就是社会公众。在协调公众关系、改善周围环境的过程中，在树立自身形象、提高信誉的过程中，在沟通内外、谋求支持与合作的过程中，公共关系传播者都居于主导地位，扮演着控制者与组织者的角色。他的任务是将外部信息传达给组织内部的公众，将有关组织的信息发布出去，传递到目标公众那里。无论传播者是哪一方，所传递信息的质量都将直接影响到公共关系目标能否顺利实现。此外，传播者的权威性和公众信赖程度也会影响传播效果。

（二）公共关系传播内容

公共关系传播内容指传播者发出的有关组织或个人的所有信息，主要是一些新知识、新内容，如态度、理念、行为等。一类是告知性内容，即向公众介绍有关组织的情况，包括组织的目标、宗旨、方针、经营思想、产品和服务质量等。在信息传播过程中，告知性内容往往以动态消息或是专题报道的形式出现。前者是关于组织新近发生的某一事件的基本描述，通常包括五个"W"，如关于商店开业、展览会闭幕、新产品问世、超额完成产值等情况的报道。后者是对事件全景或某一侧面进行的放大式描述，它不但包含五个"W"，而且包括对基本事实的具体情节的勾勒。例如，介绍新产品的设计过程、制作工艺、用途、专家鉴定情况等。另一类是劝导性内容，即号召公众响应一项决议，呼吁公众参与一项社会公益活动，或者劝说人们购买某一种品牌的商品。在利用大众传媒进行宣传的过程中，政党、政府及其他非营利组织发布的劝导性内容，往往以社论、评论、倡议书的形式出现；而营利性组织发布的此类内容，则多以商业广告的形式出现。

（三）公共关系传播媒介

公共关系传播媒介也称公共关系传播渠道、传播工具，是用以记录和保存信息并引起公众重视的（信息）载体。在公共关系活动中，信息和媒介密不可分，离开了传播媒介，信息只能停留在传播者那里，很难实现信息的交流与沟通。广义的传播媒介有大众传播、人际传播和组织传播，狭义的传播媒介仅指新闻媒介。具体来说，公共关系传播媒介是各种各样、丰富多彩的，常见的有：语言媒介，如报纸与杂志、书籍与纪念刊、海报与传单、组织名片与函件等；电子媒介，如广播、电视、录音、录相、幻灯片和电影等；标识，如摄影与图片、商标与徽记、门面与包装、代表色等。此外，还有非语言传播媒介，如表情、体态、目光等。我们也可以把公共关系传播媒介分为基本媒介和综合媒介两种。所谓基本媒介，主要包括人与人之间的传播、广播、电视、印刷品、摄影作品、电影等；综合媒介则包括与新闻界的联络、特别节目、展览、会议等。显然，综合媒介是各种基本媒介的集大成者。

（四）目标公众

目标公众是公共关系传播的对象，是公共关系传播内容的接受者，是主动的信息接受（收）者、信息再加工的传播者和传播活动的反馈源，是传播活动产生的动因和中心环节之一，在传播活动中占有重要地位。由于目标公众的范围有限，组织在开展公共关系活动时，应该对公众进行详细的分类，以便确定具体活动所针对的目标公众。目标公众（即组织外部公众）是指那些与组织有着某种利益关系的特定公众。他们是大众传播受传者中的一部分，是组织意欲影响的重点对象。组织要想有效地开展公关工作，分辨自己面对的公众是十分重要的。一般说来，辨认公众可分几个步骤，层层深入。比如，首先把组织面对的公众无一遗漏地罗列出来，然后按需要对他们进行分类。当组织开展一项具体活动时，还可以对公众进行更进一步的分类，以便确定具体活动针对的目标公众。在传播活动中，传播者和受众相对存在。在一定条件下，二者的位置可以互换，可以及时反馈并调整传播内容和方式。而随着新技术的发展、新媒介形式的出现，越来越多的平凡个体成为某一社会群体的意见领袖，用自己的言行去影响周围的信息网络。尤其是博客、网络论坛的出现，更是将简单的存在于社会小群体之间的二级传播过程发展到存在于全社会信息链条之间的多级的大众传播阶段。

（五）公共关系传播效果

公共关系传播效果指目标公众对信息传播的反应，用以衡量公共关系人员对传播对象的影响程度。公共关系人员不能把传播媒介作为唯一的手段，而应当将它与其他传播形式结合起来，以便取得更好的效果。人们对传播效果的研究经历了半个多世纪的历程，先是提出"传播万能论"，继而提出"有限效果论"（以"两级传播"为主要内容），后来又由两级传播模式发展到多极传播模式。传播效果理论的演变告诉我们，大众传播媒介固然能够改变受众原有的观念，但其效果不是无限的。同时，受众的被动地位是相对的，他们对信息的注意、理解和记忆都是有选择的。公共关系人员可以通过各种调查手段（如观察、访问、文献分析、抽样调查等）了解公众对信息的接受程度，知己知彼，百战不殆。此外，在信息传播过程中，还要重视专家、学者、社会名流等意见领袖的中转作用，设法通过他们影响公众。

四、公共关系传播的主要模式

（一）哈罗德·拉斯韦尔"5W"模式

1948年，美国政治学家、传播学四大奠基人之一的哈罗德·拉斯韦尔发表了《社会传播的结构与功能》一文，他最早以建立模式的方法对人类社会的传播活动进行了分析。在这篇文章中，拉斯韦尔明确提出了传播过程及其五个基本构成要素，即：谁（who）、说什么（what）、通过什么渠道（in which channel）、对谁（to whom）说、取得了什么效果（with what effect），也即"5W模式"。这个模式简明而清晰，是传播过程模式中的经典。后来的很多学者都对此进行过各种修订、补充和发展，但大都保留了它的本质特点。这一模式还确立了传播学研究的五大基本内容，即控制分析、内容分析、媒介分析、受众分析以及效果分析。这就是著名的5W传播模式。

5W传播模式表明：传播是一个目的性行为过程，具有企图影响受众的目的。也可以说传播过程是一种说服过程，其间的五个环节正是传播活动得以发生的精髓。

谁（who）：就是传播者，在传播过程中担负着信息收集、加工和传递的任务。传播者既可以是个人，也可以是集体或组织。

说什么（what）：是指传播的信息内容，它是由一组有意思的符号构成的信息组合。符号包括语言符号和非语言符号。

通过什么渠道（in which channel）：是信息传递所必须经过的中介或物质载体。它可以是信件、电话等人际传播媒介，也可以是电视、网络等大众传播媒介。

对谁（to whom）说：就是受传者或受众。受众是传播的最终对象和目的地。

取得什么效果（with what effect）：是信息到达受众后在其认知、情感、行为各层面所引起的反应，是检验传播活动是否成功的重要尺度。

哈罗德·拉斯韦尔于1932年提出并经过16年修正、补充而成的5W传播模式，第一次将传播活动明确表述为由五个环节和要素构成的过程，确立了传播学研究的范围和基本内容，为人们理解传播过程的结构和特性提供了具体的出发点。

拉斯韦尔的功绩在于他通过5W传播模式指明了传播学研究战略的主攻方向，使传播学界的主力军在近半个世纪里把主要精力用在考察、研究传播过程的基本要素上，取得了巨大成果，为整个传播科学的长足发展奠定了深厚、扎实的基础。

（二）施拉姆传播模式

施拉姆传播模式又称互动传播模式，是由美国著名传播学专家威尔伯·施拉姆提出的，是典型的新型控制论传播模式。施拉姆将控制论的研究成果用于传播学的研究，在他的传播模式中引进了反馈机制，将反馈过程与传受双方的互动过程联系起来，使传播成为一种互动的循环往复过程，如图4-4所示。施拉姆传播模式是施拉姆在奥斯古德迁移理论的基础上提出的。1954年，施拉姆在《传播是怎样运行的》一文中，提出了这个新的过程模式。这一模式突出了信息传播过程的循环性。这就内含了这样一种观点：信息会产生反馈，并为传播双方所共享。另外，它对以前单向直线传播模式的一个突破是：更强调传受双方的相互转化。它的出现打破了传统的直线单向传播模式一统天下的局面。其缺点是未能区分传受双方的地位差别，因为在实际生活中传受双方的地位很少是完全平等的。此外，这个模式虽然能够较好地体现人际传播尤其是面对面传播的特点，对大众传播过程却不适用。

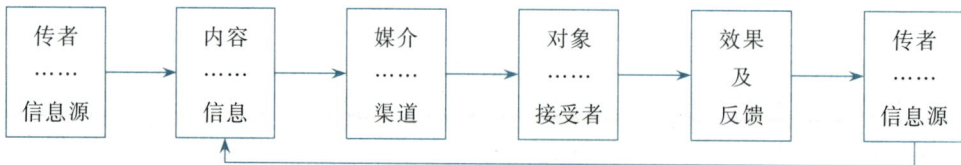

图4-4　施拉姆传播模式

（三）公共关系传播的一般模式

公共关系传播的一般模式是根据新型控制论模式的理论提出来的，同时包含了"5W"模式中的基本要素，在这一传播活动中包含以下五个环节，如图4-5所示。

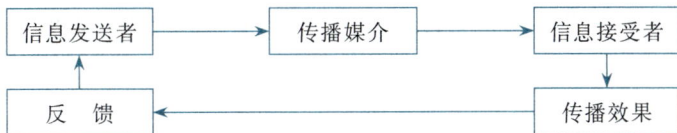

图4-5　公共关系传播一般模式的要素

课堂互动4-1

互动内容：

回顾所学公关知识，思考公共关系的三大要素是什么。

互动要求：

请每位参与互动的同学结合所学的内容独立思考，积极陈述自己的见解，也可以和周围的同学简单沟通后作答。

五、公共关系传播的内容

（一）信息

信息，即将所要传递的内容传到受者处，使之完整、清晰地接收到，并且较少歧义、含混、缺漏。这是简单的传到、知晓层次，是任何传播行为首先都应达到的传播效果层次。传播的目的是让公众知晓信息，使公众准确接收到组织传递的信息。

（二）情感

情感是指传播者传递出的信息从被知晓到进而触动受者情感，使受者在感情上与传播内容接近、认同，对这一传播活动感兴趣，从而与传播者接近。这是传播取得的较为理想的效果。其目的在于让知晓公众进一步密切与组织的关系，加深组织与公众的感情。组织需要与公众产生情感上的共鸣。因此，组织必须注重情感传播，一个优秀的公共关系人员往往从情感入手，通过真情实感去打动公众，进而改变公众的态度，引导公众的行为，达到公众对组织给予支持的目的。但是需要注意的是，情感有正负之分，只有正面情感才是传播者所需要的，负面情感如反感、厌恶等，应予以避免。

知识拓展4-1　　　　　　　　　　**传播过程中的隐含要素**

一、时空环境

1.时间因素：如打电话、拜访、约会都存在时间问题，要体现出对对方的尊重。

2.空间因素：如座次的排列。

3.环境因素：是指物理环境（如温度，湿度、舒适度、环境整洁度、是否有噪声等）对传播效果的影响，如达沃斯经济论坛以及博鳌亚洲论坛。

二、心理状态

心情好时会对接收到的信息做出更加积极的反应。

三、文化背景

经济环境、风俗习惯、语言文字、性格特征、民族心理、思维方式、价值观等方面的差异都属于文化差异，这些因素对传播效果有着非常重要的影响。

四、权威因素

1.信息内容的可信度。

2.传播者本身的社会信誉度。（1）权威效应。传播者自己是相关方面的专家、学者或领导。（2）首因效应。传播者给信息的接收者留下的第一印象。（3）名人效应。传播者的身份及地位、具有的声望和感召力。名人会对社会舆论和社会生活产生较大的影响力和感召力。

六、公共关系传播的类型

（一）自我传播

自我传播指个人收到外界信息刺激后，在头脑中进行的传播活动，是行为主体自身内部进行的信息传播，也叫内向传播或内向交流。自我传播，即个体的自我交流，发送者和接收者是同一个体。尽管它不会对其他人产生影响，且没有明确的对外传递信息的行为，但却是个体对所接收的外部信息进行分析、加工、取舍和整合的过程。在整个过程中，大脑充当了信息存储器，也作为信息的加工器而发挥作用。自我传播的传受双方集于一身，即作为行为意愿和行为主体的"主我（I）"和作为他人的社会评价和社会期待的代表的"客我（Me）"之间的自身信息交流。在这一过程中，信息的发出者和接收者是同一个人，其存在的反馈是由人的自我感觉和自我意识构成的。传播行为、过程集中于人的内心世界，主要体现为人的认识及自我反省、思考、发泄、安慰、陶醉及内心冲突和思想斗争，其外在形式有阅读观察、自言自语、写日记、自问自答、自我陶醉、自我反省、沉默反思等。

自我传播以思考为核心，是人体内的信息处理过程，其他任何传播方式所传递的信息在经由个体感觉器官进入大脑后的一切流动，包括选择、解码、判断、决定和编码等思考的过程都属于自我传播的范畴。因此，它是个人对外传播、交流的基础和准备，也为进一步接收新的外来信息提供了条件。自我传播是一切外向型（人际、组织、大众）传播的前提和基础。自我沟通的过程如图4-6所示。在公共关系传播活动中，公关人员同样需要先进行这种自我传播，对已接收的信息进行必要的选择和加工，使其成为更适合向公众传播的信息，这对提高传播效率和传播效果都是非常重要的。

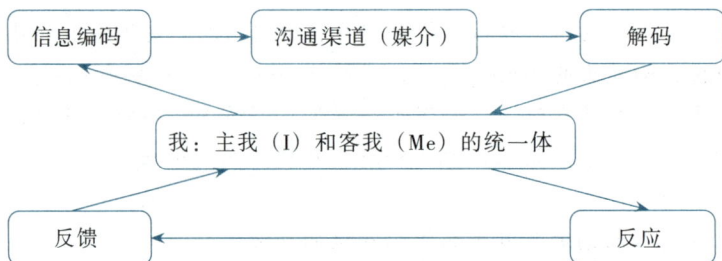

图4-6　自我沟通的过程

（二）人际传播

人际传播是指个人与个人之间借助语言符号和非语言符号进行的一对一的彼此交流信息、沟通情感、协调行为，亦可称为人际沟通、人际交往、人际关系，是最常见、最广泛、最基本的一种传播模式，也是人与人之间的社会关系的直接体现，是组织传播和大众传播的基础。广义上，人际传播是指大众传播以外的其他传播类型；狭义上，人际传播是指在两者或两者以上之间进行的面对面的或凭借简单媒介进行的信息交流活动。其表现为个体性、私人性和信息反馈的及时性，如人与人之间的交流、会议和讲课等活动。人际传播是公共关系工作中经常使用的传播方式。

1.人际传播媒介的特点

正常平等的人际传播媒介具有以下几个显著特点：

（1）"一对一"的直接性决定了信息的针对性强，所以往往目标更加明确，可以根据具体的个人和具体的事务环境展开。人际传播的效率高，传播效果好。

（2）传播中始终具有反馈的及时性和交流双方的互动性。传播者可以随时得到受众的反应，传播的内容、态度和方式也可根据现实情境随时做出调整和改变。

（3）交流的手段、符号丰富，如语言、肢体、表情、服装、位置、颜色、时间、空间、距离、明暗等诸多因素都能不同程度地表达和传递信息，以此来影响传播效果。在多种手段、多种渠道的配合下，人际传播的信息的意义更为复杂和丰富。

（4）情感和心理因素在传播中起着很大的作用，在双方之间进行深层次的交流是最有利的。人与人之间的信息传播可以察其言、观其行，而且表现形式灵活多样。加之表情和动作往往富有人情味，因此对受传者而言，有亲切、自然的感觉，双方容易产生共鸣和共识，很容易给彼此留下深刻的印象。其局限性在于不利于信息在较大范围内广泛、快速、准确地传播。

2.人际传播媒介的运用

人际传播分为面对面的亲身传播（如促膝交谈）和非面对面的或不在同一空间、需借助某种媒介（如电话、微信、电子邮件等）进行交流的中介传播两种方式。人际传播是人类最为普遍和重要的沟通活动。有专家指出，"除非我们进行人际沟通，否则在社会中我们就不能生存""它们能使我们在社会中有效地发挥作用和维持我们生活中重要的相互关系""许多研究表明，人际沟通对幸福快乐和生活中的满足感具有重要意义"。

（三）组织传播

组织传播是指以组织的名义对内部公众和外部公众开展的信息交流活动，即通过组织所控制的媒介与公众进行的信息传播活动。组织传播可以沟通、疏导组织内部上下之间、成员之间、部门之间的关系，建立、发展组织与组织之间的联系，是为了应对环境的不确定性而进行的传达思想、交流情报和信息的过程。组织传播就是由各种相互依赖关系结成网络，为了应付环境的不确定性而创造和交流信息的过程。传播的主体是组织，传播的对象广泛而复杂，也是群体或组织。其主要运用组织的媒介进行固定传播，具有明确的目的性和可控性。组织传播的规模大于人际传播，二者的明显区别在于前者的传播活动都是有组织目的的。

1. 组织内传播（组织内部的信息交流活动）

（1）组织内传播中的正式传播

它是指信息沿着一定组织关系（部门、职务、岗位以及隶属或平行关系）、环节在组织内流通的过程。这种传播一般分为横向传播和纵向传播，前者（横向传播）又称水平渠道，如工作交流、班组会、部门协调会等。其特点是双向性强，互动渠道畅通。后者（纵向传播）则有单向流动的性质，又分为上行传播和下行传播两种。自上而下主要指布置工作，发布命令、文件、通知和召开会议等，是组织传播中占主导地位的传播形式；自下而上则是指定期汇报工作、反映问题、员工接待日、民意测验、提出意见和建议等。其目的在于了解组织存在的问题，获得反馈，比较成果，进行决策；对部门之间进行协调，以提高组织的效率，保证组织任务的完成；稳定组织成员，维系人际关系，保持组织的统一。

（2）组织内传播中的非正式传播

它是指越过组织内的权力等级和制度限制，自由地向组织内任何方向运动的信息传播。非正式传播建立在组织内部成员的人际关系基础之上，组织内部成员借此满足自身的社会需要，如组织员工的私下交谈、议论、传播小道消息等。对于非正式传播，要善于引导和利用，把它作为正式传播的补充形式，以取得正式传播所达不到的效果。其常用的方法有聚餐、郊游、聊天、个人互访等。

2. 组织外传播

组织的生存与发展，依赖组织与外部环境之间的物质、能量和信息的交流。组织外传播是指组织、组织成员、团体与其外部环境之间的信息交流。这种交流实际上包含着信息流或物质流的输入和输出两个过程。为了取得外界的了解和信任，组织外传播的形式也日益增多。就信息输出而言，宣传活动是一种比较常见的信息传播活动，如公关宣传（新闻发布会）、广告宣传和企业标识系统（CIS）宣传等。而信息输入则是指外部环境的各类信息向组织反馈，常用的方法有市场调查、调查问卷、公众投诉、来信来访等。

作为传播者的组织公关人员，要准确了解、把握公众需求，精心选择信息传播模式，巧妙整合、使用多种传播手段和方式，克服各种传播障碍。这样才能够与信息接收者进行有效及时的信息沟通与反馈，才能取得理想的传播效果。

（四）大众传播

大众传播是指由专业传播机构运用先进的传播技术和产业化手段面向社会上不特定的大众进行的大规模的信息生产和传播活动。大众传播有广义和狭义两种。广义的大众传播专指使用大众传播媒介（书籍、报纸、杂志、广播、电影、电视、网络等）所进行的传播。狭义的大众传播是职业传播者通过现代传播媒介，向社会大众提供信息的传播形式。它是以大众报刊的出现为标志的，之后经历了电报、电影、广播、电视、网络的传播形式。当前，大众传播已渗透到社会的各个角落。比如，新闻单位、出版发行单位通过大众传播媒介将大量复制的信息传送给分散的大众。随着现代科学技术特别是电子技术的进步，大众传播的速度不断加快，传播内容也便于大量复制，从而使大众传播的覆盖面更为广阔，尤其是网络媒体异军突起，有后来者居上之势头。

1.大众传播的特点

（1）广泛性

大众传播的广泛性是指大众传播对象的高度大众化和传播内容的大众化。大众传播拥有大量的受众，涉及不同的地域和不同的阶层。由于面对所有大众，大众传播的内容一般要符合广大对象的各种要求，引起他们广泛的兴趣，所以信息量大是可想而知的。

（2）间接性

大众传播的间接性是指这种传播的信息反馈困难。对大众传播者来说，他们与分散的、匿名的受众是互相分离、很难谋面的。这使大众传播的反馈渠道不畅、过程长、速度慢、成本高、不准确。因此，大众传播的信息反馈迟钝。

（3）专业性

大众传播的专业性特征是指传播机构的高度专业化和传播手段的技术化。现代大众传播是一个专业化很强的行业。它有专业机构和专门人员，如报社、杂志社、电台、电视台和其中的记者、编辑们。同时，大众传播需要借助现代印刷、摄影、电话、电传、无线电、激光、网络等技术手段，机器功能复杂，操作难度和技术含量很高。

（4）高效化

大众传播的高效化是指大众传播使用现代传媒，大量高速地复制和传递信息。网络和其他电子媒介同步传播，已使所有信息瞬间即至，具有强大的舆论影响力，所以大众传播成为公共关系工作最有效的手段。

2.大众传播的种类

大众传播媒介主要有报纸、杂志、书籍、广播、电视、电影、网络等。其中，报纸、杂志、广播、电视并称为"四大新闻媒介"，与公共关系工作有着密切的关系。

（1）印刷媒介

印刷媒介（printed media）是通过印刷方式向社会公众传播信息的中介物，是传播媒介的一种，如书籍、刊物、报纸、杂志等。印刷媒介是以印刷技术为基础，以纸张为介质，以传播文字、图像符号为主的传播工具。狭义的印刷媒介指报纸、杂志（期刊）和书籍；广义的印刷媒介还包括小册子、传单等。在所有的大众传播媒介中，印刷媒介是最古老的一种。

（2）电子媒介

电子媒介是指现代传播活动中存储与传递信息时使用的电子技术信息载体。其中，广播、电视是最主要的电子媒介

总之，社会组织借助大众传播媒介进行公关传播，能迅速提高组织的知名度和社会影响力。

课堂互动 4-2

互动内容：

请思考并讨论：大众传媒是否可以通过媒介功能影响公共领域构建？请举例说明。

互动要求：

请每位参与互动的同学结合所学的内容积极思考并陈述自己的见解，也可以和周围的同学简单沟通后作答。

思政园地 4-1　　　　　　　　　　患者个人信息频遭泄露

2020年12月7日，成都新冠肺炎感染者赵小姐的个人信息在网络上被曝光，其中不但有她的姓名、身份证号、具体住址，还包括她前一晚每个时段的行程轨迹。网友们由此对赵小姐的私人生活展开各种不负责任的猜测和评论，有人对她进行人肉搜索，还有人打电话、发短信对她进行羞辱谩骂。疫情期间，患者或相关人员的个人信息被泄露的事件多次发生。

此外，也有专业媒体在报道中不慎泄露患者的隐私。如2020年7月2日，北京石景山一名女子被确诊感染新冠肺炎，某卫视在报道其流调过程时，镜头中出现了文字清晰可辨的流调工作记录页面。

【关键词】

隐私泄露

【点评】

2020年5月28日，第十三届全国人民代表大会第三次会议通过《中华人民共和国民法典》，并于2021年1月1日正式生效。其中规定了对个人隐私和个人信息的保护："隐私是自然人的私人生活安宁和不愿为他人知晓的私密空间、私密活动、私密信息。"（第1032条）因此，媒体人作为把关的重要一环，对有关报道对象的隐私信息应该有意识地进行隐藏。

思政园地 4-2　　　　　　　　　　营销号恶意炒作带节奏

2020年1月10日，微信公众号"青年大院"发布了《没有澳洲这场大火，我都不知道中国33年前这么厉害！》，以1987年中国政府应对大兴安岭火灾作为对比，批评澳大利亚政府救灾不力。文章获得大量点击，并被多家媒体、公众号转载。文章很快引发批评：

《新京报》评论认为，"这篇爆款文章'把灾难当凯歌'，不仅是对生命和自然的

亵渎，也是对历史事实、对常识的无知和扭曲"。

还有网友查询发现，"青年大院"运营商"浮光跃金文化传媒有限公司"同时操作着数个公众号，分别以不同的价值观导向煽动受众情绪，被称为"对冲式写作"，"全方位收割流量"。2月28日，"青年大院"被微信平台处以"阶梯处罚"；12月18日，"青年大院"公众号被屏蔽所有内容，停止使用。

【关键词】

煽情主义 信息倦怠

【点评】

煽情主义（sensationalism）"旨在通过产生强烈的震惊、愤怒或兴奋感的方式呈现事实或故事"。在大众化新闻业，"煽情"也是一种编辑策略：通过选择新闻故事中的事件和主题，通过措辞来激发读者情绪，获取最大的发行数量和广告收入。

有研究指出，通过组织化、集团式地"漫灌"各种低质、无聊、似是而非、模棱两可的内容，社会将渐渐处于一种"认知麻木"状态：用户知道这些内容"可能"是假的，也知道没什么意思，但是因为数量太多，经常见到，也无法躲避，一段时间之后就会形成信息倦怠；长此以往，还会加剧社会麻木和政治冷漠（Marwick & Lewis，2017）。

资料来源：佚名. 案例库！2020最该记住的假新闻&新闻伦理事件！［EB/OL］.［2021-03-26］. https://zhuanlan.zhihu.com/p/360065020.

第二节　公共关系传播媒介

案例导入 4-2　　　　　　　　　　板鸭店牌子

背景与情境：

江苏一家板鸭店过去在加工场门口曾挂着一块牌子："工场重地，谢绝参观。"购买板鸭的人想从门缝往里看看加工过程，也被工作人员劝走。后来，该店经理接受一位公关行家的建议，将加工场门口那块牌子上的字改成"加工熟食，欢迎参观"。购买熟食的顾客可以进去参观加工场，不仅能看到盐水鸭、板鸭等熟食的制作过程，还可获得商家赠给的一张优惠购物券。许多人参观后兴致勃勃地选购了熟食。该店生意也由淡转旺，销售量日趋上升。

该店经理感慨道："我店以前在电视台、电台做了多次广告，花钱不少，但效果不大。这次就换了一块牌子，改了几个字，销售量便大大增加了。"

思考：

为什么板鸭店换了牌子销售量便大增？

一、符号媒介

符号是信息的外在形式或物质载体，是信息表达和传播中不可缺少的一种基本要素。符号媒介（如图4-7所示）包括语言符号媒介和非语言符号媒介。语言符号媒介包括有声语言媒介、无声语言媒介；非语言符号媒介包括有声非语言媒介、无声非语言媒介。

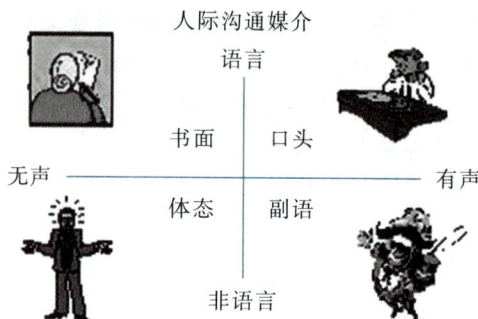

图4-7　符号媒介

符号媒介的分类如下：

（一）有声语言媒介

有声语言媒介，即自然语言，是发出声音的口头语言。其特点是信息反馈快，形式灵活多样，传播效果明显。

言语传播要有两个或两个以上的传播主体在同一时空范围内共同参与；其交流的过程和信息反馈过程几乎是同步进行的，传播的信息内容不局限于由词语、语法结构等组成的句子所表达的含义，还包括语气、语调以及身姿、手势、表情等所表达的意义。言语交流具有直接性、随时性、情感性、主观性、双向性、反馈性等基本特性。言语传播是公共关系活动中应用最广泛、不可缺少的传播工具。公共关系把言语传播作为一种与公众建立联系、对外界施加影响的工作方式来加以研究，要求公关人员深刻理解言语传播的特点，熟练掌握言语传播的技巧，并能够在公务接待、信息传递、新闻发布及各种沟通联络活动中，充分运用其特点和传播技巧，从而使公共关系活动取得最佳效果。

（二）无声语言媒介

无声语言，是有声语言的一种文字符号形式。在公共关系传播中，它是通过印刷文字进行信息传播的。其特点是：超越时空，便于斟酌，也有利于保存，但是信息反馈不及有声语言媒介迅速。

（三）有声非语言媒介

有声非语言媒介，即"类语言"，是传播过程中一种有声而不分音节的语言，如笑声、掌声、语调、重读等。其特点是：第一，无具体的音节可分，信息在一定的语言环境中得以传播；第二，同一形式下其语义并不是固定不变的。

（四）无声非语言媒介

无声非语言媒介，指的是各种人体语言，主要包括交流中人的面部表情和身体各部位的动作和姿势，是以人的动作、表情、服饰等来传递信息的一种无声伴随语言。

其主要包括面部表情、动态的身体语言和静态的身体语言（如站姿、坐姿等）三种类型。无声非语言媒介的特点是：第一，具有鲜明的民族特色；第二，强化有声语言的传播效果。

知识拓展4-2　　　　　　　　　　　理清"非语言"的意义

1. 如图4-8所示，"表情"会表达什么？

挑衅的　　傲慢的　　厌烦的　　坚决的　　不满的　　着迷的

高兴的　　受伤的　　天真的　　单相思的　　固执的　　伤心的

震惊的　　沾沾自喜的　　惊讶的　　怀疑的　　同情的　　气馁的

图4-8　表情图

2. 如图4-9所示，"眼神"会表达什么？

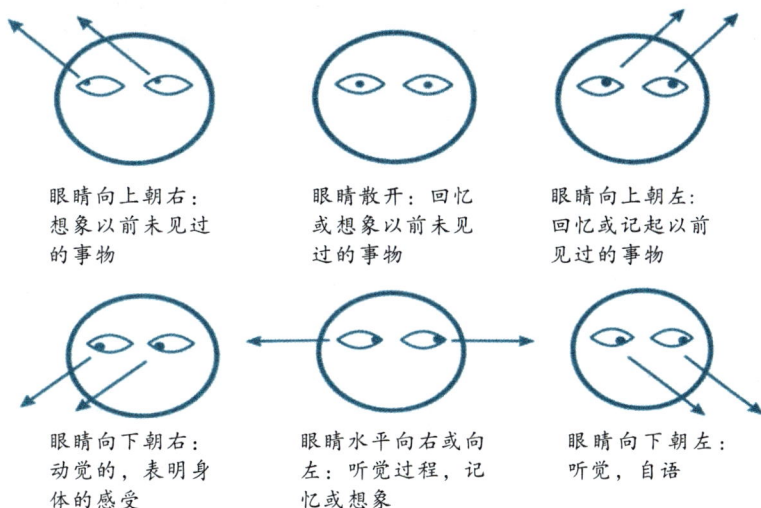

眼睛向上朝右：
想象以前未见过
的事物

眼睛散开：回忆
或想象以前未见
过的事物

眼睛向上朝左：
回忆或记起以前
见过的事物

眼睛向下朝右：
动觉的，表明身
体的感受

眼睛水平向右或向
左：听觉过程，记
忆或想象

眼睛向下朝左：
听觉，自语

图4-9　眼神图

知识拓展4-3

内容：

观察图片（如图4-10所示），思考并回答：办公室不同布局分别在表达什么？

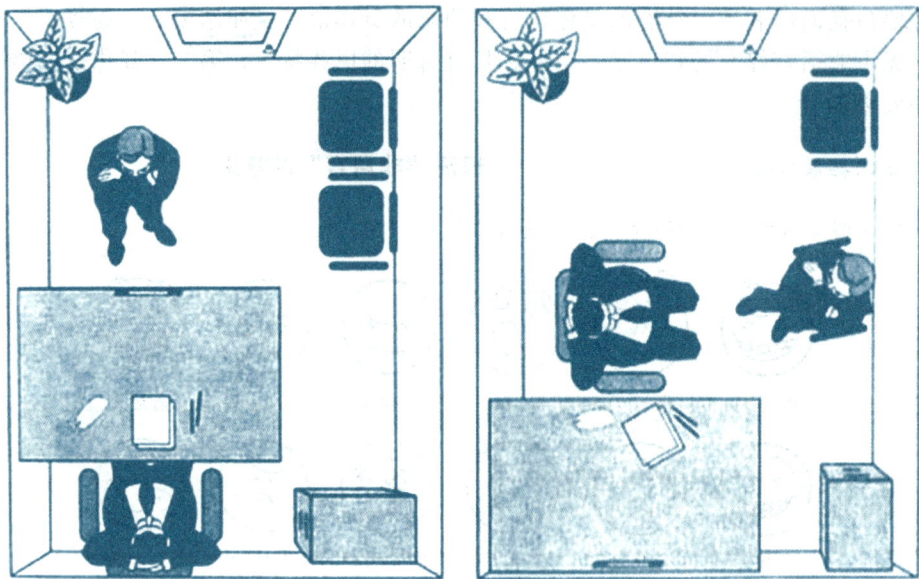

图4-10　办公室布局图

知识拓展4-4　　　　　　　口头语言表达技巧

一天晚上，夫妻俩要外出吃喜酒，两个人都穿了新衣服。妻子穿了新衣服在镜子前面左顾右盼，自我欣赏，然后回过头来得意地问丈夫："你看，这件衣服好看吗？"丈夫觉得这件衣服有些紧，贴在妻子已经发胖了的身体上不太好看，于是就说："不好看，衣服绑在身上，像个冬瓜。"妻子听了大为恼火："好吧，我难看，我不去了，你一个人去吧。"

这真是"一句话使人恼"，这位丈夫也太"老实"了，你认为他应该怎样表达？

课堂互动4-3

互动内容：

燕子道歉

女士们、先生们：

我们是刚从南方赶来这儿过春天的小燕子，没有征得主人的同意，就在这儿安了家，还要生儿育女。我们的小宝贝年幼无知很不懂事，我们的习惯也不好，常常弄脏你们的玻璃窗和走廊，致使你们不愉快。我们很过意不去，请你们多多原谅。

你们的朋友：小燕子

思考：

这封信的含义是什么？效果如何？

互动要求：

请每位参与互动的同学结合所学的内容独立思考，积极陈述自己的见解，也可以和周围的同学简单沟通后作答。

知识拓展4-5　　　　　　　　**无声非语言表述及其行为含义**

无声非语言表述及其行为含义见表4-1。

表4-1　　　　　　　　　　　无声非语言表述及其行为含义

无声非语言表述	行为含义
手势	柔和的手势表示友好、可以商量，强硬的手势意味着"我是对的，你必须听我的"
脸部表情	微笑表示友善礼貌，皱眉表示怀疑和不满意
眼神	盯着看意味着不礼貌，但也可能表示有兴趣、寻求支持
姿态	双臂环抱表示防御，开会时独坐一隅意味着傲慢或不感兴趣

二、实物媒介

实物媒介主要指用于展览、赠送的样品、产品或企业建筑微缩模型等。这些用于特殊场合的样品、模型、象征物上凝聚着组织的各类信息，展现着产品和组织的形象，它们实际上充当了组织对外传递信息、沟通与公众联系的特殊媒介。

实物媒介包括产品、象征物等。对企业来说，产品本身就是一种典型的实物媒介。产品的品牌、商标、包装、外表形态、内在质量、售后服务、广告设计等都能传递信息。

公共部门主要提供无形产品（即服务），有形产品很少。同样，公共部门要通过提高服务质量来传递组织的信息。同时，要利用很少的有形产品向公众传递信息。礼品是一种很好的传递信息的实物媒介。礼品的交际价值大于其使用价值，它能传递组织的情感和新信息。比如，通过赠送本地区的名特产品、组织的新产品样品，传递组织的产品信息；赠送组织自己设计的有本组织特征的纪念品能传递组织的形象信息。不管什么样的礼品，最重要的是它能联络感情、表达礼仪、协调关系。能充当实物媒介的还有组织的建筑物、象征物、室内布局及陈设、招牌和指示牌、信纸和信封、名片、购物袋等，甚至细微到会客室的一个烟灰缸、登记簿旁的一支笔都能传递组织的信息，反映组织的管理状况，美化或损害组织的形象。

三、大众媒介

大众传媒是公关信息传播的主要渠道、手段和方法，在公关信息传播中起着非常重要的作用。

微课4-2

（一）印刷媒介

印刷媒介是指将文字、图片等书面语言、符号印刷在纸张上以传播信息的大众传播媒介。印刷媒介的容量较大，可对信息进行较详尽、深入的报道。

公共关系传播
媒介的类型

它易于保留、查找，便于读者选择阅读；它的价格比较便宜，读者可以通过一次性购买或一段时间的预购获得它们。但由于此类媒介的最终完成形式是印刷品，需要经过排版、印刷、递送（发售）等一系列操作，它们到达读者手中所需的时间较长，且每期之间有一定的间隔时间，因而时效性较差。另外，印刷媒介要求信息接收者具有相当的文化水平，加之人迹罕至之处难以定期送达，因此相当的社会人口不能成为它的受众。报纸与刊物都分为综合性与专业性两类。报纸主要以刊载新闻为主，刊物则只有一部分是新闻性的。报纸、杂志的种类很多，公关人员有着广泛的选择余地。

1.报纸

在传统四大媒体中，报纸无疑是用户最多、普及性最广和影响力最大的媒体。报纸广告几乎是陪伴着报纸的创刊而诞生的。随着时代的发展，报纸的品种越来越多，内容越来越丰富，版式更灵活，印刷更精美，报纸广告的内容与形式也越来越多样化，所以报纸与读者的距离也更近。报纸成为人们了解时事、接收信息的主要媒体。

（1）报纸的优势

①传播速度较快，信息传递及时。

对大多数综合性日报或晚报来说，出版周期短，信息传递较为及时。有些报纸甚至一天要出早、中、晚等几个版，报道新闻就更快了。一些时效性强的产品广告，如新产品和有新闻性的产品的广告，就可以利用报纸，及时地将信息传播给消费者。

②信息量大，说明性强。

报纸作为综合性内容的媒介，以文字符号为主、图片为辅来传递信息，其容量较大。由于以文字为主，因此说明性很强，可以详尽地描述，对一些关注度较高的产品来说，利用报纸的说明性可详细告知消费者有关产品的特点。

③易保管、可重复。

由于报纸特殊的材质及规格，相对于电视、广播等其他媒体，报纸具有较好的保管性，而且易折易放，携带十分方便。一些人在阅读报纸的过程中还养成了剪报的习惯，根据各自所需分门别类地收集、剪裁信息。这样，无形中又强化了报纸信息的保管性及重复阅读率。

④阅读主动性。

报纸把许多信息同时呈现在读者眼前，增强了读者的认知主动性。读者可以自由地选择阅读或放弃哪些部分；读者也可以自由决定自己的阅读程度，如是仅有一点印象即可，还是将信息记住、记牢。此外，读者还可以在需要时将相关内容记录下来。

⑤权威性。

消息准确可靠，是报纸获得信誉的重要条件。大多数报纸创刊历史长久，且由党政机关部门主办，在群众中素有影响和威信。因此，在报纸上刊登的广告往往使消费者产生信任感。

（2）报纸的缺点

报纸的印刷技术最近几年在高科技的支持下，不断得到突破与完善，但到目前为止，报纸仍是印刷成本最低的媒介。受材质与技术的影响，报纸的印刷品质不如专业杂志、直邮广告、招贴海报等媒介。报纸仍需以文字为主要信息传递元素，表现形式相对于电视的立体、其他印刷媒体的斑斓丰富，显然要单调得多。其具体体现为：表现形式单一，时效性差，传播信息易被读者忽略，理解能力受读者文化水平的限制。

2.杂志

（1）杂志的优势

①读者阶层和对象明确。

杂志的读者范围不像报纸那样广，但分类较细，专业性较强，这对选择特定阶层的广告而言非常方便，更能做到有的放矢。同类杂志的读者，在质的方面大体相同，因此，广告文案的制作也容易得多；反过来说，每一类杂志都拥有其基本的读者群，可以针对特定的读者投放其感兴趣的广告。

②杂志印刷精美，阅读率高，保管期长。

杂志的用纸较好，尤其是广告用纸更为讲究，在广告的印刷上要比报纸精美得多，尤其是彩色广告，色彩鲜艳，引人注目，可以传神地展现商品形象，激发读者的购买欲望。杂志广告大都用全页或半页，版面较大，内容多，图文并茂，容易把广告客户所要传递的信息完整地表现出来。

③杂志媒体比起广播、电视来说，生命力长。

广播、电视节目一播即逝，而杂志阅读时间长，常被人保管下来反复阅读，因此，杂志广告能反复与读者接触，读者有充分的时间对广告内容进行仔细研究，加深人们的印象。

④杂志媒体版面安插灵活，颜色多样。

杂志在版面位置安插上，可分为封面、封底、封二、封三、扉页、内页、插页，颜色上可以是黑白，也可以是彩色，在版面大小上有全页、半页，也有1/3、2/3、1/4、1/6页的区别；有时为了适应广告客户制作大幅广告的要求，还可以制作连页广告、多页广告，效果好，影响面大。

⑤读者针对性强。

杂志内容有较强的倾向性、专业性，不同的杂志，一般可以在广大区域里，拥有不同和比较稳定的读者层。比如摄影杂志，读者以摄影行业和业余摄影爱好者为主，故刊登有关摄影器材的广告，正好与该杂志的读者匹配，可有效地争取这些读者成为摄影器材的购买者。

⑥重复性。

杂志的内容丰富多彩，长篇文章较多，读者不但会仔细阅读，而且会多次阅读，甚至保存下来日后再读。读者的多次翻阅增加了他们与杂志广告接触的机会，有利于在记忆中留下较深的广告印象。

（2）杂志的不足

杂志的不足在于出版周期长，无法像报纸和电视那样产生铺天盖地般的宣传效果，且其理解能力受限、时效性差。

（二）电子媒介

电子媒介是使用电子技术，通过无线电波或导线发出声音、图像节目，接收者要借助接收机接收的大众传播媒介。电子媒介有广播、电视等多种形式。

电子媒介使用多样的符号来传播信息，有文字、声音、图像等。声像符号具有形象性，形式变化多样，使电子媒介具有更强的纪实性、生动性与感染力，对接收者没有文化水平的限制。电子媒介由于信道——电波的传播速度很快，以及发射手段的不断改进，因而信息传播迅速。

1.广播

广播以声音作为传播符号。声音有语言、音乐、音响三种形式。利用声音形式的不同组合可以打造多种多样、多姿多彩的节目，且具有较强的写实性与表现力。广播节目的制作和播出较为简便、快捷，因而在新闻报道中，它是最迅速的传播媒介。它很容易与电话等其他媒介连接，与听者进行双向交流。广播的频道多（几百个）、容量大，它的语言节目可以对新闻、社会热门话题作系统、翔实的报道与深入的讨论；它的音乐节目又具有纪实性、生动性与感染力。广播诉诸听觉的单通道传播可使接收者注意力集中，且有较大的想象空间。广播节目的送达范围可超越国界，已成为世界性媒介。广播的接收机器已实现小型化，人们可随身携带，随时收听。

广播电台既有播出新闻、教育、服务、娱乐等各类节目的综合台，也有只播出一类节目的专业台，如新闻台、音乐台、教育台等。

2.电视

电视使用各类视听符号进行传播，其视听兼备，声画并茂，具有最强的写实性与表现力，是各类公众都喜爱的媒介，因而它对社会生活的影响力也非常大。在互联网普及之前，在各类新闻媒介中，受众选择率最高的是电视，每日接触时间最长的也是电视。电视新闻具有最强的形象表现力，它真实、生动，可以速报，也可以深入分析新闻事件。电视的娱乐功能在新闻媒介中最强，这是它吸引受众的重要因素。目前，电视与卫星结合，也成为超越地域、国界的媒介，其作用和影响力大大提高。有线电视迅速发展，弥补了无线电视节目制作数量有限的缺点，为电视发展开拓了广阔的空间。但是电视节目制作和播出的设备、技术都较为复杂，这在一定程度上影响了新闻报道的速度；其传播符号与接收特点也影响了它的深度；节目制作费用较高，节目的多少与一国或一地的经济状况有密切关系。电视接收虽然没有文化的限制，但由于电视机价格较贵，而且需要电力保证，因而对贫困地区、家庭经济拮据的公众而言，也有接收障碍。

（三）网络传播媒介

20世纪末，以计算机和互联网为代表的"第四媒体"出现在人类生活中。科学技术的发展，必然把公共关系推向网络公关时代。网络公关又被称为e公关，是以互联网为手段，沟通组织内外信息，加强组织与社会各界公众的交流，从而提高组织的知名度和美誉度，塑造良好的组织形象的新型公关活动。网络公关可以说是适应信息时代要求的、数字化环境下的公共关系。公共关系的本质是一种信息的双向交流活动，公共关系活动的方式在很大程度上受社会传播媒介发展水平的制约。

与传统媒介相比，互联网有如下特点：

①无限性，包括空间上的无限性、时间上的无限性、容量的无限性。

②自由性。与传统的大众传播媒介相比，互联网是一个交互的世界。它不仅可以"下载"，而且还能"灌水"（上传信息），信息的传播在遵循相关法律及法规的基础上由公众自主掌握。

③互动性。与传统的大众传播媒介相比，互联网为组织提供了一个很好的互动平台。组织可以通过微信公众号、社群、短视频、电子邮件、微博等形式，与广大公众进行实时互动。

④虚拟性。互联网是一个虚拟的世界。我们在利用互联网进行信息传播的同时，对互联网可能给我们造成的伤害，必须有充分的思想准备。

公关实务4-1　　　　　　　　　　中国好声音引爆社交网络传播的逻辑

背景与情境：

7月12日晚，"中国好声音"第二季在浙江卫视开播，除了依然强势的收视率外，各种热门话题也出现在各大社交媒体上。这里，笔者不得不佩服好声音的幕后运作团队，能在各种炒作之后，在最难引导舆论的社交媒体上打造一个"好"字，显然称得上是"中国好公关"！话不多说，先来看看好声音第二季开播几天来已形成的热门话题，如"乖乖女"刘雅婷、华少"好舌头"、姚贝娜引评委哄抢等。当然，话题不止这些，但从中可以看出，好声音团队的传播逻辑依然不变，尽量炒作出争议，尽量为观众提供不断的话题。这里，可能有读者就会问了，"中国好声音"不是志在打造一个"好"字吗？为什么频频出争议呢？这不会影响品牌定位吗？当然，从正常的逻辑来说是这样的，但从好声音的节目属性和社交传播的逻辑来看就不是这样了。选秀是商业，要实现话题嫁接，搭热点顺风车，不需要有绝对的对与错，而是要有绝对的争议。

微博：依然是引爆点。大家都知道，第一季好声音在社交媒体上的主要传播渠道是新浪微博，大部分话题基本上是从微博开始引爆的，不管是吴莫愁还是华少的"中国好舌头"，新浪微博都作为话题源传播。

微信：舆论的聚合。在移动智能设备越来越普及的今天，真正的受众还是在移动端。好声音可以利用微信进行问卷调查、投票等等，这些都将使好声音品牌真正接近受众、感染受众，这就是微信的魅力所在。

新闻客户端：公信力背书。新闻客户端打破了传统媒体的垄断地位，凭借其"新闻+订阅"的模式，实现了移动自媒体的聚合。

资料来源：科技茶馆．中国好声音引爆社交网络传播的逻辑［EB/OL］．［2013-07-16］．https://www.huxiu.com/article/17302.html.

思考：

中国好声音是如何引爆社交网络传播的？

第三节 公共关系传播效果

案例导入4-3 　　　　　　　　毛姆的征婚广告

背景与情境：

英国著名小说家毛姆在《月亮与六便士》出版前籍籍无名，但他自认为自己写得很好。当他带着作品奔波多家出版社后才发现没一家愿意出版。毛姆深感名气实在重要。还好，最终有一家出版社同意出版该书稿。可如何让这本新书畅销呢？毛姆陷入了沉思。一天，他在看报纸时注意到几则征婚广告。随即，他去报社亲笔写下一则征婚启事："本人身体健康，个性开朗，尤其喜欢音乐和运动，是一位年轻而有教养的'百万富翁'。非常希望能找一个与毛姆的小说《月亮与六便士》中的女主角一模一样的女性结婚。"这则征婚广告刊登后，《月亮与六便士》便出版了。该书一面世居然全城热销。年轻姑娘们看了广告后，想看看书中的女主角究竟长什么样子，会令一位年轻的"百万富翁"如此动心。女孩父母则想按书中女主角的样子来培养女儿，以便将来嫁给富翁。年轻小伙子们则想知道富翁的择偶标准。毛姆用一则征婚广告打开了通向成功的大门。可见，奔向成功，不仅需要不懈的勤奋与努力，还要善于巧妙地制造新闻。

思考：

毛姆的征婚广告给了你哪些启示？

一、公共关系有效传播的基本要求

传播效果是人类传播活动的出发点和归宿。传播作为人类一种特有的有目的的社会活动，其价值在于通过人们的传播交往达到传递信息、沟通情况、交流经验以及协调行动等目的。因此，对传播效果的研究是传播研究的重要内容。它始于传播活动的实施之前。在传播活动完成之后，效果显现。要想取得良好的传播效果，就要遵循如下基本要求：

（一）最佳传播者的形象水平

改善传播效果的一个重要条件是树立传播者自身的良好形象和声誉。这就表明传播者的声誉是与权威性、客观性以及公共关系的亲密性密切相关的。与专家搞好关系，邀请专家发表专业意见，有利于提高传播者的权威性。传播者在公众心目中如果被认为是态度超然、客观公正的，这样的信息就更利于被公众信任。传播者应尽量缩小与公众之间的心理距离，站在公众的立场传播信息，这样传播者的观点公众会更容易接受。当然，传播者自身完善、行为良好，是其成为最佳传播者的客观基础。

（二）良好的信息制作方式

组织在进行信息宣传时，应注意信息的组织形式和表达形式，使信息对公众来说易于获取、易于阅读，易于理解、记忆和把握。此外，还应注意扩大与公众的共同语言范畴，用一些能够引起公众共鸣和喜闻乐见的大众方式来进行传播，从而提高传播的感染力。受传者一般是根据自己的经验来理解和接收信息的，若要有效沟通，组织还必须研究公众对象。传播者应根据传播对象的经验范围来制作传播内容，双方的共同经验范围越大，传播效果就越好。

（三）尊重受众的选择权

有效传播离不开对受众的分析，公众在接收信息的过程中具有主观能动性。公众在接收信息时，会根据自身的需要、兴趣、知识、经验、价值观等对信息进行筛选，有选择性地理解、记忆和接受。因此，公关传播者应注意，有效的传播必须充分了解受众的兴趣、需要、爱好、态度、价值观、习惯等，不可忽视具体场合、情境气氛的影响作用，应尽可能做到传播有的放矢。

（四）营造良好的传播背景

传播活动总是在一定的场合、情境气氛下进行的，具有一定的传播背景。有效传播应充分注意场合、情境、气氛的影响作用。情境不同、场合不同，传播的形式也会不同，同样的传播内容会产生不同的传播效果。因此，在传播过程中，要格外注意环境和气氛的影响。

（五）完善传播沟通的技巧

传播技巧直接影响着传播效果。传播者应善于运用各种语言的、文字的与非语言的沟通手段，个人的、组织的、大众的传播技术，增强信息刺激的强度、对比度、重复率，以取得不同层次的传播效果，从而交流信息，联络情感，影响态度，引起行为。传播效果的分析涉及传播各种要素的综合分析、研究，任何一个传播要素的不理想，都会影响到传播效果。美国公共关系学专家卡特李普和森特提出了影响传播效果的七个要素，即"7C"。

📋 **知识拓展4-6**　　　　　　　**有效沟通的"7C原则"**

1.可信赖性（credibility）：指建立对传播者的信赖。

2.一致性（又称为情境架构，context）：指传播需与环境如物质的、社会的、心理的、时间的环境等相协调。

3.内容（content）的可接受性：指传播内容需与受众有关，必须能引起他们的兴趣，满足他们的需要。

4.表达的明确性（clarity）：指信息的组织形式应该简洁明了，易于为公众所接受。

5.渠道（channels）的多样性：指应该有针对性地运用传播媒介，以达到向目标公众传播信息的目的。

6.持续性与连贯性（continuity and consistency）：这就是说，沟通是一个没有终点的过程，要达到渗透的目的，必须对信息进行强调和重复，但又需要在重复中不断补充新的内容，这一过程应该持续地坚持下去。

7.受众能力（capability）的差异性：这是指沟通必须考虑沟通对象的能力（包括

注意能力、理解能力、接受能力和行为能力）的差异，从而采取不同方法实施传播，这样才能使传播易为受众理解和接受。

以上就是美国著名的公共关系学家卡特李普和森特在他们合著的被誉为公关圣经的著作《有效的公共关系》中提出的有效沟通的"7C"原则。

二、公共关系传播媒介的选择

公共关系传播媒介选择要遵循以下四大原则：

（一）根据媒介自身特点来选择

不同媒介的特点不同，适用的传播类型也不同。媒介选用得当，可取得事半功倍的效果。

（二）根据目标公众来选择

公共关系对象具有差异性的特点，如文化层次、生活习惯、自然环境等。传播对象的这些实际情况会影响传播媒介的选择。传播对象的文化水平较低，可选择广播或电视；文化水平较高，且传播的内容比较专业，可选择杂志或书籍；如传播对象的人数极少，则没有必要使用媒介来传播，以免造成浪费；如传播对象属于流动作业者，广播则是最合适的媒介。

（三）根据传播内容来选择

不同的传播内容可选择不同的媒介。浅显的内容可选择电子媒介；反之，选择印刷媒介。信息内容侧重于声音的，可选择电视；内容比较专业的，可选择杂志或书籍等；内容有一定的隐私性，可选择电话、书信、邮件或内部书刊；内容保密性较弱，需广泛宣传的，可选择互联网、电视、报纸等。

（四）根据经济实力来选择

使用任何传播媒介都必然会支付一定的费用。组织在进行公关传播时，必须同时考虑传播成本与预期传播效果两个方面。一般来说，大众传播媒介的传播范围越广，传播的单位成本就越低，但需要支付的总成本就越高。传播者应充分考虑自身的经济实力，量力而为，不能因为媒介选择问题而影响组织其他工作的正常进行。一般情况下，电视所需费用最高，报刊和杂志次之，广播最便宜。

三、公共关系传播技巧

微课4-3

公共关系传播
技巧

（一）注意制造新闻

制造新闻，也叫新闻策划，是组织以合法的新闻手段有意识地进行新闻创意的策划活动。由于它专为引起新闻单位和各界人士的注意，同时又是人为策划的一种传播活动，因而有人称其为"媒介事件"。这种

"制造"出来的新闻是专门针对组织形象的确立和美化而安排的，所以，策划和事前安排比较重要。对制造新闻的技巧的把握，也基本上围绕策划方案来展开。其具体的做法是：注意寻找公众关心的热点话题，从公众和组织双方的需求角度出发来策划新闻；联系有纪念意义的事件和日子，如节日、纪念日等；利用名人，发挥名人效应；有意识地和各种专门性活动联系在一起；注意与新闻机构建立良好关系，共同策划或发布；突出新闻的"新""奇""特"，以及新闻策划方法的巧妙运用；注意选择最佳的新闻制造时机，出奇制胜。

在制造新闻时，应该避免一些虚假新闻的制造。

（二）注意传播者的选择

首先，注意传播者的"首因效应"，如果传播者以整洁的仪表、让人信赖的态度和热情诚挚的语言来进行公共关系传播，他的外在影响和内在魅力可以起到先入为主、左右全局的作用；其次，注意传播者的"名人效应"，这里的名人可以是明星、权威人物等。选择合适的公共关系传播者，是实施传播过程的第一步。

（三）注意把握交谈艺术

传播者必须具备扎实的语言知识和语法功底，有丰富的社会经验，了解不同场合中的交际语言规范和礼貌用语。另外，交谈态度要谦恭和热诚，谈话要有新意，聆听对方讲话时要表现出尊敬和认真，并及时做出反应。

（四）注意把握和处理传播中的尴尬现象

在公共关系传播中，经常会出现一些令传播者和接收者均感到尴尬的现象，这在公共关系传播中被称为"传播短路"，如话不投机的谈话状态、出现了传播被拒绝的现象。其处理技巧是：首先要实事求是，以诚相待，求得理解；其次是不能含糊其词，且宜早不宜迟。另外，无论是拒绝者还是被拒绝者都要含蓄、委婉，不能简单粗暴、直接露骨地拒绝。

（五）注意培养传播者的幽默感

公共关系是一门艺术，艺术的源泉来自日常公共关系传播过程中传播者的幽默和谈话智慧等。幽默能显示一个人的文化、修养、道德、智慧、心理、气质和语言驾驭能力等多方面的综合素养。

（1）培养自己的幽默感，认识到幽默的重要性，在生活中努力捕捉智慧的、机智的语言来充实自己，丰富自己的语言积累，锻炼自己的主观思维。

（2）学会利用修辞手段，特别是能自如地使用成语等达到妙语连珠的幽默效果，激发受众的聆听兴趣。

（3）注意把握幽默规律，多使用出奇制胜、意料之外情理之中的语言逆向表达方法，可取得意想不到的神奇传播效果。

（六）建立良好的人际关系

增强人际吸引力，善于同素不相识的人建立良好的人际关系，是公共关系人员的基本素质之一。人际交往的技巧有：尊重和宽容；积极的心态；耐心地聆听；充满自信；真诚地赞美；学会分享，懂得欣赏；学会关心别人。在人际交往时应注意：要站在客户的立场上去想问题；避免先入为主的思想；善用幽默来解决冲突；避免冲突、矛盾激化，退一步海阔天空。

（七）与新闻界建立良好的关系

与新闻记者打交道是公关人员的重要工作，因此要注意处理好与新闻界的关系，可从以下几方面着手：

（1）尽可能地向记者提供真实情况，并且对记者提供热情周到的接待服务。

（2）对待记者要一视同仁。

（3）向记者提供的素材要真实可靠。

（4）给予记者充分的尊重与重视。

（八）做好会议组织与联系接待工作

组织召开会议是公共关系工作的主要内容之一，是组织开展内外沟通的常用形式。会议的种类有报告会、讨论会、新闻发布会、展览展销会等。

公关人员应具备良好的公关素质，做好接待工作，这样才能引起对方的注意，使其愿意同公关人员打交道。在接待过程中，要注意使用沟通技巧，以达到建立良好关系的目的。常见的接待、拜访工作有：接待来访者、写信、打电话、拜访客户等。

（九）利用名人效应

在开展公关活动过程中，名人效应也是广泛存在的。借助名人的影响力，可以迅速提高组织的知名度。同时，利用名人的个人魅力，可以提高组织的美誉度。因为公众对名人的喜欢、信任甚至模仿，会转嫁到对组织的喜欢、信任和模仿上，这就是名人效应的应用。

公关实务 4-2　　刘德华"小满"汽车广告抄袭致歉，网友：终归小满胜万全

背景与情境：

2022年5月21日是24节气中的小满，这一天，刘德华与某汽车品牌合作的宣传短片《今日小满，人生小满就好》刷爆各大平台。短片中刘德华本人出镜，原声配音，将自己对小满的理解娓娓道来，被赞有文化、有深度、有态度。短片一经发布便备受赞誉，最后刘德华送给大家的那首诗也意味深长："送你一首我喜欢的诗：花未全开月未圆，半山微醉尽余欢，何须多虑盈亏事，终归小满胜万全。"不到一天时间，短片就有数百万人点赞，"刘德华科普小满节气"的词条也迅速冲上热搜。随后，一位名叫"北大满哥"的博主在上述短片下留言称"几乎整篇都是截取自我去年小满的视频文案，里面的诗词是我自己做的原创命名诗，麻烦问一下，引用的时候能不能通知一下原作者"，并制作了视频将两条视频进行了对比，称刘德华小满文案系抄袭他去年的旧作。记者对比发现，两条视频文案的内容极度相似，就连文中引用的曾国藩的诗句也完全一致。该汽车品牌22日发布声明称："我们注意到昨日发布的一则短视频存在文案侵权的相关讨论，就该事件因监管不力、审核不严给刘德华先生、北大满哥及相关方造成的困扰，我们表示诚挚的歉意。""该视频由创意代理公司M&C Saatchi提报并执行，本着不回避问题的原则，我们已责成其尽快就所涉文案侵权情况进行处理，给公众一个满意的答复。同时，在事实正式澄清之前，品牌各官方渠道将全面下架该视频。"律师表示，如果未经许可擅自使用他人素材，属于侵犯他人著作权的行为。而该汽车品牌的推广则有可能侵犯了北大满哥的著作权，包括署名权、信息网络传播权、改编权。原创不易，一个好的文案的背后，可能创意者要想破头。知识产权保护需要大家共同行动，而不是实行"拿来主义"。不少网友也替刘德华鸣不平，为抄袭行为背锅，代言损毁形象。专业人士也认为，如果抄袭是创意人所为，为避免企业和代言人背锅的情况，可以先做好"查重"预警工作。

资料来源：张楠. 刘德华"小满"汽车广告抄袭致歉，网友：终归小满胜万全［EB/OL］.［2022-05-22］. https://new.qq.com/omn/20220522/20220522A04ZJK00.html.

思考：

公关传播中利用名人效应应注意些什么？

（十）合理运用公共关系广告

公共关系广告是指用广告的形式开展公共关系工作。其目的是通过广告提升组织的知名度，塑造良好的形象。其实质是一种带有广告特征，但不限于商业活动，不以营利为直接目的的传播行为。公共关系广告常见的形式有以下几种：

1.组织广告

组织广告是以组织自身作为宣传主题的广告。它包括宣传组织的价值理念，介绍组织的具体情况，如贺谢广告和"联姻"广告。

2.征集广告

征集广告是指组织向社会各界广泛征集组织名称、标志设计、组织口号、产品名称等活动，意在吸引公众的注意和参与。

3.竞猜广告

竞猜广告是由组织发布和刊登的举行有奖竞猜活动的广告。竞猜内容多与组织及其产品相关，问题设置一般相对简单。此类活动常见的有网络竞猜、网络抽奖等形式。

4.馈赠广告

馈赠广告是组织为举办或赞助的社会公益性活动而做的广告。

5.服务广告

服务广告是指企业举办与本企业产品相关的社会服务活动，并通过此类广告向社会进行宣传。例如，服务企业举办的服务培训班等。

总之，公共关系传播既是一门学科，也是一门艺术。其要求社会组织的公共关系人员在传播活动中遵循客观规律，按组织的公关总目标，有步骤、有计划地进行传播；在信息传播活动中，尽可能使双方实现共赢，争取最大限度的理解并达成共识。

🎯 思政园地4-3　　　习近平：讲好中国故事，传播好中国声音

2021年5月31日，习近平总书记在主持十九届中央政治局第三十次集体学习时强调，讲好中国故事，传播好中国声音，展示真实、立体、全面的中国，是加强我国国际传播能力建设的重要任务。要深刻认识新形势下加强和改进国际传播工作的重要性和必要性，下大气力加强国际传播能力建设，形成同我国综合国力和国际地位相匹配的国际话语权，为我国改革发展稳定营造有利的外部舆论环境，为推动构建人类命运共同体做出积极贡献。党的十八大以来，习近平总书记高度重视我国国际传播能力建设，做出了一系列重要论述。让我们一起来学习相关重要论述吧！

加快构建中国话语和中国叙事体系

要加快构建中国话语和中国叙事体系，用中国理论阐释中国实践，用中国实践升华中国理论，打造融通中外的新概念、新范畴、新表述，更加充分、更加鲜明地展现中国故事及其背后的思想力量和精神力量。要加强对中国共产党的宣传阐释，帮助国外民众认识到中国共产党真正为中国人民谋幸福而奋斗，了解中国共产党为什么能、马克思主义为什么行、中国特色社会主义为什么好。要围绕中国精神、中国价值、中国力量，从政治、经济、文化、社会、生态文明等多个视角进行深入研究，为开展国际传播工作提供学理支撑。要更好推动中华文化走出去，以文载道、以文传声、以文化人，向世界阐释推介更多具有中国特色、体现中国精神、蕴藏中国智慧的优秀文化。要注重把握好基调，既开放自信也谦逊谦和，努力塑造可信、可爱、可敬的中国形象。

——2018年8月21日至22日，在全国宣传思想工作会议上的讲话

全面提升国际传播效能

要全面提升国际传播效能，建强适应新时代国际传播需要的专门人才队伍。要加强国际传播的理论研究，掌握国际传播的规律，构建对外话语体系，提高传播艺术。要采用贴近不同区域、不同国家、不同群体受众的精准传播方式，推进中国故事和中国声音的全球化表达、区域化表达、分众化表达，增强国际传播的亲和力和实效性。要广交朋友、团结和争取大多数，不断扩大知华友华的国际舆论朋友圈。要讲究舆论斗争的策略和艺术，提升重大问题对外发声能力。

——2021年5月31日，在十九届中央政治局第三十次集体学习时的讲话

资料来源：佚名.习近平：讲好中国故事，传播好中国声音 [EB/OL].[2012-06-03].https://www.thepaper.cn/newsDetail_forward_12959228.有删减.

📋 思考题

1.公共关系传播的构成要素有哪些？

2.公共关系传播媒介有哪些类型？

3.现在人们把互联网称为第四媒体，你认为互联网会取代电视成为第一媒体吗？如果这一天真的到来，会对公共关系提出哪些挑战？公共关系人员应该如何去应对这

些挑战?

4.怎样认识网络公关的作用和发展前景?

实训设计

1.请检测自己的语言沟通和非语言沟通能力(演讲、与陌生人交谈或拍摄自己的公关活动录像)。

2.如果你是一家服装企业的经理,你将如何运用公共关系传播提升你所在企业的声誉和形象?

3.对一家生产护肤用品的企业来说,如何才能取得更好的传播效果?

4.结合案例分析企业应如何"制造新闻"。

5.联系大学生活,准备一份公关演讲稿,并在班级进行演讲。

第五章

公共关系调查

学习目标

• 知识目标：通过对本章的学习，了解公共关系调查的概念、要求及内容，掌握公共关系常用的调查方法，熟悉公共关系调查的基本程序。

• 能力目标：通过本章案例导入、课堂互动等内容，培养学生有效选择公共关系调查方法、运用公共关系调查的基本程序进行调查，进而解决实际问题的能力。

• 素养目标：通过对本章知识的学习和拓展，能够借助"思政园地"等栏目，形成对公共关系调查基本理论的认识，培养以客户为本的职业理念和追求精益求精的质量精神，具备一定的思辨能力和创新意识。

知识导图

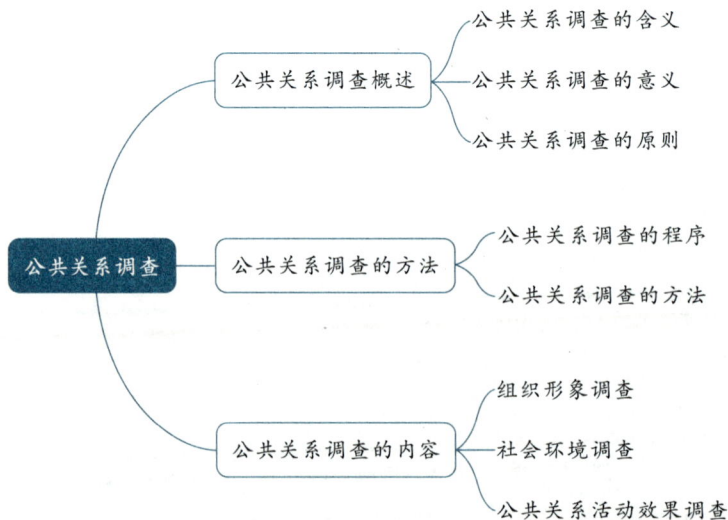

第一节 公共关系调查概述

案例导入 5-1 京东调查

背景与情境：

2015年5月24日，媒体报道京东疑似销售苹果翻新机。消息发出后，京东第一时间成立了调查组，同时在其微信公众号"京东黑板报"上及时发声通报调查结果。5月24日，公布其内部调查结果，显示产品来自正规供货商，并表明愿意配合相关部门彻底调查此事，找出真正的问题所在。5月25日，发布了"关于有媒体报道所谓京东售翻新苹果手机的进一步说明"。在这份官方说明中，京东分别从"关于相关iPhone产品的供货来源""关于向客户索要Apple ID和密码的问题"两方面进行了阐述，并分别附上了"联通华盛针对相关iPhone产品的证明函""苹果公司发给联通华盛的证明函"的扫描件。事情至此，可以看到京东成立的调查组公开、透明、及时地对内外作了信息披露。其利用公关调查手段，及时地向外界表明了自身的立场和态度，在一定程度上降低了对企业形象的损害。

资料来源：杜岩. 公共关系学 [M]. 2版. 北京：高等教育出版社，2016.

思考：

（1）什么是公共关系调查？

（2）结合实际，谈谈企业公共关系调查的意义。

一、公共关系调查的含义

公共关系调查就是以客观的态度，用科学的定量分析和定性分析相结合的方法，以组织的公共关系历史和现状为研究对象，有目的、按计划、分步骤地收集和分析有关信息，从而为组织开展公共关系工作和公共关系决策提供基础性的数据和资料。公共关系调查是公共关系工作的起点和基础。通过调查、研究才能确定公共关系的问题。公共关系调查是一种公共关系实践活动，它为组织最终确定公共关系工作目标和制订公共关系工作计划打下了良好的基础。公共关系调查作为公共关系活动不可缺少的环节，具有以下特点：

（1）公共关系调查目的性专一。它紧紧围绕塑造组织形象、解决组织公关问题来进行。调查的目的十分明确，即为公共关系活动提供支持与服务。

（2）公共关系调查的内容广泛。公共关系调查的内容覆盖面广，调查方法多样化，调查的频度相对较高。所有与组织形象相关的信息都是公共关系调查的范围，如政治、经济、法律、技术、文化、人口、社会舆论，等等。

公共关系调查一方面通过各种渠道监控社会舆论情况；另一方面要建立例行的调查制度，有效地掌握组织在公共关系状态、组织形象、社会舆论等方面的动态情况，及时将问题解决在萌芽状态。

知识拓展5-1　　　　　　　　　　第一份民意测验报告

半个世纪前的一天傍晚，乔治·盖洛普博士接到美国白宫打来的电话，内容是总统想知道社会舆论对政府某一外交政策的看法。由于国际事务的需要，这份报告必须在13个小时之内交给总统。短短的13个小时，找谁收集和怎样收集公众舆论？盖洛普博士突发奇想，并立即行动起来。他先找来6位助手，以最快的速度拟出若干与那项外交政策相关的题目，然后分头给6位不同地区的新闻记者打电话，请他们即刻分别采访10位不同文化层次的公众，被采访者需要对这些题目发表意见。接下来，他们总括这些意见，并形成了对外交政策的看法。深夜之前得到回应后，盖洛普博士列出表格，把人们的意见反映在上面，并写出报告。比规定时间提前两个小时，报告出现在美国总统的办公桌上，成为美国总统处理这一重要外交事务的公众舆论依据，而乔治·盖洛普博士在11个小时之内完成了民意测验。

这就是有史以来的第一份民意测验报告，乔治·盖洛普因此成为民意测验的创始人。

资料来源：佚名. 公共关系调查［EB/OL］. ［2021-06-02］. https://max.book118.com/html/2021/0602/7126065104003126.shtm.

二、公共关系调查的意义

公共关系调查是公共关系工作的开始。公共关系调查的成功与否直接关系到社会组织能否及时准确地获取信息。正如美国公共关系专家R.西蒙所说："不论人们如何表达公共关系活动的流程，调查研究都是举足轻重的。如果把公共关系活动视作一个车轮，调查研究便是这个车轮的轴。"由此可见，公共关系调查对公共关系工作的成功具有十分重要的意义。

（一）组织形象定位的依据

通过调查，组织能够发现公共关系活动过程中存在的问题，找到产生问题的关键，及时掌握情况，找出差距，从而有针对性地提出改进公共关系活动的方法，策划有效的公共关系活动方案。

（二）组织科学决策的依据

通过公共关系调查，可以及时地了解公众的愿望和要求，从而保证组织决策者制定出全面系统、科学准确、符合公众愿望的决策，减少低效劳动和无效劳动。

（三）引导公众舆论、协调关系的依据

积极的公众舆论有利于组织的发展；而对于消极的公众舆论，组织应及时进行正确的舆论引导，努力减少消极舆论对组织发展的影响。同时，公共关系调查可以协调组织内部各部门的关系，有利于开展统一的公共关系工作。

（四）开展危机预警、防患未然的依据

公共关系调查可以在危机发生之前进行。前期充分了解本组织在公众中的实际形象，使组织的某些"脓疮"在扩散、溃烂之前得以及时暴露，从而把问题消灭在萌芽状态，保证组织做出符合公共利益和要求的、与社会趋势相统一的正确决策。

（五）掌握反馈信息、提高公共关系活动成功率的依据

公共关系调查可以源源不断地向组织管理者提供组织内部、外部的意见。这些反馈信息经过整理分析，提供给决策者，帮助决策者根据实时的情况进行调整，从而提高公共关系活动的适应性和成功率。

三、公众关系调查的原则

微课 5-1

公共关系调查
的原则

（一）全面性原则

公共关系调查的全面性原则包括两层含义：第一，调研对象的全面性。凡是与组织公共关系问题有关的对象，均不能遗漏；第二，调研内容的全面性，对影响组织公共关系的诸因素都应调查、研究、分析。根据大数定律，前期调查应该做到大量观察，必须使观察的量所代表的样本与总体数所表现出来的平均值接近。为了在更大程度上符合全面性原则，还有必要着重选取某些典型作为重点进行调查。此外，要利用好网络技术，尽可能扩大调研范围，以便在更大程度上符合全面性原则。调查全面性原则有助于调研者从整体上把握社会现象，克服片面性；有助于调研者从社会现象的联系中认识其内在本质；有助于调研者从动态中把握社会现象。

（二）代表性原则

代表性原则是指由于调研对象在数量上是巨大的，在分布上又是十分广泛的，因此在公共关系调查中，常采用从调研对象的总体中抽取样本的方法进行。样本对反映调研对象的总体情况至关重要。样本可根据实际问题的需要采取随机抽样的方式或非随机抽样的方式抽取。无论采取何种方式，都要力图使样本具有代表性，即能够反映总体的特征。

（三）客观性原则

客观性原则是指在公共关系调查实务操作中要有一个统一的标准尺度。公共关系调查往往需要很多人共同完成一个调研课题。由于每个人对问题的分析能力、理解能力不同，对调查内容的熟悉程度不同，所以调查结果也会不同。公共关系的前期调查必须要有一个统一的标准尺度和自身的相对独立性，以确保客观和公正。如对每个问题、每个概念都要进行具体的、确切的含义规定，以排除因地、因时、因人而异的误

差对调查结论的影响。

（四）定量化原则

对客观事物进行分析时，不仅需要定性分析，还需要定量分析。马克思认为："一种科学只有在成功地运用数学时，才能算达到真正完善的地步。"在公共关系调查中，定量化原则包含三个层次的意思：运用统计学的原理对调研做规划，运用数学模型来收集和分析调研资料，运用数学关系显示和阐述调研结果。定量化原则是防止出现误差的强有力措施。

课堂互动5-1

互动内容：

《孙子兵法》云："知己知彼，百战不殆。"一个组织开展公共关系工作也是如此，既要了解自身的情况，又要了解对方的情况。联系自身实际谈谈你的看法。

互动要求：

请每位参与互动的同学结合所学的内容独立思考，积极陈述自己的见解，也可以和周围的同学简单沟通后作答。

思政园地5-1

"大国担当"不是一句单调的口号，也不是一个舆论工具，它包含着战疫过程中中国国家形象得到完美塑造和被认同的一系列行动和努力，是由党和国家快速科学决策、地方政府积极响应、医护人员舍身逆行、全国人民齐心抗战、中华民族心怀人类共同构筑和凝练出来的高度概括，具有实际的行动内涵。政府形象塑造可以给组织带来美誉度和知名度，"政府信任受政府形象归因制约，政府形象来自于公众认知"，塑造良好的政府形象能获得国内和国际公众的信任和认同。其包括：一是外塑形象，通过正面评价，明确"大国担当"的形象带来了国际舆论的支持和国家形象的更新；二是内强自信，通过对负面评价的厘清，增强党和国家形象的自信心、信任度和认同感。如世卫官员对中国抗疫举措和合作态度的赞赏、塞尔维亚等国领导人对中国无私援助的感谢、英法美科学家对中国采取科学隔离政策的肯定等，说明"大国担当"形象塑造的重要性。当前，国际上出现了一些歪曲中国形象的言论，通过自媒体快速扩散，如"劣质防疫物资""地缘政治工具"等。对此，青年学生应确立正面坚定的立场，对这些材料的谬误予以分析和澄清，纠正认识偏差；对"大国担当"有自信的理解，对组织形象塑造的重要性有深刻的认识。

资料来源：佚名.《公共关系实务》课程思政教学设计方案［EB/OL］.［2022-05-19］. https://max.book118.com/html/2022/0518/7115024200004122.shtm.

公关实务5-1　　　　　　　　　　　　长城饭店的"全方位"调查

背景与情境：

提到长城饭店的公关工作，人们立刻会想到举世闻名的里根总统的答谢宴会、市长和副市长证婚的95对新人集体婚礼、颐和园的中秋赏月和十三陵的野外烧烤等系列使长城饭店声名鹊起的专题公关活动。长城饭店的公关工作，尤其是围绕为客人服务的日常公关工作，首先源于它周密系统的调查研究。

长城饭店日常的调查研究通常由以下三个方面组成：

（1）日调查。

①问卷调查。饭店每天将调查表放在客房，调查表中的32项内容涉及客人对饭店的总体评价，再次入住长城饭店的可能性有多大，对十几个类别的服务质量的评价，对服务员服务态度的评价，以及是否加入喜来登俱乐部和客人的游历情况等。

②接待投诉。几位客服经理24小时轮班在大厅值守，随时随地帮助客人解决困难、受理投诉、解答各种问题。调查表和投诉意见每天集中收回，由客房部和公关部进行统计整理，其结果当晚交给饭店总经理，使决策层及时了解情况，次日早晨在各部门经理例会上通报情况。

（2）月调查。

①顾客态度调查。每天按等距抽样向客人发送喜来登集团在全球统一使用的调查问卷。每日收回，月底集中寄到喜来登集团总部，进行全球性综合分析，并在全球范围内进行季度评比。根据量化分析，对全球最好的喜来登饭店和进步最快的饭店给予奖励。

②市场调查。前台经理与在京各级饭店的前台经理每月交流一次游客情况，互通情报，共同分析本地区的旅游形势。

（3）半年调查。喜来登总部每半年召开一次世界范围的全球旅游情况调研会，其所属各饭店的销售经理从世界各地带来相关信息，大家互相交流、研究，使每个饭店都能了解世界旅游形势，站在全球的角度商议经营方针。这种系统的全方位调研制度，宏观上可以使饭店决策者高瞻远瞩地了解全世界旅游业的形势，进而可以了解本地区的行情；微观上可以了解本店每个岗位、每项服务乃至每个员工工作的情况，从而使他们的决策有的放矢。

综合调查表明，任何一家饭店光有较高的知名度是远远不够的，要想保持较高的"回头率"，主要靠优质服务，使客人满意。那么怎样才能使客人满意呢？经过调查研究和策划，喜来登集团面对竞争推出了"SGSS"方案，中文直译为"喜来登宾客满意度系统"，意译为"宾至如归方案"，提出要在3个月内对饭店上至总经理、下至一般服务员进行强化培训，不准请假，合格后发证上岗；在每人每年100美元培训费的基础上另设奖金，奖励先进员工。随着这一方案的推行，长城饭店更加闻名遐迩了。

资料来源：熊源伟. 公共关系案例（修订版）［M］. 合肥：安徽人民出版社，2001.

思考：
长城饭店的"全方位"调查带给你哪些启示？

第二节　公共关系调查的方法

案例导入 5-2　　　　　　中国公共关系业 2020 年度调查报告

背景与情境：

为反映 2020 年度公共关系服务市场的运行态势，正确评价中国公共关系业的发展状况，为专业机构提供积极的行业指引，2021 年 3 月 9 日至 4 月 12 日，中国国际公共关系协会（CIPRA）针对中国大陆境内的主要公关公司开展调查活动。该项活动由协会研究发展部具体实施。

项目组采用问卷调查的方法对 2020 年度全国主要公关公司进行抽样调查，内容涉及运营管理、业务发展和可持续发展等方面。

项目组对问卷所取得的数据进行了科学统计，并依据行业经验和历史数据进行了相关核实和判断，在科学分析的基础上形成本调查报告。本调查报告由年度排行榜、行业调查分析、TOP 公司研究、最具成长性公司研究及行业发展分析五个部分组成。

（1）本报告所涉及的调查内容仅针对中国大陆的公共关系服务，不包括被访者的广告及其他制作业务。

（2）本报告所依据的调查数据为被访者所提供的数据，尽管访问者对这些数据做了相关核实，但本报告并不为这些数据的真实性提供保证。

（3）本报告所访问的对象为公司主要负责人，他们在接受调查时均声明代表公司的意志，所提供的信息均是真实、准确和有效的。

（4）本报告所提供的数据和得出的结论以被访者提交的数据为基础，经过统计分析和行业判断，并加以测试和修正，这些数据不一定完全符合真实情况，但能反映行业发展基本情况。

（5）本报告相信，有关数据和分析确实具有非常好的参考价值，能为中国公共关系市场的健康发展提供积极的引导和推动力。

资料来源：佚名. 中国公共关系业 2020 年度调查报告 [EB/OL]. [2021-05-25]. https://www.doc88.com/p-23247163793691.html.

思考：

公共关系调查的方法有哪些？

一、公众关系调查的程序

公共关系调查的程序就是社会组织进行公关调查的基本过程。它可以分为五个基本步骤。

（一）确定调查任务

公共关系调查者通过对社会组织面临的现实的公共关系问题进行探讨，根据社会组织公共关系工作对公共关系信息的实际需求，确定具体的公共关系调查任务。根据调查任务确定调查方案，制订调查计划。所以确定调查任务是调查工作有条不紊进行、保证调查方案实施的前提。

（二）收集调查资料

公共关系调查者依据调查任务的要求和设计的调查方案，深入调查现场，接触目标公众，采取相应的调查方法收集相关资料。公共关系调查者要恰当、合理地应用调查策略和技术手段，获得被调查者及相关组织人员的支持配合，以收集到真实、准确、全面、丰富的资料。

（三）整理、分析资料

公共关系调查者要运用科学方法，对收集的各种资料进行审查核实、分类汇编，并进行定性分析和定量分析。通过对收集到的资料进行有针对性的整理，进行再加工，形成调查的认识成果并提出解决问题的对策。

（四）撰写调查报告

公共关系调查者对调查资料进行整理、分析后，要形成一份完整的公共关系调查报告。调查报告集中反映调查过程中所获得的信息成果，以便组织的领导人员和决策人员参考。调查报告要确保内容的客观性和真实性、体例的系统性和完整性，以及表述的准确性和通俗性，以体现调查在公共关系中的重要地位和巨大作用。

知识拓展5-2   **公共关系调查报告的内容结构**

公共关系调查报告由以下主要部分构成：

（1）标题。标题是公共关系调查报告本质内容的高度概括。标题要开宗明义，做到直接、确切、精练。

（2）导语。导语即公共关系调查报告的前言部分。

（3）目录或索引。文本的主要章、节、目及附录资料的标题应提炼后列于报告之前，做到条理清晰、层次分明、方便查找。

（4）正文。正文是陈述情况、列举调查材料、分析论证的主体部分。

（5）结语。结论和建议与正文的论述要紧密对应。

（6）附件。附件部分的内容一般对正文报告有补充作用。

资料来源：根据百度百科的内容整理.

（五）总结评估

公共关系调查者要对整个调查过程、调查结果进行总结评估。通过总结评估，可以了解公共关系调查的成果如何、公共关系费用使用情况以及本次公共关系调查获得的经验和应吸取的教训，为以后的调查活动提供参考与借鉴，提高公共关系调查的水平和有效性。

　　　　　公共关系调查报告的导语

公共关系调查报告的导语应发挥如下作用：

（1）要说明公共关系调查的缘由和目的、委托方与被委托方的单位名称、调查什么问题、解决什么问题。有的报告在此还要阐明调查的意义。

（2）说明调查对象、范围、主要调查方式和手段。

（3）说明调查的主要过程，即调查时间、调查地点、大致经过等。

资料来源：根据百度百科的内容整理.

二、公共关系调查的方法

微课5-2

公共关系调查
的技术与方法

公共关系调查的方法，主要借鉴一般社会调查方法和公共关系调查的特点而形成。

（一）抽样调查法

抽样调查法是遵循一定的原则从调查总体中抽取一部分样本进行调查，并以此推断总体特征的一种调查方法。抽样调查法能够节省大量公共关系调查所需的人力、物力和财力，并能够迅速得出结论。这对及时修正组织目标和政策具有十分重要的意义。

1.抽样调查的种类

抽样调查分为随机抽样和非随机抽样。随机抽样是指调查者主观的愿望被排除，样本随机产生，具有客观性。非随机抽样是指调查者可以根据对调查对象的理解和认识确定样本，使样本分布比较均匀。两种方法各有利弊，可以根据调查的实际需要进行选择。随机抽样又可以分为简单随机抽样和分类随机抽样两种。非随机抽样又可以分为任意抽样、配额抽样和判断抽样。

2.抽样调查的步骤

抽样调查大致经过五个步骤：第一是确定调查对象的总体范围；第二是把总体范围内的每一个抽样单位都开列出来，并编上相应的号码；第三是根据总体规模调查的精确度要求和调查经费、人力与时间的限制，确定抽取样本的比例和数量；第四是选择适合的抽样方法，按比例抽取样本；第五是对样本进行检查评估，确定调查的可行性。

（二）访谈调查法

访谈调查法是调查者和被调查者通过有目的的谈话来收集资料的方法。访谈调查法按双方接触的方式可以分为直接访谈法和间接访谈法。按照被访谈的人数多少，访谈调查法还可以分为个别访谈法和座谈会访谈法。从调查者的角度，访谈调查法还可以分为结构性访谈法和非结构性访谈法。其中，结构性访谈法是指调查者严格按照预先拟定的调查提纲或调查表向被访谈者发问；非结构性访谈法是指调查者在访谈之前并未确定详细的调查提纲和调查表，只是就调查主题提出有关问题，随机应变地发问。

1.访谈调查法的特点

访谈调查法直接面对调查对象，具有直接性的特点。访谈调查法的反馈和交流同时进行。调查者可以迅速获得对方的信息，还可以根据调研环境灵活调整谈话内容和方式，取得相对较好的调研结果，所以它还具有有效性和灵活性的特点。

2.访谈调查法的工作技巧

为了能够顺利达到访谈的目的，了解所要调查的真实情况，运用访谈法时要注意一定的工作技巧。调查者在调查前要做好充分的思想准备，明确调查的目的和意义，准备好调查提纲和调查表，熟悉和掌握所要问的问题。在访谈前，要尽量对被调查者有所了解。访谈时应态度诚恳，充分尊重被调查者，解除被调查者的顾虑和紧张心理，控制谈话主题，但不要过多打断被调查者的讲话。访谈时应时刻注意被调查者的面部表情，以辨别被调查者讲话的真伪性、确切性和有效性。访谈时应该做记录，访谈结束后立即进行整理。

课堂互动 5-2

互动内容：

某组织的公共关系部要就组织的社会形象做一次访谈调查。请问调查人员需要做好哪些准备？如何设计访谈提纲？

互动要求：

请每位参与互动的同学结合所学的内容独立思考，积极陈述自己的见解，也可以和周围的同学简单沟通后回答。

（三）问卷调查法

问卷调查法是将需要调查的问题设计成一套问卷，让调查对象填写后收回的一种调查方法。问卷调查法可使调查者在较短的时间内有效地获取大范围的调查资料，是公共关系调查中最常用的调查方法。

1.问卷的构成

问卷一般包括三部分：第一部分是前言，通常列在问卷的最开始，用来向调查对象解释调查的性质、目的以及有关承诺，如保密，不公布调查对象个人的选择情况等。第二部分是对调查对象回答问题方法上的指导，可以举例示范，并对调查对象的选择符号做出统一规定，以避免混乱。第三部分是问题的陈述和排列，问题陈述要具体明确，通俗易懂；问题排列要具有逻辑性和顺序性，一般来说先易后难，先一般后敏感，先封闭性问题后开放性问题。

2.问卷的类型

（1）根据问卷提出的问题是否规定了备选答案，可将问卷分为封闭式问卷和开放式问卷两种。

封闭式问卷中每个问题后都列出了所有可能的备选答案。这种问卷便于调查、整理和统计，有利于从数量关系上描述所要调查事物的表象，但不能揭示这一事物表象背后的深层次原因。

开放式问卷中对每个问题不列出可供选择的答案，由调查对象根据自己的情况、意愿自由回答。这种设问的方式可以收集到对一种问题的各种不同看法，获得意想不到的信息。这种问卷有利于对问题进行深层次的探讨。但对这类资料进行系统整理、统计比较困难，调查的误差往往比较大。

（2）根据问卷的制作形式或问卷依附的载体不同，可将问卷分为纸面问卷和电子问卷两种。

纸面问卷是将问卷印到纸上，通过邮寄、随产品发放、人员分发等方式送达调查对象处，然后收回。纸面问卷制作简单，形式灵活，但回收周期较长。

电子问卷主要依靠网络技术将问卷制成电子文本，通过电子邮件发送给调查对象，或将电子问卷放在本组织的网页上，供调查对象点击。电子问卷具有覆盖面广、回收速度快、调查成本低、便于统计等优点，近年来已被调研单位广泛采用。

（四）文献调查法

文献调查法也称历史文献法，是调查人员通过收集各种文献资料，摘取与组织形象或组织发展等相关内容的调查方法。这是第一手资料不够用或不可能取得第一手资料时利用第二手资料的方法。其优点是能够帮助调查者打破活动时间上的限制，获取资料比较方便，在人力、物力、时间上都比较节省。

文献按性质可以分为三类：第一类是公示性文件，即正式社会组织记录、保存的文献，包括命令、决议、声明、会议记录、信函、官方档案及官方统计资料。第二类是大众传播媒介，如广播、电视、录音、照片、图像、报纸、杂志、网络、计算机储存的信息等。第三类是个人的文件，如日记、通信、自传文书等。

（五）实地观察法

实地观察法是一种直接的调查方法，由调查者进入调查现场，有目的、有计划地凭自己的感受或借助辅助工具，以观察和记录、采集为手段，获得信息资料。

从各种不同的角度出发，观察法具有不同的类型：一是按照观察借助仪器与否，可以分为间接观察和直接观察；二是按照观察的内容是否事先设计和有无固定的程序，可以分为非结构性观察和结构性观察；三是按照观察的地点和组织条件，可以分为实地观察和实验观察；四是按照观察的进行是否有规律，可以分为系统观察和随机观察；五是按照观察者是否亲自参与观察活动，可以分为参与观察与非参与观察。

📋 **知识拓展5-4**　　　　　　　　**设计问卷应注意的问题**

（1）问卷开头应有说明。介绍调查的目的、意义和价值，说明抽样的随机性，对调查资料保证保密，以及请求答卷人予以配合的答谢词，以使答卷人清楚调查的目的，消除顾虑，更好地配合。

（2）问卷上的问题要围绕调查目的而提出，不能离题太远。

（3）提出的问题要准确、清楚、通俗易懂；要使用一般性语句，尽量避免使用专业术语，特别是那些易被人误解的专业术语。

（4）提出的问题必须考虑到调查对象总体的文化程度，要让每个被调查者都能看得懂，尽可能按调查对象的知识水平和阅读能力来设计问题。在规模较大的调查中，应以最低文化程度为准。

（5）问题的排列应当具有逻辑性和顺序性，一般是按先易后难、先一般后敏感、先封闭性后开放性的顺序排列。同时，涉及基本情况的问题，如性别、年龄、职业等排在问卷的最前面。

（6）问卷的问题不宜太多。一份问卷以20～30个问题为宜，这样答卷人不用费较长时间就可答好，且乐于合作。

（7）设计好问卷后，需要在小范围内做预试，以检验所设计的问卷是否合理、恰当。然后，再根据预试情况对问卷进行修改、补充。一般来讲，如不预试，在大范围内进行调查时，会造成很多麻烦。

资料来源：龚荒. 公共关系——原理 实务 案例［M］. 北京：清华大学出版社，北京交通大学出版社，2015.

知识拓展5-5　　　　　文献法应注意的问题

（1）应查阅图书馆或图书室的分类图书目录、期刊目录、分类索引、全国总书目、出版年鉴等，迅速找到有关参考资料，全面、概括地了解所有查阅的资料。

（2）确定查阅文献的原则。如文献资料较少，可以全部查阅；如文献过多而无法全阅，则应当进行抽样。

（3）注意辨别文献的真实性。由于文献的撰写人受主观倾向、写作态度及其立场、观点的限制，文献中难免存在着片面性、虚假性，因此查阅文献时一定要注意辨别，并要做一些考证工作。

（4）阅读时应做摘录，最好采用活页纸或卡片的形式，便于日后整理、归类。在阅读过程中，经常会出现一些"灵感"，如联想、启发、对原文的评价等，都应及时记录下来，这对以后整理、分析是有很大价值的。

资料来源：龚荒. 公共关系——原理 实务 案例［M］. 北京：清华大学出版社，北京交通大学出版社，2015.

知识拓展5-6　　　　　观察法应注意的问题

（1）观察应明确目的，有意识地进行。调查者在进行观察之前，就应根据调查任务确定好观察对象、条件、范围和方法。

（2）应当随时记录观察结果，在遇到特殊情况不能及时记录时，应在事后及时把观察情况追忆下来，以免遗漏。

（3）对观察到的情况进行记录时，要做到实事求是，是什么记什么，不能凭主观想当然，不能加上猜想，更不能凭空捏造；同时，要记录得周密、完整，根据需要把事物的整个情况都记录下来，不能随意记录，否则可能会导致整个观察的失败。

（4）对观察对象应从不同的方面和角度进行多次反复观察，对任何事物的认识都需要有一个过程，这样能避免观察的片面性。

（5）对观察到的现象和结果必须经过验证才能下结论，即将其与通过其他途径（如访问、文献记载）所得的关于同一现象的资料进行比较，通过比较鉴别观察资料是否全面、正确。

资料来源：龚荒. 公共关系——原理 实务 案例［M］. 北京：清华大学出版社，北京交通大学出版社，2015.

第三节 公共关系调查的内容

案例导入 5-3　　　　　　　　　　先搞清这些问题

背景与情境：

有一家宾馆新设了一个公共关系部，设立伊始，该部就配备了豪华的办公室、漂亮迷人的公关小姐、现代化的通信设备……但该部部长却发现无事可做。后来，这个部长请来了一位公共关系顾问，向他请教"怎么办"，这位顾问一连问了以下几个问题：

"本地共有多少宾馆？总铺位有多少？"

"旅游旺季时，本地的外国游客每月有多少，国内的外地游客每月有多少？"

"贵宾馆的知名度如何？在过去 3 年中，花在宣传上的经费共多少？"

"贵宾馆最大的竞争对手是谁？贵宾馆潜在的竞争对手将是谁？"

"过去一年中因服务不周引起房客不满的事件有多少起，服务不周的症结何在？"

对于这样一些极其普通而又极为重要的问题，这位公关部部长竟张口结舌，无以对答。于是，那位被请来的公共关系顾问这样说道："先搞清这些问题，然后再开始你们的公共关系工作。"

资料来源：龚荒. 公共关系——原理 实务 案例［M］. 2版. 北京：清华大学出版社，北京交通大学出版社，2015.

思考：

（1）你是如何理解公关顾问"先搞清这些问题，然后再开始你们的公共关系工作"这句话的？

（2）公关顾问提的几个问题体现了公关调查的哪些内容？应该采取哪些公共关系调查步骤与方式？

微课 5-3

公共关系调查的内容

公共关系调查的内容广泛，涉及组织公共关系状态的种种影响因素。一般来说，公共关系调查的内容取决于公共关系调查的目的，既有可能是日常公共关系调查，也有可能是专项公共关系调查。一般来说，公共关系调查包括组织形象调查、社会环境调查和公共关系活动效果调查。

一、组织形象调查

组织形象指的是一个组织的实际表现在公众舆论中的投影，是社会公众对一个组织的全部看法和评价，是公众对一个组织的总体印象。组织形象调查必须从三个方面进行：一是调查组织的自我期望形象；二是调查组织的实际社会形象；三是比较、分析这两种形象之间的差距。

（一）组织的自我期望形象

组织的自我期望形象，即组织的形象目标。组织自我期望形象调查是对组织内部公众的调查，包括以下三个方面：

1.领导层对组织形象的期望值

组织的领导层对本组织形象的期望代表了组织整体对自身社会形象的期望。关于组织的领导层对组织形象的期望情况，要通过详尽研究组织的发展总目标、发展的战略方向、重大工作项目和重要政策、经营管理手段，并结合领导层成员大量的日常言行等，才能做出比较准确的测定。

2.员工对组织形象的态度

员工的态度和行为对组织的目标和策略实现具有决定性意义。关于员工对本组织形象的期望情况及态度，要通过详细地调查和研究员工对本组织的要求、批评、建议和归属管、自豪感以及他们在本职工作上的表现才能了解和掌握。

3.组织的现状和基本条件

组织对自我形象的评价不能脱离现状和基本条件。公共关系人员要对组织的现状和基本条件进行调查研究，如组织的性质、类型、规模，组织的经营状况、发展目标，组织的文化，组织的物质基础以及组织的技术实力、财务实力、成员待遇等。

（二）组织的实际社会形象

组织的实际社会形象调查就是调查组织在其公众中的知名度和美誉度。它是社会公众对一个组织的全部看法、要求和希望，基本反映了组织的实际状态。

1.社会公众范围分析

对一个组织进行调查，必须对该组织的公众范围、公众分类、目标公众进行调查和分析，确定调查的对象和范围。

2.知名度、美誉度测量

一个组织实际形象的好坏，可以通过知名度、美誉度两个基本指标来体现。它们反映了社会公众对一个组织的看法和评价。知名度是一个组织被公众了解、信任的程度以及组织社会影响的广度和深度。美誉度是一个组织获得公众信任、赞美的程度以及组织社会影响的美、丑、好、坏。我们可以利用"知名度和美誉度形象地位图"（如图5-1所示）来进行评价。

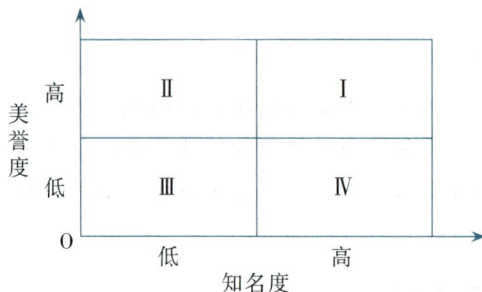

图5-1　知名度和美誉度形象地位图

区域Ⅰ表示高知名度、高美誉度，说明组织的公共关系处于最佳状态，应当保持和发扬。

区域Ⅱ表示低知名度、高美誉度，说明组织的公共关系具有良好的发展基础。组织应当把公共关系的工作重点放在保持美誉度的同时提高知名度上。

区域Ⅲ表示低知名度、低美誉度，说明组织的公共关系状态不是很好，公众对组织的评价不高。组织应该改善自身的工作状态，争取提高美誉度，等到享有较高美誉度时，再开展提高知名度的工作。

区域Ⅳ表示高知名度、低美誉度，说明组织的公共关系状态非常不好。组织处于恶劣境地，面临生存危机；工作重心应放在改善自身的工作状态、设法挽救信誉上。

📋 **知识拓展5-7**　　　　　　　　**知名度和美誉度计算**

（1）知名度，表示社会公众对一个组织的知晓和了解程度。其计算公式为：

知名度＝知晓人数÷调查人数×100%

（2）美誉度，表示社会公众对一个组织的好感和赞美程度。其计算公式为：

美誉度＝赞美人数÷知晓人数×100%

3.实际社会形象分析

组织形象地位四象限图形直观地显示了社会组织在公众心目中的形象，初步诊断了组织的公共关系问题，即组织处于上述某种形象地位是什么原因造成的。要正确评价组织的实际形象，需要进一步调查分析形成某种形象的具体原因，以便有的放矢地制定改善公共关系状态的具体措施，从而为制定公共关系方针和策略提供依据。

（三）两种形象之间差距的比较分析

对组织的自我期望形象和实际社会形象调查之后，接下来的工作就是对这两种形象之间的差距进行比较。比较后，弥补或缩小这些差距就成为组织所面对并且必须加以解决的问题，也是公共关系工作努力的方向。

二、社会环境调查

现代组织的生存、发展和组织的公共关系活动离不开社会环境，因此必须对公共关系的社会环境进行调查，使组织协调发展。

（一）政策环境调查

政策环境调查包括：①国家颁布的各项经济法规、政策对组织生存的影响；②国家有关部门制定的新政策、新措施对组织或组织前景的影响；③社会舆论对本组织执行国家及上级有关部门制定的法规、政策的影响；④组织适应法规、政策变化的能力。

（二）市场环境调查

市场环境调查包括：①本组织目标市场的变化状况；②本组织在本行业中的竞争地位及竞争对手的状况；③消费心理变化对组织产品更新的影响程度；④本组织在发展中的风险和机会。

（三）社会环境调查

社会环境调查包括：①传统文化心理对本组织公共关系活动方式的承受能力如何；②区域性文化及其对本组织公关活动的影响；③社会的生活方式变化对组织成员及其行为的影响；④社会道德状况对创造组织精神的影响。

（四）同行的公共关系状况调查

同行的公共关系状况调查包括：①其他组织公共关系工作的规模和特点；②其他组织公共关系活动的进程；③其他组织公共关系活动的方式和技巧；④其他组织公共关系活动的经验和教训。

三、公共关系活动效果调查

公共关系活动效果调查是对公共关系计划、方案的执行和实施情况进行检查，总结成功或失败的经验教训，作为今后进一步开展公共关系活动的参考。组织要调查知名度和美誉度的变化情况，了解组织的自我期望形象和实际形象的差距是扩大了还是缩小了，了解新闻媒介对组织开展的公共关系活动的报道情况。此外，还要通过直接或间接的方式了解公众对组织公共关系活动的评价。

公关实务5-2　　　　　　　　**"世界第一丝绸报纸的诞生"与媒介传播**

背景与情景：

凯地丝绸股份公司1995年成立，是由国家、企业职工和外商共同持股的合资型丝绸出口集团。如今凯地丝绸已经成为国际知名品牌，深受海外客户的欢迎。这还要从媒介传播说起。当时该公司作为商业大潮中的新生儿，其生产的丝绸报纸乏人问津，要提高其社会知名度，就需要独具创意的公关宣传和媒介来报道，以塑造企业整体形象，刺激消费者心理，这无疑是最快捷有效之策。同时，中国革命历史博物馆得知世界首版丝绸报纸诞生，也要求收藏，还要求展出。

（1）调研

以丝绸为材料印刷报纸属新闻界和印刷史上的创举，具有高度的新闻价值和保存价值。

（2）目标

以有限的公关宣传费，巧妙借助丝绸报纸这一独特载体，赢得媒介和公众的热切注视。

（3）公关策划创意

国际公关公司为其策划：以丝绸为材料印制省独家旅游服务报《江南游报》，并向中国丝绸博物馆、中国革命历史博物馆赠送世界首创的丝绸报纸。

（4）实施与执行

《江南游报》丝绸版共印刷100份。1993年6月15日，国际公关公司为凯地公司举行了向中国革命历史博物馆赠送丝绸报纸的仪式。行家评价：阅读和观赏效果极佳，反映了当代先进的真丝印花科技水平。

（5）评估

世界首创丝绸报纸被我国20余家报纸、电视台集中报道达30余次，海外受众达2 500万人次。丝绸报纸宣传活动，既证实了中国高超的印丝术，也树立了凯地公司的形象，从此开创了丝绸报纸的先河。

资料来源：佚名. 公共关系案例分析［EB/OL］.［2019-01-25］. https：//max.book118.com/html/2019/0125/8033053131002003.shtm.

思考：

运用公共关系学中的相关知识分析点评。

思政园地 5-2

日本东京一家贸易公司有一位秘书小姐专门负责为客商购买车票。其中，德国一家大公司的商务经理经常请她购买来往于东京、大阪之间的火车票。不久，这位经理发现：每次去大阪时，座位总在右窗口边，返回东京时又总坐在左窗口边。经理问秘书小姐其中有什么缘故，秘书小姐笑着回答道："车去大阪时，富士山在您右边；返回东京时，山又到了您的左边。我想，外国人都喜欢日本富士山的壮丽景色，所以我替您买了不同位置的车票。"就是这桩不起眼的细心事，使这位德国经理大为感动。他想："在这样一件微不足道的小事上，这家公司的职员都能想得这么周到，那么，跟他们做生意还有什么不放心的呢！"于是他决定把同这家日本公司的贸易额由400万欧元提高到1 200万欧元。

细节决定成败，人生皆因如此！

资料来源：佚名. 公共关系案例分析［EB/OL］.［2019-01-25］. https：//max.book118.com/html/2019/0125/8033053131002003.shtm.

思考题

1.简述公共关系调查的意义。

2.组织形象调查的基本内容有哪些?

3.组织形象地位四象线图的主要内容是什么?

4.公共关系调查的方法有哪些?

5.公共关系调查的基本程序是什么?

实训设计

1.以小组为单位实际调查某公司,试为其起草一份公共关系调查报告。小组选取代表全班汇报,各组之间互评,最后由教师进行点评。引导学生掌握本章知识要点,提高实际操作能力和专业素养。

2.以小组为单位,为你的学校或班级设计一份组织形象调查问卷。小组选取代表全班汇报,各组之间互评,最后由教师进行点评。引导学生掌握本章知识要点,提高实际操作能力和专业素养。

第六章

公共关系策划

学习目标

- 知识目标：通过本章的学习，了解公共关系策划的作用和原则，掌握公共关系策划的内容和程序、方法与技巧。
- 能力目标：通过本章案例导入、课堂互动等内容，掌握公共关系策划的方法和技巧。
- 素养目标：通过本章知识学习，激发学习公共关系策划知识的积极性，提高公共关系策划素养。

知识导图

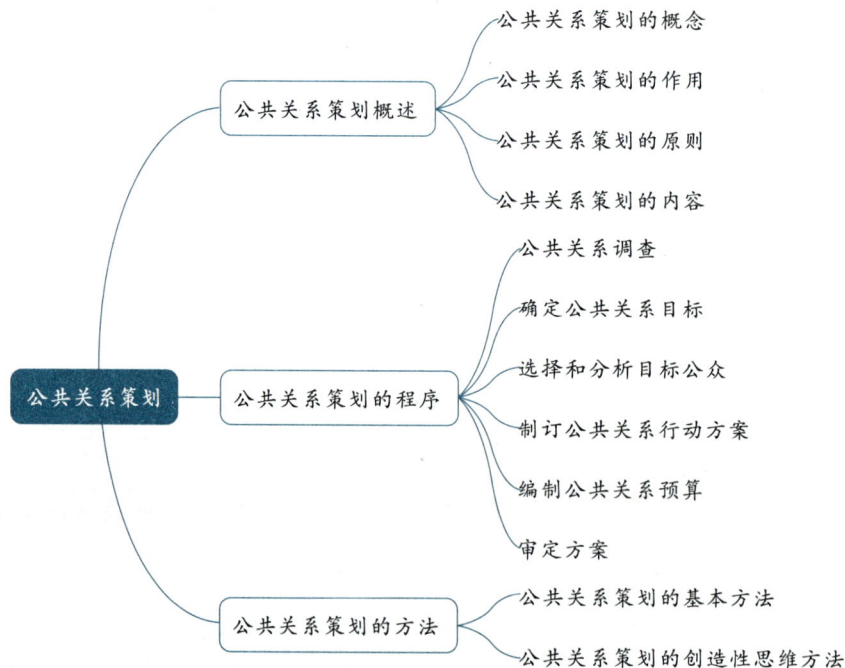

第一节　公共关系策划概述

案例导入6-1　　　　　　　2022年北京冬奥会品牌公关策划案例

背景与情境：

2022年北京冬奥会于2月4日拉开序幕，随着赛事的日渐激烈，品牌之间的公关大战也进入高潮。5G技术的迅猛发展、北京第二次举办奥运会以及如何推动中国冰雪产业升级，这些都为今年的奥运营销提出了更多新命题。回看2022年北京冬奥会，品牌公关有哪些新变化、新趋势，让我们从热门案例中寻找答案。

安踏

一直以来，安踏都是国家队合作伙伴。此次2022年北京冬奥会，安踏也是官方体育服装赞助商。2021年10月26日，冬奥会正式进入倒计时100天，安踏借势发布了3套冬奥制服，分别为奥运会工作人员、技术官员以及志愿者设计，设计灵感来自中国传统山水画和冬季长城雪景。

服装将功能性、民族性和艺术性完美结合，考虑到冬季的保暖需求，这一系列服装采用了特殊材料，如石墨烯、聚热棉和超级羽绒，不仅高效蓄热，而且还防水、防皱。色彩的选择更加多样化，工作人员、技术官员的服饰以红色、白色和黑色为主，而志愿者则以天蓝色和白色为主。其实早在2021年，安踏就签约了谷爱凌、武大靖等运动员，同时还有王一博、白敬亭这样的偶像明星，从服装设计到明星代言再到品牌战略，可以说围绕北京冬奥会，安踏已经完成了全方位的营销布局。

中国移动首次涉足元宇宙

2018年平昌冬奥会，5G技术的首次亮相成为最大亮点。2022年北京冬奥会，5G技术将加速应用落地，覆盖更多场景，如无人驾驶摆渡车、VR即拍即传、赛事转播等。2021年10月，中国移动与国家体育总局冬运中心举办了一场以5G为主题的云发布会，宣布了"中国移动5G冰雪之队"的诞生，凭借谷爱凌、徐梦桃、隋文静、韩聪、任子威5位世界冠军的影响力，成功吸引大众关注。

除此之外，整个发布会最吸睛的莫过于中国移动首次推出的Metahuman（超写实数字人）。在元宇宙概念大热的当下，这个名为数智达人Meet GU的虚拟人，有助于品牌摆脱"流量运营商"的形象。Meet GU是依据滑雪运动员谷爱凌的形象打造而成的，未来将应用于冰雪运动的推广场景中。用户还可以与其进行沉浸式实时互动，通过手机屏幕与Meet GU隔空交流。

伊利宣传片《100天后见》

2021年10月26日，在2022年冬奥会倒计时100天之际，伊利上线了一支宣传片《100天后见》，拉开了品牌冬奥会营销的序幕。

短片以"100天"为主题，讲述女主人公李福来在实现自己立下的目标的过程中的所见所闻，借由她的视角展现普通人的日常生活，如考英语六级的学生、参加职业冰壶赛的厨师、玩单板滑雪的超市员工等。短片以100天的倒计时为切入口，营造出一种全民参与的氛围感，将奥运的拼搏精神传递给所有人。

小红书纪实短片《冰雪新生》

同样在 2021 年 10 月，小红书也发布了冬奥会纪实短片《冰雪新生》，讲述了"60后"、"80后"和"95后"三代人的奥运故事。曾经的冰球少年曲正，在告别赛场 30 年后，成立了一支老年冰球队，延续自己对冰球这项运动的热爱。"80后"小伙儿蔡秦北小时候在什刹海体校学习网球，大学时成为 2008 年奥运会志愿者。如今，蔡秦北作为电影制片人，获得了拍摄冬奥题材短片的机会。1997 年出生的张贝尔，母亲是国际体育裁判，从小在体育的氛围中长大，一套奥林匹克奖牌纪念册在她心里种下了奥运情结的种子。今年，张贝尔研究生毕业，终于如愿以偿地成为一名冬奥赛实习生。通过这支短片，小红书旨在展现冰雪运动这种健康、积极的生活方式，除吸引专业运动员之外，大众也广泛参与。

别克话题短片《别样》

别克联合新世相推出了话题短片《别样》，聚焦前冬奥冠军同时也是中国花滑队的总教练赵宏博。短片回顾了他与搭档申雪在双人滑运动中的高光时刻，同时也展现了新一代年轻花滑运动员在疫情下的训练状态，深度契合冬奥话题。

阿里携易烊千玺推出的《冰雪之约》

作为电商巨头，阿里巴巴自然不会错过冬奥会这个营销节点，品牌在 2021 年 10 月出品了微电影《冰雪之约》，由丁晟执导，易烊千玺与滑雪运动员谷爱凌主演。

易烊千玺可以说是当下最受追捧的新生代偶像，尤其是近两年，他出演了一系列高口碑佳作，如《少年的你》《送你一朵小红花》《长津湖》等，这也使他成为少见的兼具实力与流量的年轻演员。在这部微电影中，易烊千玺饰演的探险少年在新疆阿勒泰岩洞中看到了史前先民们滑雪的岩画，此后他与滑雪少女谷爱凌相遇，开启了一次次时光穿梭之旅，从阿勒泰到喀纳斯再到呼伦贝尔，感受冰雪带来的快乐。最终在慕田峪长城上，两人共举火炬，迎接 2022 年北京冬奥会的到来。阿里巴巴希望借助易烊千玺的影响力，吸引更多年轻人关注冬奥会。

Visa《冬奥有她》

2020 年，Visa 与中国妇女发展基金会合作推出"冬奥有她"项目，旨在帮助女性实现自我成长和提升。2021 年，品牌上线了《冬奥有她》系列短片：第一部讲述了来自北京延庆的郭春平的创业故事，第二部记录了运动员石晓蕾退役后经营健身房的故事。通过这一系列真实故事，Visa 希望越来越多的女性可以追逐梦想，发现自身价值。

相比热火朝天的夏季奥运会，每届冬奥会的声量和关注度似乎都要小一些，但随着近两年冰雪运动的逐步发展，其所具备的独特气质吸引了不少受众，冬奥会也成为品牌公关争夺的战场。不难看出，邀请明星、运动员代言仍是品牌吸引消费者注意力的最有效方法之一，对提升品牌知名度也具有立竿见影的效果。此外，随着 5G 技术的大范围落地应用，数字科技也成为品牌公关的重要元素。除此之外，内容营销依旧是品牌的有力武器，尤其是在社交媒体举足轻重的今天，好故事可以在短时间内引发用户共鸣，从而主动参与传播，让品牌更加深入人心。

资料来源：刘晓颖，乐琰，栾立. 借势冬奥会，本土品牌玩转体育营销［N］. 第一财经日报，2022-02-21（4）.

思考：

北京冬奥会品牌公关策划有哪些特别之外？

公共关系策划的目的在于通过运用科学的策划方法，设计和选择高效的公共关系策划方案，从而增强组织公共关系活动的目的性、计划性和有效性，提高组织公共关系活动的成功率，最终不断提升和完善组织的形象。

一、公共关系策划的概念

策划一般可以理解为"出谋划策"。而公共关系策划是指公关人员为实现组织目标，在对环境进行充分分析调查的基础上，对总体公共关系战略及具体公共关系活动所进行的谋略、计划和设计过程。公关策划的目标是指组织通过公共关系策划和实施达到理想的形象状态和标准。

微课6-1

公共关系策划
概述

公共关系策划有五层含义：

① 公共关系策划是公共关系人员的工作，是由公共关系人员来完成的。

② 公共关系策划是为组织目标服务的。

③ 公共关系策划是建立在公共关系调查基础上的，既非凭空产生，也不能囊括所有公共关系活动。

④ 公共关系策划可以分为公共关系战略策划和专题公共关系活动策划两个层次。

⑤ 公共关系策划包括筹划、计划和设计三方面的工作。

二、公共关系策划的作用

公共关系策划具有以下作用：

1.有利于增强组织公关工作的整体性

通过公共关系策划，公共关系目标与组织的性质、任务密切配合，让实现公共关系目标的活动成为组织管理系统的一个有机组成部分。

2.有利于提高组织公关工作的可控性

通过公共关系策划，建立一种长期与短期相结合、创新与维持组织形象相结合的公共关系目标体系，并以此为基础，妥善安排好日常工作、定期活动、专门活动的内容和项目，编制恰当的费用预算和时间预算。

3.有利于增强组织公关工作的预见性

公共关系策划可以使公关工作建立在充分调查研究的基础上，依据大量的公众和环境资料，预测趋势，分析结果，区分轻重缓急，制定既主动又灵活的适应环境变化的有力措施。

4.有利于增强组织公关工作的成熟性

通过公共关系策划，在情境分析的基础上，形成目标、方案和预算，使组织机构和人员有可能以此为依据，分析评价实现公共关系目标、执行公共关系方案和预算的情况。

总之，公共关系策划有助于明确组织的公共关系目标；有助于监控公关工作过程、评估工作效果；有助于增强公关工作的预见性，减少危机事件的发生，保证公共关系活动实现预期目标。

📋 **知识拓展6-1**　　　　　　　　　　**公关策划的性质和价值**

公关策划的性质：

（1）公关策划是一门综合性学科。

（2）公关策划是一门"软科学"。

（3）公关策划是一门实用性极强的应用科学。

公关策划的价值：

（1）公关策划属于公共关系活动中的最高层次。

（2）公关策划是公共关系活动的价值的集中体现。

（3）公关策划是公关运作的飞跃。

（4）公关策划是公共关系竞争的法宝。

三、公共关系策划的原则

公共关系策划的原则包括：

1.创新性原则

创新性原则指公关策划必须打破传统、刻意求新、别出心裁，使公关活动生动有趣，从而给公众留下深刻而美好的印象。

2.整体性原则

整体性原则指在公关策划中，应将公关活动作为一个整体系统工程来认识，按照系统的观点和方法谋划统筹。公共关系活动相对于整个组织而言是一个子系统，需要各个环节密切配合、各个要素相互协调。

3.时效性原则

所谓时效，是指时机和效果及两者间的关系。由于策划方案的价值会随着时间的变化而变化，因此策划者要把握好时机，正确处理好时机与效果之间的关系，尽可能缩短从策划到实施的周期，力争让决策发挥效用的寿命更长、长远效果更好。

4.真实性原则

实事求是，是公关策划的一条基本原则。公关策划必须建立在对事实的真实把握基础上，以诚恳的态度向公众如实传递信息，并根据事实的变化不断调整策略和时机等。

5.公众原则

对公共关系活动来说，公众永远是上帝，任何组织要想塑造一个良好的形象，都必须站在公众的立场为其谋利益。策划活动也是如此，开展每一项策划活动前都必须对组织的相关公众进行调研，了解他们的需求，运用心理学的一般原理，正确把握公众心理，然后结合组织实际设计出最优方案。

6.弹性原则

弹性原则也称可调性原则，是指公共关系策划并不是一成不变的，应根据组织内外环境的变化及时做出调整。公关活动涉及的不可控因素很多，任何人都难以完全把握，留有余地才可进退自如。

7.务实原则

公共关系人员制订策划方案时，必然要考虑方案在未来的实施过程中是否合理可行。这种可行包含可操作性和可实现性两个方面。

8.效益原则

公共关系策划既要考虑近期的、局部的经济效益，又要考虑长远的、整体的社会效益；要以较少的公关费用，取得更佳的公关效果，实现企业的公关目标。

9.公开原则

公开原则是指组织在进行策划方案设计时，要集中内外公众的智慧，广泛收集他们的意见，掌握公开的内容、时机、范围和人员等资料，并充分发挥策划人员的积极性和主动性，从而谋划出优秀的、精彩的活动方案。

公关实务6-1　　　　利用空难做营销，就是搬起石头砸自己的脚！

背景与情境：

2022年3月21日，东航MU5735空难牵动着无数人的心，20多个小时过去了，机上100多名乘客和机组人员，仍未找到生还者。在这背后，100多个家庭可能将会因此变得残缺不全，但是我们仍然祈祷生命的奇迹，希望可以找到生还者。

然而，就在这灾难发生之后的很短时间内，多个借势营销（方案）腾空而出，令人目不忍视，耳不忍闻！其中，一家房地产公司借空难吸引眼球，打出了卖房子的广告。这样的广告对那些遇难者家属来说，无异于在伤口上又狠狠地捅了一刀！将自己的利益建立在别人的苦难之上，这样的营销大众会接受吗？

灾难当下，一个企业需要体现的是担当与责任、博爱与包容，而不是冷血。在这个时候，如果哪个企业能够为那些遇难者的家属提供相应的关怀与帮助，为那些救援人员提供物资支持，那么该企业又有什么理由不得到大众的点赞与支持呢？

该房地产企业所在市的市场监管局第一时间监测到相关信息后，连夜组织执法人员前往该公司进行调查核实。执法人员到达现场核查后，留存了相关证据，已对该公司立案，将依法对该公司发布违法广告行为进行从严从重从快处理，目前案件正在进一步调查当中。这个结果可以说是大快人心。

以挑战社会伦理道德的方式来做营销，虽然出了名，却是骂名，如此行为，不但有损企业的品牌形象，也伤害了消费者对该企业或产品的认知，有可能辛辛苦苦建立起来的品牌形象一夜之间崩塌！

任何灾难都是遇难者的家庭悲剧，于情于理，灾难都不该成为借势营销的工具；否则，将是搬起石头砸自己的脚。

资料来源：马玲，吴秀莲. 企业营销伦理问题及对策研究［J］. 长春理工大学学报（社会科学版），2014（5）：79-81.

思考：

公关策划中有哪些原则是不能违背的？

四、公共关系策划的内容

1. 树立企业内外部形象

公共关系的首要内容是帮助企业树立良好的内部形象和外部形象。

2. 建立信息网络

公共关系是企业收集信息、实现反馈以帮助决策的重要渠道。

3. 处理公共关系

在现代社会中，企业不是孤立存在的，其不可能离开社会去实现自身的经营目标，而是在由顾客、员工、股东、政府、金融机构、协作者以及新闻媒介等各方组成的社会有机体中实现自身运转的。公共关系活动是维持和协调企业与内外公众关系的最有效的手段。企业与内外公众关系的协调主要体现在以下三个方面：①协调领导者与企业职工之间的关系；②协调企业内部各职能部门之间的关系；③协调企业与外界公众的关系。

🎯 思政园地6-1　　　　塑造良好商业伦理，才是最好公关

近年来，从乳制品企业之间的"公关大战"，到在线学习辅导市场开启"互黑模式"，再到阿里、京东深陷"黑稿罗生门"……类似案例屡见不鲜，尤其是在互联网行业更为常见。这不禁让人思考，在充分竞争的市场中，在快速成长的行业里，要如何塑造更好的"商业文明"。

从丛林社会的野蛮竞争，到法治轨道上的良性发展，现代商业文明建立的一个重要前提是尊重竞争对手，坚守法律底线。

从竞争的角度看，追赶者的脚步声其实是推动自身更好成长的鞭子声。就像费德勒和纳达尔，就像林丹和李宗伟，相互竞争的结果应该是相互促进，开拓更广的领域，打造更好的产品，走向更高的境界。这样的良性竞争有利于参与者，更能让公共利益最大化，这才是真正对用户负责。

而从法治的角度看，即便竞争再激烈，在市场上立足的前提也应该是合法合规，合乎公序良俗、社会道德。回到"黑公关"，《中华人民共和国反不正当竞争法》中有规定，经营者不得编造、传播虚假信息或者误导性信息，损害竞争对手的商业信誉、商品声誉。《中华人民共和国刑法》中也规定，捏造并散布虚伪事实，损害他人的商业信誉、商品声誉，严重者将获刑两年。换句话说，"黑公关"的存在，无疑是典型的违法行为。为了竞争而不惜以身试法，实在是得不偿失。

中国的市场足够大，中国的互联网拥有足够的空间，一定容得下竞争者，但一定容不下不法者。以优质产品获得用户的青睐，以高品质的服务收获良好口碑，方是企业经营的守正之道。也只有尊重市场和用户，承担社会责任，严守商业伦理，才能与成长中的中国一起不断前行。

4. 消除公众误解

任何企业在发展过程中都可能出现某些失误，而失误往往是一个转折点，处理不

妥，就可能导致满盘皆输。因此，企业平时要有应急准备，一旦与公众发生纠纷，要尽快查清事实真相，及时做好调解工作。例如，工厂的废气、废水污染了环境，就会引起同当地居民及社区的纠纷。这种情况下运用公共关系可起到缓冲作用，使矛盾在激化前及时化解，为企业重新塑造良好的形象。

5.分析预测

分析预测主要针对社会环境的变化，其中包括政策、法令、社会舆论、公众志趣、自然环境、市场动态等的变化。

第二节　公共关系策划的程序

案例导入6-2　　　　　　　　　盒马"共享员工"

背景与情境：

在2020年"黑天鹅"新冠肺炎疫情的影响下，不少侧重线下消费服务的商家无法正常营业，如一些大型连锁餐饮店由于资金高流转低储存，就面临着员工不能正常上岗、资金紧张、发不出工资的窘境。

另一方面，同样因为"黑天鹅"，社区电商大兴，需要大量的人力来配送生鲜蔬果到人们家门口，该行业面临着"用工荒"。2月3日，阿里巴巴旗下的盒马宣布联合北京多家餐饮企业，合作解决现阶段餐饮行业待岗人员的收入问题，缓解餐饮企业的成本压力和商超生活消费行业面对的人力不足的挑战。计划施行后，已经陆续有餐饮、酒店、影院、商场、出租、汽车租赁等32家企业加入进来，1 800余人加入盒马，正式上岗。

该"共享"举措为盒马赢得了各界的赞誉，如浙江省总工会评价盒马、京东、苏宁等平台型企业与受疫情影响暂无法开业的餐饮企业达成临时合作协议，"借用"其员工，大大缓解了疫情期间的人力供需矛盾。《广州日报》发表评论：疫情期间共享员工表明，这种用工模式能够有效解决"潮汐式"用工这一老大难问题。通过用工共享，员工可以得到多元化工作机会，保证收入来源，而企业则可以减轻用工成本压力，可以说是双赢。

互联网就像一片瓜田，每天都有新的"瓜"——热点诞生，但这"瓜"能不能吃到、好不好吃就要考验品牌公关营销的能力了。

想抓住热点，首先需要考虑与品牌形象和定位的契合度；其次要考虑能否很好地融合到自身的产品或服务上。盒马的员工共享就是基于当时的大环境，根据自身的能力开展公关工作，既满足了自身需求（如用工荒得以缓解、开发新的业务线等），又体现了企业的社会责任感，提升了品牌的知名度和美誉度。

资料来源：马从青，郭凯丽. 新零售模式在疫情影响下的发展现状和发展前景——以盒马鲜生为例［J］. 现代商贸工业，2020（28）：87-88.

思考：

从盒马"共享员工"的举措中你获得了哪些启示？

一、公共关系调查

公共关系调查是成功策划的基础，它为组织树立形象、制定公关战略提供科学依据。制定公关战略需要了解社会政治、经济、文化等环境因素的特点及发展趋势，并将其作为背景参考。对一个企业或组织来说，进行一次调查需要花费相当大的人力、物力和财力，因此，每一次调查都应尽可能获取更多的信息。

一般来说，一次成功的公关策划，前期的公关调查至少应包括五个方面：第一，公众心理，即公众的偏好、认知、态度、情绪等基本的心理倾向；第二，主要竞争对手的信息，包括主要竞争对手的产品信息、销售信息、广告信息和已有的公关策划信息；第三，政策法规，即咨询公司或组织的法律顾问或查阅相关的文献资料，以确保即将进行的策划在政策法规许可的范围之内；第四，公司或组织的内部状况分析，主要明确公司或组织内部的资源状况和制度建设是否适应将要进行的公关策划活动；第五，公关活动场所调查，即在策划之前要对可能选择的活动场所进行检查，看其是否适合开展公关活动，是否存在安全隐患。

二、确定公共关系目标

确定公共关系目标是成功策划的必要条件。方向不明，公共关系策划便无法进行，只有确定了具体目标，才能确定实现目标的途径、方式、手段等。在具体工作中，目标又呈现出多样性，最具有实践意义的包括以下几类：

1.传播信息型

公共关系的目标是把希望公众知道或公众想知道的信息传递给公众，一旦公众知晓，目标即实现。它是目标体系中最基本的层次，主要是将组织发展的新动态、新成果、新举措告知公众。

2.联络感情型

这相对于传播信息型来说是更深层次的目标，旨在与公众建立感情、联络感情、发展感情。社会组织与公众进行感情层次的交往后，更容易取得公众的谅解、合作与支持。

3.改变态度型

这是公关活动的主要目标。通过公关活动，把公众对组织的不了解、冷漠、偏见乃至敌意，转变为了解、关注、认可、同情、理解、支持等，切实营造有利于组织发展的良好环境。

4.引起行为型

这旨在让公众做出组织所期望的行为，以配合组织的工作。这是具体公关活动的最高层次，前三个目标最终也是为使公众做出有利于组织发展的行为做铺垫。

三、选择和分析目标公众

确定目标公众是成功策划的重要保证，公共关系活动不可能面对所有的公众，应该有所选择，这就与公共关系的目标紧密相关。每个组织都有自己特定范围的公众，但不是每一次公关活动都针对组织的所有公众。一个组织在不同时期内会面对不同的公众，因此，进行公共关系策划首先应对组织某一时期所面对的公众加以区分和明确，这样才能使策划出来的公共关系方案有的放矢地执行。另外，公众的类型也很多，必须根据不同公众的特点来进行筹划，只有明确了具体的受众后才能有针对性地开展公关活动，从而有效地实现公关活动目标。混淆公众的类型会产生很多不利的结果，如人力、物力和资金不加区分地分散在过多的公众中、不加区分地发表信息而忽略其对不同人群的适用性，最终目标难以实现。

四、制订公共关系行动方案

制订公共关系行动方案时，主要涉及以下四个基本问题：做些什么？怎么做？谁来做？什么时候做？第一个问题提出了明确公关活动项目的要求；第二个问题提出了明确活动策略的要求；第三个问题提出了明确活动主体的要求；第四个问题提出了明确活动时机的要求。这一环节尤其要注意公关时机选择、重视细节、策动传播、选好公关模式等。公共关系模式有宣传性公共关系、交际性公共关系、服务性公共关系、社会性公共关系和征询性公共关系等。

五、编制公共关系预算

公共关系预算主要分两类：一是基本费用，如人工费用、办公经费、器材费；二是活动费用，如庆典活动、广告、交际应酬费用和招待费等。另外，还需要为公共关系活动编制时间预算。公共关系目标的实现需要制定一个时间进度表，以便公关人员按部就班地开展工作。

六、审定方案

审定方案是公共关系策划的最后一个环节。公共关系策划方案会最终交给组织的领导决策层，以作出决断，准备实施。任何公关策划方案都必须经过组织的审核和批准，使公关目标和组织的总目标一致，以使组织的公关活动和其他部门的工作相协调，从而得到决策层和全体员工的积极配合与支持。

策划方案能否得到决策层的认可并最终组织实施，取决于三个因素：一是策划方案本身的质量，这是根本；二是策划方案的文字说明水准；三是决策者本身的决断水平。

决策者在进行决断时，一要尊重公关人员的意见，但不要受其左右；二要运用科学的思维方法，对策划方案和背景材料进行系统的科学分析；三要依靠自己的直觉，抛弃一切表象的纠缠，这种直觉在制定应急对策时尤其重要。策划方案一经审定通过，便可组织实施了。

📋 **知识拓展 6-2**　　　　　　　　**公共关系不同公众的要求**

公众	权利要求
员工	在社会地位上的人格尊重的心理满足；不受上级的专横对待；就业安全和适当的工作条件；合理的工资和福利，晋升机会，工会活动自由；了解公司内情，有效的领导
股东	参加利润分配，增股报价，资产清理，股份表决，检查公司账册，股票转让，董事会选举，了解公司的发展状况，享有与公司的合同所确定的各种附加权利
政府	各项税收，公平竞争，遵守各项法律、政策；承担法律义务等
顾客	优良的服务态度，公平合理的价格，产品质量的保证及适当的保用期，准确解释各种疑难或投诉，提供产品的售后维修服务、使用产品的技术咨询服务，产品备用零配件的供应，产品改进的研究以及增进消费者信用的各项服务
竞争者	由社会和本行业确立竞争活动准则，平等的竞争机会和条件，竞争中相互协作，当代企业家的风度
协作者	遵守合同；平等互利；提供技术信息和积极的援助；为协作提供各种优惠和方便；共同承担风险等
社区	在当地提供生产性的、健康的就业机会，正规雇佣，公平竞争；就地采购当地社会生产的合理份额；保护社区环境，关心和支持当地政府，支持文化和慈善事业，资助地方公益活动，公司负责人关心和参加社区事务
媒体	公平提供消息来源；尊重新闻界的职业尊严；参加公司重要的庆典等社交活动，保证记者采访的独家新闻不被泄露；提供采访的方便条件

第三节　公共关系策划的方法

📘 **案例导入 6-3**　　　　　　　　**星巴克猫爪杯**

背景与情境：

2019年2月26日，星巴克推出春季版"2019星巴克樱花杯"，该系列里的"猫爪杯"爆火，有关星巴克"猫爪杯"的百度指数和微信指数直线上升。连夜排队购买"猫爪杯"的奇景使星巴克"猫爪杯"的热度更加上涨，一时间，社交网络上的"猫爪杯"成为"众矢之的"。

星巴克通过"猫爪杯"求过于供的操作，使"猫爪杯"狠狠地火了一把。猫爪杯只接受预订，且每天限量1 000～3 000个，这听起来熟悉的操作把一个普普通通的玻璃杯从原价199元炒到了600多元。

"得不到的永远在骚动"，越是得不到的商品，消费者就越是想得到。"千金难买"切中的是人的人性弱点，消费者的求名心理、求新心理、好奇心理、从众心理。

在社交网络的效应下，从众心理被无限放大，使原本并没有被激发出的购物欲逐渐增强。别人有的我也要有，别人发的东西我也要发，从众心理是消费中一个很关键的影响因素。

星巴克"猫爪杯"之所以能够成为全球连锁咖啡"巨头"的"爆款",除了饥饿营销策略做得好之外,还有一个更重要的原因是洞悉了养猫人群的心理。

"有猫一族"逐渐壮大,星巴克"猫爪杯"并不是刚好借势"宠物经济",这是一场"有预谋"的"猫消费",爱猫一族"爱屋及乌",看到和猫有关的事物也会同样产生浓厚的兴趣。

资料来源:段楠楠.基于"萌"文化的网红产品消费行为研究——以星巴克"猫爪杯"为例[J].新闻传播,2020(11):32-33.

思考:

公共关系策划有哪些方法?

一、公共关系策划的基本方法

目前,我国公共关系学界将公共关系策划活动的基本方法归纳为三个大的方面,即如何运用"时"、"势"与"术"。

微课6-3

公共关系策划
的方法

(一)审时、借时

公共关系活动具有很强的时效性,公关策划者必须认识到这一点,审时度势,充分利用有效的时间,抓住机遇,适时开展公共关系活动,以增强信息传播的有效性。

(1)争先

争先,即要有捷足先登的意识,这样才有可能在激烈的竞争中占据优势,获得良好的公关效应。

(2)乘机

乘机,即善于把握最佳机遇。策划公共关系活动一般有三种时机可乘:

① 乘周期循环之机,如节假日、纪念日等每年或每个循环年的时机。

② 乘可预料之机,如工程竣工之日、公司开业之时等。

③ 乘突如其来之机。这一点要求公关策划者一是要有灵通的信息,二是要有把握可乘之机的意识。

(3)后发

后发,即后发制人,是指在对诸多相关信息进行分析之后,策划出更为成熟的公共关系方案,以取得后来居上的效果。

微课6-4

借势

(二)借势、造势

(1)借势。

借势,即借用比组织更受人们关注的各种事物,与组织即将要开展的公共关系活动结合起来,从而把新闻界及公众的关注目光转移到本组织身上,取得公共关系活动的良好效果。借势营销是将销售的目的隐藏于营销活动之中,将产品的推广融入消费者喜闻乐见的环境里,使消费者在这个环境中了解产品并接受产品的营销手段。换言之，便是通过顺势、造势、借势等方式，以求提高企业或产品的知名度、美誉度，树立良好的品牌形象，并最终促成产品或服务销售的营销策略。借势一般有以下几种：

①借热点营销。

借热点营销，即以"热点"自带的话题属性、流量属性，让其成为交通工具，载着你的产品，以恰当的速度辐射到你想要的区域。这里所说的"热点"一般是指突发性的热点事件。

例如，2021年随着三孩政策的推出，地产品牌迅速地做出回应：三孩时代，四房才是硬道理；三孩来临，当有一墅；三孩来临，一个院子刚刚好。而汽车品牌也不甘落后：三胎驾到，一起出发，再多一位，也坐得下。

②借日历营销。

借日历营销，顾名思义，就是利用时间点，引爆产品的传播度和转化率。每当年末，总会有自媒体出来推销各种营销日历，大到传统节日，小到一个明星的生日，都标注得仔仔细细，好让你不错过每一个时机。

例如，在高考季，蒙牛联合曲阜三孔景区官方推出了祈福盲盒，为考生带来"知识+营养+运气"的三大祝福。再如，春节期间，农夫山泉在瓶身上融入中国生肖文化及送礼讨彩等新年元素，制造专属于自己的品牌年味；而奥利奥在春节期间则另辟蹊径，用非物质文化遗产——三仙归洞，寓意着儿女都回家过年的阖家团圆。

③借话题营销。

借话题营销，有很大的随机性，通常来说，就是在曝光量大的话题下，提出自己的观点并附带自己的品牌。最常见的案例就是自媒体，我们发微博也好，发今日头条也好，甚至是微信公众号的标签，都是想要借话题给品牌带来更大的流量，让受众能够在自己的品牌上多停留一些时间。

例如：美妆品牌ukiss在话题营销上交了一份优秀的答卷。其在"三八"妇女节期间联合"丁香医生"微博大V，推出了"是红妆亦是武装"的话题活动，并引起诸多关注。再如，贡献了20亿话题流量的"秋天的第一杯奶茶"，当蜜雪冰城看到这一热门话题后，发了"秋天第一杯奶茶不仅要喝，还要喝大桶的"相关微博，并配上自己的桶装奶茶，迅速引起了网友的关注。

公关实务 6-2　　　　　　可口可乐——中国福娃

背景与情境：

"春节"对中国人来说是非常重要的传统节日，无论是借势营销还是节日营销，品牌自然都想搭上春节这班列车。为争夺"春节流量"这块大蛋糕，可口可乐也使出了浑身解数。

很早以前，可口可乐就为了争夺"春节流量"这块大蛋糕而摩拳擦掌，终于有了将传统的中国福娃形象融入春节营销活动的想法。中国福娃的出现代表着"喜庆""吉祥""节庆"，为春节营造了阖家欢乐、喜气洋洋的氛围。在中国市场站稳脚跟的可口可乐，已经很明白中国老百姓想要看到什么。一经使用，屡试不爽，福娃参与的春节营销反响不错，福娃从此以后便成为可口可乐的御用代言人。

通过对各种不同渠道的占领，中国福娃穿着不一样的服装，配合丰富的表情，比出各种爱的手势，覆盖包装、电视广告、平面广告、户外广告、地铁广告、电梯广告、室内广告等多个渠道。可口可乐通过中国福娃的故事营造新年的喜庆氛围，让人们感受到可口可乐的真诚。

在技术上，可口可乐与中国福娃的合作也有了质的提升，通过与阿里巴巴的合作，不仅将福娃"阿娇""阿福"两娃印上可口可乐瓶身，并且还独具特色地加入了AR技术，推出了"扫福娃赢惊喜"的新年活动。"年味十足"的福娃不仅会拜年，还会向参与者发出爱的新年红包，进一步升级的互动体验表现出"人机交互"的人性关怀感。

资料来源：李细建. 跨国企业的当地化营销策略及其启示——可口可乐的当地化营销探析[J]. 发展研究，2010（2）：89-91.

思考：

可口可乐是如何借势营销的？

④借对手营销。

借对手营销，用时下最流行的词来形容，就是相爱相杀，通过幽默互怼、矛盾对抗等方式，与竞争品牌"一来一往"，展现自己品牌的价值，争夺受众的注意力；或者观察对手的行为，借助对手的热点，为自己的品牌造势。

例如，2013年，小米推出千元机，并喊出口号：为发烧而生。无独有偶，华为推出的荣耀3C比小米千元机还便宜1元钱，并号称：旗舰机的体验，千元机的价格，低功耗不发烫，为退烧而在！2021年，爱奇艺发布了《青春有你2》的主题曲《YES！OK！》，而腾讯则放出此前《创造101》的舞台，并配文字"NO，Thanks"。

公关实务6-3　　　　　　　　　　　　　　　**宝马的借对手营销**

背景与情境：

2019年5月，奔驰CEO迪特·蔡澈退休。在大家都当它是一个常规人员变更事件时，奔驰的竞争对手宝马发布了一个"致敬"广告短片。广告短片前面还是拉长慢镜头，离情依依，结尾处画风突变，退休回家的奔驰总裁从家里开出了一辆宝马，并配上字幕：Free at last（终于自由了）。

宝马的这一借势，让人不得不服。

资料来源：田宁. 奔驰CEO卸任，宝马心机营销？伟大的对手是互相成就[EB/OL]. [2019-05-24]. https://www.sohu.com/a/316297701_642306.

思考：

宝马的借对手营销相比其他品牌有何特别之处？

⑤借影视营销。

借影视营销，就是我们通常所说的影视广告植入。一般来说，借影视营销可分为三个层次：普通级，台词、背景、道具等植入；进阶级，融入故事，推动剧情发展；最高级，不知不觉，心领神会。借影视营销要注意时间不宜过长、频率不能过高、植入不能过硬。

⑥借用户营销。

什么是借用户营销呢？就是用户每一个关注品牌的动作，都有可能成为一个营销点，如观察、购买等。诸如美团、饿了么 App 的评分举动，其实就是借用户营销的一种手段，有什么比用户的肯定更能让品牌占领市场呢？借用户营销要注重大众效应、口碑效应和虚假同感偏差。

⑦借情绪营销。

借情绪营销，也就是戳中用户的情绪，如愤怒、有趣、意想不到等，用他们本身表现出来的情绪进行营销。

例如：在 H&M 与新疆棉登上热搜后，大众的愤怒情绪及爱国热情达到了制高点，很多品牌都嗅到了用户情绪的变化，于是便有了以下这些借势营销案例。鸿星尔克官方宣称，坚持使用中国棉，用中国好棉花，造中国好产品！海澜之家在微博表明立场：国民品牌海澜之家选用祖国好棉，支持新疆雪白的棉花。森马则称：森柔棉，匠心舒适，源自新疆。

微课 6-5
造势

（2）造势。

造势，即策划者通过巧妙思维，利用某一表面看来微不足道的契机，为组织与公众关系的建立与发展营造出一种有利的趋向与势头。其常见的有无中造有和小中造大。

造势营销是指举办活动或制造事件，再通过大众传播媒介的报道，引起社会大众或特定对象的注意，形成对自己有利的声势，达到企业扬名的目的，进而提高品牌的知名度，在公众中建立良好的企业形象，以及改变那些对企业不友善的态度或者不利于企业的看法。造势营销常见的方法有以下三种：

①广告方式。

广告造势是企业使用最多的一种方式。广告说到底是一种信息传播活动，它可以通过各种媒体将企业所需传达的信息传播给受众。传播的过程因策划人的水平高低、广告制作的优劣而有较大的差别。好的广告所带来的轰动效应，能给消费者以强烈的刺激，从而实现成功的营销造势。

②促销方式。

商家为了造势，往往会开展各种促销活动。如在商场门前搭台进行文艺表演，在商场里面开展打折、降价、买一送一和购物抽奖活动等。

③公关方式。

公关是企业树立自身形象的特殊手段，在营销造势上，公关的作用也非常大。这种方式的特点是将自己想说的话通过第三者的口说出来，因而可信度高，亲切感强。

公关实务 6-4　　营销"出圈"，借势奥运营销的正确打开方式

背景与情境：

2022 年冬奥会的体育营销中，有许多可圈可点的案例，如青岛啤酒的冬奥冰雪罐亮相奥运会，成功火出国界；元气森林"押三中三"，签约的代言人苏翊鸣、徐梦桃、谷爱凌均成为冠军！青岛啤酒将产品特性与体育结合、元气森林通过超敏锐的眼

光提前布局奥运赛事，均获得了成功。

还有一些品牌同样亮眼，如盼盼食品供应运动员的零食风靡冬奥村；泸州老窖作为中国国家队专用庆功酒亮相"中国之家"；伊利推出倒计时1周年的宣传短片，诠释了人文情怀和奥运精神……

以上品牌都是业内超大品牌，或成为冬奥会官方赞助商，或签约奥运队和运动员（见表6-1）。从赛前赞助到赛后合作，企业的合作起点高，可供造势和传播的空间大，且品牌与消费者认知之间的关系稳固，将品牌与奥运绑定不会显得违和。因此这些营销有持久的生命力，也让品牌受益匪浅。

表6-1   企业及品牌赞助奥运会一览表

序号	企业及品牌	领域	赞助级别
1	伊利集团	农业食品	北京2022年冬奥会官方合作伙伴
2	燕京啤酒	农业食品	北京2022年冬奥会官方赞助商
3	青岛啤酒	农业食品	北京2022年冬奥会官方赞助商
4	盼盼食品	农业食品	北京2022年冬奥会官方赞助商
5	百胜中国	农业食品	北京2022年冬奥会官方赞助商
6	士力架	农业食品	北京2022年冬奥会官方巧克力独家供应商
7	得利斯	农业食品	北京2022年冬奥会食材供应商
8	金龙鱼	农业食品	北京2022年冬奥会官方赞助商
9	顺鑫农业	农业食品	北京2022年冬奥会官方赞助商

资料来源：作者根据食业头条和北京冬奥会官网的相关资料整理.

思考：

各大品牌是如何借势冬奥会进行营销的？

（三）择术

择术是指公共关系策划中公关人员如何选择和运用合理的技术和战术。

（1）以诚换诚术。

以诚换诚术的核心是说诚实话，做诚实事，从而赢得公众的心。

（2）以攻为守术。

以攻为守术是在组织与外部环境不谐调时所采取的调整和策划的手段，表现为积极主动地出击，以达到保护自己的目的。

（3）强化特色术。

强化特色术突出组织所独具的区别于其他组织的特色。

🎯 **思政园地6-2**   **冬奥会中的国家公关**

伴随新媒体、新技术的迅猛发展，国际传播格局正在发生深刻而复杂的演变，中国的国际传播事业面临新的机遇和挑战。推动国际传播是中国公共关系协会的重要使命。2022年北京冬奥会和冬残奥会是我国举办的重大赛事，也为塑造和展示中国国家形象提供了历史机遇，助力做好北京冬奥会对外传播、推动提升中国国际传播影响力，是公关人义不容辞的职责。

冬奥会中涉及的公关工作包括为冬奥组委提供形象战略、媒体传播、宣传、国际媒体关系、危机公关和舆情监测及应对策略等全方位的国际公关服务，助力中国冰雪运动文化在世界范围内的传播与推广，再次向世人展示一届精彩绝伦的奥运会！

二、公共关系策划的创造性思维方法

所谓创造性思维，即思维主体借助逻辑推理与丰富的想象，对概念、表象等思维元素进行组合加工，从而产生创造性思维成果的过程。

成功的公共关系策划，离不开创造性思维。一般来说，创造性思维方法有以下四种：

（一）德尔菲法

德尔菲法又称专家意见法，是反复征求意见的一种策划方法。它是将主题内容、目标和要求一并寄给策划者，请其独立完成一个方案，限期收回，再由人专门整理后，以不公布姓名的方式将其寄给专家，继续征询意见的一种策划方法。

德尔菲法依据系统的程序，采用匿名发表意见的方式，即专家之间不得互相讨论，不发生横向联系，只能与调查人员发生关系，通过多轮次调查专家对问卷所提问题的看法，经过反复征询、归纳、修改，最后汇总成专家基本一致的看法，作为预测的结果。这种方法具有广泛的代表性，较为可靠。其大致流程是：在对所要预测的问题征得专家的意见之后，进行整理、归纳、统计，再匿名反馈给各专家，再次征求意见，再集中，再反馈，直至得到一致的意见。

德尔菲法同常见的召集专家开会、通过集体讨论、得出一致预测意见的专家会议法既有联系，又有区别。德尔菲法能发挥专家会议法的优点：

（1）能充分发挥各位专家的作用，收集不同方面、尽可能多的意见；准确性高。

（2）能把各位专家意见的分歧点表达出来，取各家之长，避各家之短。

（3）避免数据不充分而做出错误的决策。

（4）避免个人因素对结果产生不当的影响。

（5）通过反复论证和分析，最终能就某一主题取得一致的意见，有利于统一思想，产生步调一致的行动。

德尔菲法虽有一定的优点，但也有一定的缺点，主要表现为过程比较复杂，花费时间较长。

📋 知识拓展6-3　　　　　　　德尔菲法中专家的选择

选聘专家是采用德尔菲法时最关键的步骤。在选聘专家时，要注意和解决好以下问题：

（1）专家资格

这里说的专家是指在特定问题上有专门知识和经验的人。因此，所选专家不能以资格老、地位高为标准，应以对特定问题的熟悉程度、研究深度以及创见性等为标准来衡量，特别应注意选择年轻专家。

（2）专家的选择范围和条件

①内部专家和外部专家。就预测的问题而言，内部专家指单位、行业、领域内的专家。一般顺序是先选内部专家，这样可使选择工作易于进行，然后再选外部专家。外部专家的选择可采取内部专家举荐、信息查询等方法。

②专家的结构。应有各种知识结构、学派、层次、专业、地域的专家。

③专家的意愿。专家应有时间和兴趣回答问题，因此，在初选后要将问题告诉专家，取得其同意后再发正式的调查表。

（3）专家人数

专家人数过多或过少都不恰当，人数过少限制了代表性；人数太多，则难以组织，工作量也大。人数的多少应以达到所需的可信度为宜，经研究，可信度在专家人数超过15人后，随人数的不断增加而逐渐降低。一般来说，专家以10～50人为宜。对于重大问题，专家也可达100人以上。

（二）头脑风暴法

公共关系策划中最常用的产生创意的方法就是头脑风暴法，又称思维碰撞法、自由思考法。头脑风暴法适用于群体决策，但它是一个完全不同于传统的群体决策的全新的思维过程。传统的会议讨论往往在束缚的环境下进行，具有诸多限制。例如，多数人的或者一致性的意见往往会影响决策结果；老板或领导的权威会影响或决定结果；随意地评判不同的意见或看法；部分参与者沉默或不积极表态等。而头脑风暴法组织的会议要求在无拘无束的环境下进行，具有自由愉快、畅所欲言的气氛，让所有参加者自由提出想法或点子，并以此相互启发、相互激励，引发联想并产生共振和连锁反应，从而引发更多的创意及灵感。

头脑风暴法要遵循以下四个原则：

（1）原则之一：自由奔放地去思考。

头脑风暴法要求所有参与的人尽可能地"胡思乱想"，无拘无束地思考问题并畅所欲言，不必顾虑自己的想法或说法是否"离经叛道"或"荒唐可笑"，观念越奇越好。自由奔放地思考是横向思维的一个前提之一，事实上如果没有这种思考问题的方式，我们可能到现在还没有用上电梯和吸尘器。

（2）原则之二：会后评判。

头脑风暴法禁止与会者在会上对他人的设想评头论足，排除评论性的判断。至于对设想的评判，留在会后进行，也不允许自谦。当我们进行头脑风暴的时候，我们要欢迎任何观念，甚至是稀奇古怪的看法，不要对参加人员的任何观念发表看法，如"太新奇了！"或者"异想天开"等。

公关实务6-5　　　　　　　　　奇思异想产生的几个发明

（1）汽车公司一般都是从人体工程学角度出发来发明、制造零件的，日本汽车公司的技术人员却一天到晚跑到大超市，看消费者如何使用汽车。他们注意到，很多人在购物后，拎着大包小包，开车门时很不方便，于是发明了汽车遥控钥匙。

（2）通常，我们上下楼梯的时候，是人走楼梯不动；反过来，使楼梯动而人不动，就出现了电梯。

（3）1901年，一位火车上的清洁工看到风吹着灰尘到处跑，反转了此过程后，他发明了吸尘器。

资料来源：陈圣鹏．基于创新生成理论模型的网络头脑风暴法设计研究［D］．南京：南京航空航天大学，2015.

（3）原则之三：以量求质。

头脑风暴法鼓励与会者尽可能多地提出设想，以大量的设想来保证质量较高的设想的存在，设想多多益善，不必顾虑构思内容的好坏。

（4）原则之四："搭便车"，见解无专利。

头脑风暴法鼓励盗用他人的构思，借题发挥，根据他人的构思联想另一个构思，即利用一个灵感引发另外一个灵感，或者把他人的构思加以修改。牛顿说过，他的成功是站在了"巨人的肩膀"之上，头脑风暴法鼓励大家寻找自己的"巨人"，而不需要从头开始。

公关实务6-6　　　　　　　　　**举一反三的几款产品**

（1）娃哈哈的决策层在德国考察饮料市场时，发现当地有一款去除发酵环节的啤酒，其主要消费者是妇女，他们回国后立即研制了适合学生族、上班族和开车族的啤儿茶爽。

（2）电脑显示器的屏幕保护和幻灯片播放功能，激发了"电子相框"的发明。

（3）根据飞机尾翼的设计理念，人们设计出了跑车的尾翼。

资料来源：柳峰，李卓．结构化头脑风暴法创新及其应用［J］．商业时代，2010（25）：94-117.

知识拓展6-4　　　　　　　　　**头脑风暴法的基本程序**

头脑风暴法通常包括三个大的阶段：准备阶段、头脑风暴阶段和选择评价阶段。图6-1中的每一行代表其中一个阶段。

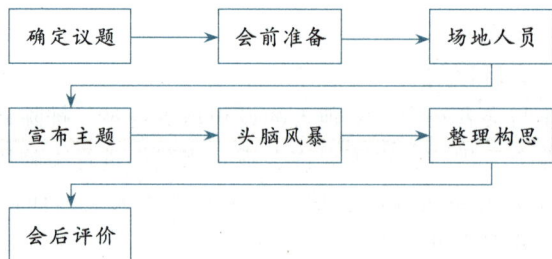

图6-1　头脑风暴法的三个阶段

1.确定议题

成功的头脑风暴法通常从对问题的准确阐明开始。因此，必须在会前确定一个议题，使与会者明白通过这次会议需要解决什么问题；同时，不要限制可能的解决方案的范围。

2.会前准备

为了使头脑风暴会议的效率较高、效果较好，可在会前做一些准备工作。如收集一些资料预先给大家做参考，以便与会者了解与议题有关的背景材料和外界动态。就参与者而言，在开会之前，对待解决的问题一定要有所了解。同时，进行会场布置，座位排成圆环形的环境往往比教室那样的环境更为有利。

3.主持人技巧

主持人应懂得各种创造性思维和技法，会前要向与会者重申会议应严守的原则和纪律，善于激发成员思考，使场面轻松活跃而又不失脑力激荡的规则；可轮流发言，每轮每人简明扼要地说清楚一个创意或设想，避免形成辩论会和发言不均；要采用赏识激励的词句语气和微笑点头的行为语言，如"对，就是这样！""太棒了！""好主意！"等等；禁止使用"这点别人已说过了！"这样的语句。遇到人人皆才穷计短出现暂时停滞时，可采取一些措施，如休息几分钟，自选休息方法，或散步、唱歌、喝水等，再进行几轮脑力激荡。在一分钟时间里再没有新主意、新观点出现时，智力激励会议可宣布结束或告一段落。

4.记录工作

会议提出的设想应由专人简要记录下来，以便由分析组对会议产生的设想进行系统化处理，供以后使用。

（三）逆向思维法

公共关系策划中的逆向思维，就是要突破常规、突破习惯性思维，以取得惊人效果，即人们应从与习惯思路相反的角度，突破常规定式，做反向思维，以找出出奇制胜之道。

具体来说，逆向思维法是指根据一种观念、方法及研究对象的特点，从其相反或否定的方面去进行思考。人类几千年的文化发展史上，记载着众多运用逆向思维引人入胜的故事，如"曹冲称象""司马光砸缸""孔明借箭"等都是妇孺皆知的。逆向思维法有两种类型，具体如下：

1.缺点逆向思维法

这是一种利用事物的缺点，将其变为可利用的东西，化被动为主动，化不利为有利的思维方法。这种方法并不以克服事物的缺点为目的；相反，它要将缺点化弊为利，找到问题的解决方法。

例如，金属腐蚀是一件坏事，但人们利用金属腐蚀原理进行金属粉末的生产，或进行电镀等，无疑是缺点逆用思维法的有效应用。

公关实务6-7　　　　　　　　　　逆向思维在市场营销中的应用

背景与情境：

有一个故事说，一位裁缝在吸烟时不小心将一条高档裙子烧了一个窟窿，致使其成为废品。这位裁缝为了挽回经济损失，凭借其高超的技艺，在裙子四周剪了许多窟窿，并精心饰以金边，然后，将其取名为"凤尾裙"，不但卖了个好价钱，还一传十、十传百，使不少女士上门求购，其生意十分红火。该裁缝这种思维方式确实值得称道。

美国有一种番茄酱，跟同类产品比起来，其浓度太高，特别稠，很多家庭主妇在使用时总觉得不方便，市场前景不被看好。起初，经销公司想重新研制配方降低浓度，重新生产，但又觉得十分困难，风险又大。于是，他们认为，产品的缺点其实正是它的优点，因为浓度高说明番茄的成分多，水分少，营养更加丰富，味道更加纯正。于是，他们加大宣传力度，使这种产品家喻户晓。很快，其市场占有率跃居同类产品榜首。

缺陷与市场，从寻常眼光看，确实存在着难以逾越的鸿沟。但是尺有所短，寸有所长，商品本身存在着某些方面的不足，对一定的市场而言，也许的确是缺陷，是不容许的，但从另一角度看，又未尝不是潜在的优势。只要善于寻找两者的最佳结合点，就可以创造出市场，开辟出新天地。市场经济的实践告诉人们，唯思路常新才有出路。墨守成规、邯郸学步、亦步亦趋的经营思维在今天已难以取得商战的胜利了，成功的喜悦总是属于那些不落俗套、富有创意、勇于实践的人们。

有时，按照常理，"循规蹈矩"地营销，往往成效甚微甚至蚀了老本。倘若打破常规，逆向思维，独辟蹊径，想人之所未想，为人之所未为，很可能会出奇制胜。

在创业的路上，很多人冥思苦想，常常苦于生意难做、企业难办。如果能突破常规思维的藩篱，有意识地运用与传统思维和习惯不同的逆向思维方法，"反弹琵琶"，往往"曲径通幽"，能取得意想不到的效果。

资料来源：訾唯忠. 反弹琵琶出奇招——市场营销中的逆向思维战略 [J]. 环渤海经济瞭望，1994（6）：40-41.

思考：

逆向思维在市场营销中有哪些作用？

2.反转型逆向思维法

这种方法是指从已知事物的相反方向进行思考，找到发明构思的途径。对于"事物的相反方向"，通常可以从事物的功能、结构、因果关系三个方面作反向思维。

比如，市场上出售的无烟煎鱼锅就是把原煎鱼锅的热源由锅的下面安装到锅的上面。这是利用逆向思维对结构进行反转型思考的产物。

（四）灵感诱导法

灵感是一种突如其来的创造性思维的成果，其产生往往要依赖外部诱因，即当外部诱因与个人头脑中隐藏的某个信息点相结合时，就会产生灵感，而这种灵感往往会带来好的策划"点子"，从而设计出优秀的方案。

思考题

1.公共关系策划的目的是什么？

2.简述公共关系策划的作用和原则。

3. 要全面理解公共关系策划的丰富内涵，应把握哪些要素？

4. 简述公共关系策划的程序。

5. 简述公共关系策划的方法。

6. 借势的常见方法有哪些？

7. 简要介绍德尔菲法的实施过程和要点。

8. 简要介绍头脑风暴法的实施原则。

实训设计

选择一家你所关注的中国企业，尝试为其提供提升企业形象的公关策划建议，或者与同学一起为其提供一项完整的公共关系策划。

第七章

公共关系实施

学习目标

• 知识目标：通过本章的学习，了解公共关系实施的原则和程序，熟悉公共关系实施过程中的障碍及排除技巧，掌握公共关系实施的模式，了解公共关系实施的控制原则和方法。

• 能力目标：通过本章的案例导入、公关实务、课堂互动等内容，能够灵活运用公共关系实施的模式开展公共关系活动。

• 素养目标：通过对本章知识的学习和拓展，能够借助"公关小智慧""思政园地""知识拓展"等栏目，形成对公共关系实施模式的认知，树立文明、和谐、敬业的价值观和服务社会、沟通协调、不断创新的职业理念。

知识导图

```
                          ┌── 公共关系实施的原则
         ┌─ 公共关系实施的原则及障碍 ─┤
         │                └── 公共关系实施的障碍
         │                ┌── 战略性公共关系模式
公共关系实施 ─┼─ 公共关系的实施模式 ─┤
         │                └── 战术性公共关系模式
         │                ┌── 公共关系实施的控制原则
         └─ 公共关系实施控制 ───────┼── 公共关系实施的控制对象
                          └── 公共关系实施的控制方法
```

第一节　公共关系实施的原则及障碍

案例导入 7-1　　　全棉时代：一则关于卸妆巾的广告风波

背景与情境：

Purcotton全棉时代，取自Pure+Cotton的单词组合，意为用天然棉花生产出舒适、健康、环保的高品质生活护理用品。其以提供女性护理产品为核心，产品的高品质带动了众多生活用品对全棉材质的广泛应用，该品牌的产品陆续延伸至个护家居、婴童用品、孕产护理、贴身衣物、服装服饰、家纺用品等多个品类。该品牌坚持的"引领健康的生活方式，成为可信的中国品牌"的使命以及"健康、舒适、环保"的产品理念得到了众多女性消费者的认可和青睐。2021年1月，全棉时代发布了一个关于卸妆巾的创意广告视频，视频中，一名女子深夜回家，身后尾随一名黑衣男子，像是要图谋不轨，于是女孩用棉质卸妆巾卸了妆。卸妆后，她不仅变成了一个丑陋的男人，还成功地保护了自己不受侵害。虽然广告创意给深夜回家路上被尾随的女生提供了一个应对的方案，但是这则广告引起了网友们的强烈不满，觉得广告侮辱了女性。由于涉嫌丑化女性、受害者有罪论等问题，全棉时代被骂上了热搜。随后，全棉时代发布了两则道歉声明。

资料来源：吉安冰．广告涉嫌丑化侮辱女性，全棉时代道歉信变宣传文案［EB/OL］．［2021-01-18］．http://www.inewsweek.cn/viewpoint/2021-01-18/11590.shtml.

思考：

（1）全棉时代卸妆巾广告的创意是什么？

（2）是什么原因导致了这则广告受到了全网的抨击？

一、公共关系实施的原则

公共关系实施是指在公共关系策划方案被采纳以后，将方案所确定的内容变为现实的过程。只有把公共关系策划方案付诸实施，才能达到公关活动的最终目的。

公共关系实施是公共关系四步工作法中的第三步，也是最为复杂、最为多变的一步。这一步对社会组织的整个公共关系工作都具有十分重要的意义。

公共关系实施是一个科学的、严谨的过程，需要遵循相应的实施原则。

（一）策划导向原则

策划导向原则是指公共关系人员必须严格按照确定的策划方案开展实施工作。一方面要考虑原定方案中的目标导向，要求公共关系人员在公共关系方案实施过程中，不断将实施结果与目标要求相对照，发现差距，及时调整，务必实现目标；另一方面要考虑策略导向，要求公共关系人员必须按既定的策略思路去执行方案。

（二）充分准备原则

充分准备原则要求公共关系人员在正式实施公共关系策划方案之前，必须做好各种实施准备，把具体工作落实到人，绝对不能打无准备之仗。准备越充分，失误就越小，公共关系实施就越顺利。

（三）控制进度原则

控制进度原则是指根据公共关系策划目标的需要，按照一定的程序掌握工作进度，使各项工作按方案协调、平衡地进行，并确保按时完成。控制进度原则要求公共关系人员对各种可能影响公共关系实施工作进度的因素要有所预测，及时发现问题并采取有效的预防和应对措施。

（四）整体协调原则

整体协调原则是指在公共关系策划方案实施的过程中，各个环节之间、各部门之间以及组织与公众之间要协调一致、相互配合，保证实施工作有效开展；既要注重上下级之间的纵向协调，也要顾及同级部门或实施人员之间的横向协调。

（五）反馈调整原则

公共关系策划方案的制订以一定的目标为导向，在策划方案实施的过程中，环境以及实施对象（即公众）的情况是复杂多变的，公关人员要依据环境以及公众的变化对策划方案进行相应的调整，并将实施结果与策划方案进行对照，如有误差，则再进行相应的调整，以此促成策划目标的实现。与此同时，策划方案的实施结果本身也为下一次策划方案的制订提供了参考和依据。公共关系实施反馈调整如图7-1所示。

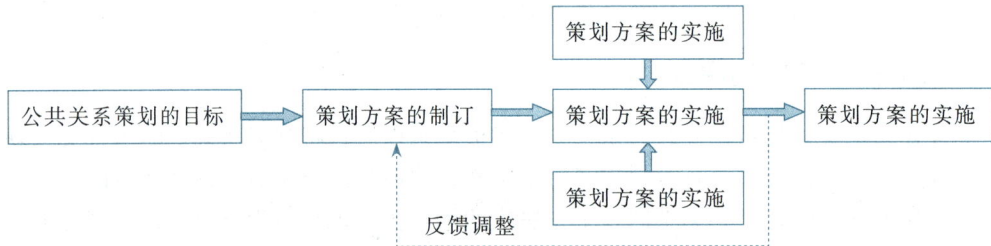

图7-1　公共关系实施反馈调整

二、公共关系实施的障碍

在公共关系策划方案实施的过程中，实施主体、客体和环境的变化，会给实施过程带来意想不到的障碍。了解和分析障碍因素，可以确保方案得以顺利有效的实施。

（一）目标障碍

目标障碍是指公共关系策划方案中拟定的策划目标不明确、不正确，缺乏可操作性而给实施过程带来的障碍。排除目标障碍的根本方法是修正目标并使其明确、正确和具体化。公共关系人员在开展实施工作之前，要对策划目标进行认真检查和衡量，一旦发现问题，应及时主动地向策划部门反映，并督促其修正策划目标。

（二）传播沟通障碍

公共关系策划方案的实施过程本质上就是进行传播沟通的过程。实施本身就是一种传播行为。在策划方案实施的过程中，由于主客体本身在语言、习俗、观念、心理等方面存在差异，从而会产生沟通上的障碍。排除沟通障碍的方法有：一是正确选择沟通方式和渠道；二是灵活运用传播媒介；三是在沟通过程中提高编码和译码的准确性和适应性。

知识拓展7-1　　　　　　　　**组织障碍的主要表现**

（1）传播沟通的过程中，因组织层次繁多而造成信息失真。

（2）传播沟通的过程中，因组织机构臃肿而造成沟通缓慢。

（3）传播沟通的过程中，因组织条块分割而造成沟通"短路"。

（4）传播沟通的过程中，因沟通渠道单一而造成沟通不足。

解决组织障碍的主要办法是：按照精简、统一、高效、灵活的原则，进行组织系统的改革，使组织机构适合公众的需要，更便于信息的传播沟通。

资料来源：韩宝森. 公共关系理论、实务与技巧［M］. 北京：北京大学出版社，2009：121.

（三）突发事件障碍

在公共关系策划方案的实施过程中，经常会遇到一些意想不到的突发事件：一是人为的纠纷危机，如公众投诉、媒体不实报道、舆论不利影响等。二是不以人的意志为转移的天灾危机，如地震、火灾、雪灾、疫情等。这些突发事件会对公共关系方案的实施过程产生困扰和干扰。面对突发事件，组织应具备应变的能力，能妥善处理各种突发事件，尽量将影响降到最低程度，以免给组织带来重大损失。

课堂互动7-1

互动内容：

在公共关系策划方案的实施过程中，可能会遇到哪些方面的变化影响方案的顺利实施？请举例说明。

互动要求：

请每位参与互动的同学结合所学的内容独立思考，积极陈述自己的见解，也可以和周围的同学简单沟通后作答。

公关实务7-1　　　　　　　　**花西子的应急公关**

背景与情境：

2021年11月，上海地震的相关消息一下子就引起了全网的关注。在这个节骨眼上，花西子在话题开始的半个小时时间里就很快完成了一场应急公关。13：54发生地震，14：00上海市地震局发布通告。14：30花西子已经编辑好了关心的短信，以花西子旗舰店的名义发给了所有订阅用户。"卿卿，得知您所在地区发生地震，小西万分挂念，请卿务必保护好自己与家人，做好防震措施，愿卿与家人一切安好。"花西子的这一举动得到了无数网友的好评。

资料来源：佚名. 江浙沪突发地震，花西子的公关太快了！［EB/OL］.［2021-11-17］. https：//m.sohu.com/sa/501721595_121124366.

思考：

花西子的应急公关带给你哪些启示？

第二节　公共关系的实施模式

　　　　　　字节跳动发布企业社会责任报告：
应急救灾、乡村发展、数字公益成重点

背景与情境：

2022年3月14日，北京字节跳动发布2021年企业社会责任报告（下称"报告"）。报告呈现了该公司过去一年在践行社会责任方面的行动与思考，包括应急救灾、乡村发展、数字公益等领域。

过去一年，疫情出现局部反复，部分省份遭遇暴雨灾害，给当地居民带来多重挑战，众多社会力量参与进来。其中，字节跳动医务基金持续开放申请，截至2022年1月，累计为3 738名防疫医务工作者提供人道救助。河南、山西暴雨后，北京字节跳动公益基金会向两地灾区捐赠1.5亿元，保障当地儿童生活、学习，帮助学校灾后修缮和当地古迹修复。

同时，该公司依托平台技术和产品，积极助力救灾和重建。抖音、今日头条等平台上线"河南暴雨紧急寻人"救助通道，累计处理3 110条寻人信息；抖音电商为河南商家提供定向扶持和补贴，帮助河南卖出598万单当地好物。此外，"小荷健康"为河南用户提供义诊服务，"懂车帝"为暴雨事故车辆提供免费检测服务。

在乡村发展方面，该公司推出一系列计划，通过人才培养、文旅推广、产业发展、古村保护等措施，推动乡村可持续发展。其中，"乡村守护人"计划为934个乡村带来了36.78亿次精准曝光，使众多村落成为热门打卡地。此外，抖音电商带动179.3万款农特产品卖向全国，抖音"三农"相关视频日均播放超过42亿次。

报告显示，字节跳动致力于推动科技创新，并推动开放技术社区搭建。截至2021年12月，该公司在全球范围内申请专利超过16 000个。仅过去一年，公司就开源了30余个重要项目。

同时，该公司持续借助技术优势，凝聚社会善意，延伸平台价值。2021年11月，字节跳动公益平台在抖音、今日头条、西瓜视频上线，借助短视频和直播，助力公益。截至2022年2月，平台共上线154个公益项目，吸引超过345万人次捐款。此外，头条寻人项目通过地理位置弹窗推送技术，已帮助超过18 000个失散家庭团聚。

过去一年，该公司持续优化技术和产品，面向重点人群，提升用户体验。抖音升级未成年模式，包括防沉迷和内容审核机制，并通过搭建技术模型，增加青少年优质内容供给。

同时，字节跳动旗下各产品都进行了适老化改造。其中，抖音推出"长辈模式"、今日头条上线"大字模式"，使中老年用户群体享受到数字生活便利。

此外，面向障碍群体，各产品持续开展无障碍改造，弥合数字鸿沟。截至2022年1月，西瓜视频无障碍影院已上线100多部无障碍电影，满足障碍群体的"观影"

需求。

过去一年，该公司持续推动知识普惠和文化传承。其中，抖音联合中国科协"科创中国"，打造科普栏目《院士开讲》，并与少年儿童出版社合作推出《十万个为什么》系列短视频。目前，"双一流"高校入驻抖音比例达到92%，高校公开课总时长合计145万小时。1 557个国家级非遗项目中，抖音涵盖率达99.42%，相关视频播放量达3 354亿次。

除上述内容外，该报告还呈现了字节跳动在内容治理、知识产权保护、绿色生活、员工公益等方面的实践。截至2021年12月，该公司已成立25个员工公益社团，吸引超过8万名员工参与其中，总时长接近9万小时，捐款总额近2 500万元。

资料来源：佚名. 字节跳动发布社会责任报告：应急救灾、乡村发展、数字公益成重点［EB/OL］. ［2022-03-17］. https://baijiahao.baidu.com/s? id=1727475467945673203&wfr=spider&for=pc.

思考：

字节跳动的社会责任报告对你有什么感触？

公共关系的实施模式，是以一定的公共关系目标和任务为核心，将若干种公共关系媒介和方法进行有机组合，使其形成一套有特殊功能的运作系统。公共关系活动的目标一旦确定，实现目标的具体活动模式可以是多种多样的。同一个目标可以通过不同的公共关系实施模式来完成。

公共关系的实施模式多种多样，依据不同的标准，可以对其进行不同的分类。

一、战略性公共关系模式

一般情况下，一个组织的发展要经历初创期、成长期、成熟期和衰退期四个阶段。组织在不同的发展阶段有不同的发展目标，其工作重心也有所不同。比如，组织在初创期会极力提升本组织的知名度和影响力，在成长期会着力提升组织的形象和声誉。此外，组织在稳定运行的同时也潜伏着不可遇料的危机，为解除危机所开展的公共关系活动也是为了消除误解，扭转不利的社会舆论。

战略性公共关系从组织不同发展阶段的工作重心出发，将其实施模式分为防御性公共关系、建设性公共关系、维系性公共关系、矫正性公共关系和进攻性公共关系，从而对组织的公共关系活动在大方向上进行把控。

（一）防御性公共关系

防御性公共关系是指组织为了防止自身的公共关系失调而采取的一种以预防为主的公共关系实施模式。这种公共关系实施模式的基本要求是：预防和引导相结合。其适用于组织发展的任何阶段。当组织与内外部环境出现了不协调情况和矛盾的苗头时，为将问题的隐患消除在萌芽状态，就要采用这种模式。

（二）建设性公共关系

建设性公共关系是组织在初创期或者新产品、新技术、新服务项目的推广阶段，为了打开局面而采用的公共关系实施模式。在初创阶段，组织开展公共关系活动的重心是迅速提高组织或产品的知名度，通过宣传和交际，向公众传播信息，广结朋友，争取更快地让更多的公众认识自己、了解自己。建设性公共关系的主要形式有开业庆典、开业优惠、新产品展销、新产品广告宣传等。

公关实务 7-2　　　　　　　　　今麦郎"凉白开"的脱颖而出

背景与情境：

2016年，中共中央、国务院印发了《"健康中国2030"规划纲要》，为大幅提高人民群众的健康水平、改善健康状况，为健康中国建设提供政策指引，推动健康饮食、健康食品的创新与发展。在健康中国的大背景下，今麦郎凉白开提出了"健康饮水很重要"的品牌口号，开启国民健康饮水模式。定位于健康，贴合消费者的需求，今麦郎凉白开得以脱颖而出。

为了顺应媒介的发展变化，今麦郎凉白开在线上各大社交媒体平台制造社交话题，用有趣、有料的内容传递熟水凉白开更健康的品牌理念，吸引年轻消费者的关注。

此外，今麦郎凉白开还跟进时下最有效的品牌投放原则——"双微一抖一分众"，将品牌广告刷屏线下分众电梯，通过对"健康饮水=凉白开"这一核心价值的重复和暗示，让年轻消费者对品牌产生熟悉感和认同感，进而争夺年轻消费者的心智资源。而"双微一抖"上的内容营销与分众电梯媒体的品牌广告有机结合、交相呼应，为今麦郎凉白开创造了新的消费增长机会。

资料来源：分众传媒. 今麦郎凉白开刷屏分众，加码年轻人心智抢夺战［EB/OL］.［2022-03-30］. https://mp.weixin.qq.com/s/hLEUoksrElJqF0e6G2Dp2w.有删减.

思考：

今麦郎"凉白开"脱颖而出的原因是什么？

（三）维系性公共关系

维系性公共关系是组织在稳定发展时期，借助媒介持续不断地向公众传播组织的相关信息，维持组织形象，赢得公众长期理解与支持的公共关系实施模式。组织初创阶段的目标是提高知名度，塑造初始形象；进入成长期甚至是成熟期以后，组织开展公共关系活动的重心则转为维系与公众的关系，维持好现有的良好形象。

（四）矫正性公共关系

矫正性公共关系是组织遇到风险致形象受损时所采取的一种公共关系实施模式。任何组织的发展都不是一帆风顺的，总会因为内部或外部的因素发生一些人为的或者不可避免的灾难，这些事件的发生会使组织公共关系失调或者组织形象受损，不利于组织的长远稳定发展。矫正性公共关系的重点是制定公共关系策略应对危机，改善或重塑组织形象。

（五）进攻性公共关系

进攻性公共关系是组织处于衰退期时，为开创新局面、树立新形象而开展的一种公共关系实施模式。组织面临市场份额下降、产品销售不力、品牌影响力减弱等不利于组织生存、发展的环境时，可以采取开拓新市场、研制新产品、推出新项目、建立新的合作关系等进攻性公共关系实施模式，以此改变不利的环境，创造有利于组织生存、发展的新环境。

组织处于不同发展阶段的战略性公共关系的实施模式见表7-1。

表 7-1　　　　　　　　　　　战略性公共关系实施模式一览表

模式	时机	重心	目的	方式
防御性公共关系	任何时期	预防为主	防患于未然，把"问题"消灭在萌芽状态	保证产品质量、完善服务、与公众保持沟通等
建设性公共关系	初创期或新服务、新产品、新政策推出时	宣传和交际	迅速提高知名度、打开新局面、塑造新形象	广告宣传、联络公众等
维系性公共关系	成长后期、成熟期等组织稳定发展之际	不间断地传播	维持组织的良好形象	开展老顾客优惠活动、给予老顾客特殊照顾和服务、赠送公关礼品、定期举办顾客答谢会等
矫正性公共关系	任何阶段组织遇到风险时的危机期	应对危机，采取改善、重塑组织形象的公共关系策略	纠正和改善组织形象	开展危机公关专题活动
进攻性公共关系	组织处于衰退期或者组织发展遇到瓶颈时	努力改变环境，使环境有利于本组织	开创新局面、树立新的形象	开辟新市场、新顾客群、改换合作伙伴、形成支持本组织的强大社会舆论等

二、战术性公共关系模式

微课 7-1

公共关系的实施模式

战略性公共关系是针对组织发展的不同阶段所提出的公共关系战略的导向，是宏观上、方向上的把控。战术性公共关系则是组织开展公共关系活动时具体策略的实施。根据公共关系活动的性质，可以将战术性公共关系模式分为：宣传性公共关系、交际性公共关系、服务性公共关系和社会性公共关系。

（一）宣传性公共关系

宣传性公共关系是指借助于传播媒介，通过开展宣传工作提高组织的知名度、树立组织形象的一种公共关系实施模式。这种模式的特点是目的明确，时效性强，传播面广，效果显著。

宣传性公共关系可以分为对内宣传和对外宣传两种方式。对内宣传的对象是组织内部公众，一般多借助于组织可以控制的媒介对内部公众进行信息传播，开展组织内部的信息沟通与协调。对外宣传的对象是与组织有关的一切外部公众，组织多采用大众传播的形式，借助大众传播媒介来对外传播信息，形成对组织有利的社会舆论环境。企业对内宣传和对外宣传的比较见表7-2。

表7-2　　　　　　　　　　企业对内宣传和对外宣传比对一览表

类型	对象	媒介选择	目的	形式
对内宣传	内部公众	内部媒介（企业可控）	增强凝聚力，提高员工的积极性和忠诚度	企业报、员工宣传手册、企业微信、内部电话、企业网页等
对外宣传	外部公众	大众传播媒介（企业不可控）	制造有利的社会舆论环境	电视广告、名人代言、制造新闻、媒体宣传和报道等

公关小智慧7-1　　　　　　　　　　**做广告外的广告**

公关界有一种"做广告外的广告"的说法。所谓广告外的广告，就是企业通过策划社会性活动，借助媒体宣传自己。企业除了做必要的产品广告外，还适时地开展具有轰动效应的社会活动。随着媒介的报道，企业形象得以建立，社会知名度大大提高。

资料来源：赵文明. 公关智慧168 [M]. 北京：机械工业出版社，2006：43.

宣传性公共关系既可以采取由文字、图片、视频等组成的公共关系广告的形式，也可以采取制造新闻事件、举办公共关系专题活动的形式开展。组织开展宣传性公共关系活动时，公共关系人员要保证传播信息的客观、真实、全面和公正，防止一些带有主观臆想、歪曲事实的宣传内容和形式的出现，以免组织陷入舆论困境中。

（二）交际性公共关系

交际性公共关系是指通过人际交流开展公共关系活动。这种模式借助于人与人的直接接触，进行情感上的联络，形成有利于组织发展的人际环境。交际性公共关系具有个体作用大、感情色彩浓、灵活性强等特点。其要求公共关系人员在与公众面对面接触时，要注意自己的言行举止，对语言、文字等符号媒介进行恰到好处的运用，同时借助公关礼品等实物媒介与公众进行感情联络和口碑塑造。

（三）服务性公共关系

服务性公共关系是一种以提供优质、实惠性服务为主要手段的公共关系实施模式。服务性公共关系将其实际的服务行为作为最有力的语言，以此来吸引公众、感化人心；通过服务性公共关系，可以使组织与公众之间的关系更加融洽、和谐，有利于提高组织的美誉度和社会信誉。

服务性公共关系呈现出行动性、全员性和直接的效益性等特点。服务性公共关系和宣传性、交际性公共关系不同，它不仅需要专职的公共关系人员，更需要全体工作人员的参与，需要全员"服务公众"意识的强化和体现。组织开展服务性公关活动时要确保最独特、最优质的服务形式和服务质量。

课堂互动 7-2

互动内容：

你知道一些企业开展服务性公共关系活动的案例吗？说一说它们的服务内容和形式。

互动要求：

请每位参与互动的同学结合所学的内容独立思考，积极陈述自己的见解，也可以和周围的同学简单沟通后作答。

（四）社会性公共关系

社会性公共关系是指组织利用举办各种社会性、公益性、赞助性活动来开展公共关系活动的模式。社会性公共关系以承担社会责任为己任，以解决社会问题为出发点，影响面大、公益性强。组织开展社会性公共关系活动时，因其内容的公益性而易受到媒体和公众的关注，这对组织社会影响力的提升是非常有利的，便于形成对组织长远发展有利的舆论环境。

社会性公共关系活动的实施，一方面可以组织自身的主要活动为中心来开展，如组织的庆典活动、周年纪念活动、其他各种庆祝活动等；另一方面也可以从赞助社会福利事业、解决社会共同问题入手，如开展各种赞助、资助活动，支持各种文化教育事业、体育事业、慈善事业等。开展社会性公共关系活动的目的是引起新闻媒体的注意，使其主动增加对组织的报道，从而提高组织的知名度和美誉度，提升组织的社会影响力。组织开展社会性公共关系活动应注意内容的公益性、活动的持续性和利益的长远性，也要视组织的资源情况量力而行。

公关实务 7-3　　　　　　　　　品牌 Logo 换新的学问

背景与情境：

2021年12月，蒙牛成立22年以来首次更换Logo，升级后的Logo与旧版相比，保留了原有月亮、河流的基本结构，修改后呈现出明显的极简化和流畅性特征，更加符合主流审美，而背景中的绿色更加明亮清爽，代表着天然和健康，用毛笔书写的中文字体"蒙牛"则得到了保留（如图7-2所示）。

图7-2　蒙牛新旧Logo对比

值得一提的是，在新Logo中消失的"MENGNIU"英文字符被单独提取出来与图标组合，作为英文版标识在国际市场上使用（如图7-3所示）。

图7-3　蒙牛英文版标识

2020年年底，蒙牛公布了全新的企业文化，确立了"草原牛，世界牛，全球至爱，营养二十亿消费者"的企业愿景，迈向了从中国走向世界的步伐。蒙牛此次进行品牌Logo升级，既保留了原有的风格和特性，不至于丢失企业长年积累的品牌资产，又在传统的基础上添加了现代化元素，使得品牌标识更便于在全球市场流通，有效彰显了企业变革后的国际化愿景。

资料来源：佚名. 蒙牛要换LOGO了？为什么说蒙牛的LOGO非常经典［EB/OL］.［2018-11-06］. https://t.cj.sina.com.cn/articles/view/1917022953/724372e900100fw3p.

思考：

品牌Logo换新的学问带给你哪些启示？

总之，战略性公共关系和战术性公共关系紧密联系，缺一不可。组织在开展公共关系活动之前，应先考虑组织目前所处的阶段，确定不同工作重心的战略性公共关系实施方向，随之再选择相对应的战术性公共关系实施模式，利用有针对性的公共关系活动的内容，实现组织公共关系的目标。

第三节　公共关系实施控制

案例导入7-3　　　　　　　消毒牛奶的坎坷之路

背景与情境：

美国一家牛奶公司意欲将该公司的消毒牛奶打入日本市场，但该公司遇到了一系列的障碍：①日本消费者对喝消毒牛奶有利于健康持怀疑态度；②日本消费者联盟反对此产品，担心消毒牛奶的安全问题；③靠近大城市的牛奶场场主反对消毒牛奶的分销，害怕与其竞争；④由于利益集团施加压力，几家零售商表示不愿意经销消毒牛奶；⑤卫生福利部门和农林部门表示，它们需要观察一个阶段，然后再决定是否赞成消毒牛奶的推销。为了排除这些障碍，这家公司的第一步行动是与日本卫生部门联系，使其批准销售该产品，因为没有该部门的批准，该公司无法实施下面的计划；第二步是说服大零售商来经销消毒牛奶；第三步是与牛奶场取得联系；第四步是对消费者进行教育。在整个过程中，后三步均是在前一步行动取得成功的基础上进行的，这样避免了人力与物力的浪费。

资料来源：陶应虎，张志斌，吴静，等. 公共关系原理与实务［M］. 4版. 北京：清华大学出版社，2021.

思考：

消毒牛奶进入新市场对你有什么感触？

公共关系实施控制是指公共关系实施领导者通过建立实施控制标准和实施过程的反馈机制，依据控制原则及时将实施行为和阶段效果与其实施控制标准进行对照，从而发现实施偏差并立即采取纠偏措施，使实施行为顺利进行，确保公共关系目标的实现。公共关系实施控制由标准、反馈、对照、纠偏四个要素组成。其中，反馈是关键要素。

一、公共关系实施的控制原则

公共关系实施控制是一个复杂的、敏感的过程。科学、有效的公共关系实施控制必须坚持以下几个方面的原则：

（一）策划导向原则

策划导向原则是指公共关系人员必须严格按照既定的策划方案开展实施工作。策划导向包括目标导向、策略导向和实施方案导向。目标导向要求公共关系人员在公共关系方案实施过程中，不断将实施结果与目标要求相对照，发现差距，及时调整，务必实现目标。策略导向要求公共关系人员必须按既定策略思路去执行实施方案。策略指导实施行为，是实施行为的主体思想。实施方案导向要求公共关系人员严格按照实施方案开展实施工作。

（二）责任明确原则

责任原则，即必须界定公共关系实施各岗位、各人员的责任和权力，防止职责不清。在公共关系方案实施的过程中，实施人员岗位清晰、职责明确，各负其责、各司其职，能够确保公共关系方案的顺利实施。

（三）整体协调原则

整体协调原则是指在公共关系策划方案实施过程中，要强调整体协调，使各方面工作达到和谐、合理、配合、互补和统一的状态，以保证整体目标的实现。协调强调实施过程中的各个环节之间、部门之间及实施主体与其公众之间相互配合，不发生矛盾或少发生矛盾；当矛盾产生时，也能及时加以调节并解决。

📋 **知识拓展7-2**　　　　　　　　　　　**公共关系协调**

最普遍、最常见的公共关系协调有以下两类：

（1）纵向协调，即上下级之间的协调。

（2）横向协调，是指同级部门或实施人员之间的协调。横向协调通常采用当面协调、文件往来等形式沟通信息，从而达到协调的目的。

无论是纵向协调还是横向协调，均要依赖信息的沟通。沟通过程中传递的信息应具有明晰性、一致性、正确性、完整性等特点。

资料来源：李道平. 公共关系学［M］. 北京：经济科学出版社，2000.

（四）控制进度原则

公共关系实施的控制点是指实施中关键的、重要的工作环节、工作内容、工作方法等，它们是最容易出偏差的部位，或者是出偏差对整体影响较大的部位。控制进度原则就是对控制点进行重点控制的原则。

（五）及时与准确原则

及时与准确原则要求公共关系实施过程中必须建立一种反应灵敏、准确的信息机制和相应的一套规章制度，确保控制信息及时、准确地传递。

（六）弹性原则

弹性原则，即公共关系实施控制必须具有较强的适应性和应变能力。在公共关系实施控制中，不存在绝对满意，只能追求相对满意的结果。

课堂互动 7-3

互动内容：

同一天或同一段时间里，同时开展两项重大的公共关系活动是否可行？为什么？

互动要求：

请每位参与互动的同学结合所学的内容独立思考，积极陈述自己的见解，也可以和周围的同学简单沟通后作答。

二、公共关系实施的控制对象

公共关系实施的控制对象包括实施中的实施要素及其阶段性实施目标。在具体的公共关系实施过程中，要分析各种实施要素在实施中的重要性，将最重要的实施要素确定为关键控制对象并进行重点控制。公共关系实施的控制对象有：人力、物力、成本、时机、进度、流程、质量、工作方法、阶段性目标、突发性危机事件等。

公关小智慧 7-2   **公关实施的重要性**

实施是公共策划的目的，可实施的策划才是好的策划，才能为企业带来效益。有一个故事讲一群老鼠决定在猫脖子上挂一个铃铛以减轻其威胁，这个策划的创意是好的，但不具备可实施性，因此是毫无价值的。

资料来源：赵文明. 公关智慧168 [M]. 北京：机械工业出版社，2006：46.

三、公共关系实施的控制方法

常用的公共关系实施控制方法是反馈控制法。所谓反馈控制法，是指通过建立公共关系实施的反馈系统，不断地将实施前、实施中和实施后的情况与事先制定的实施控制标准进行对照，从而发现偏差、纠正偏差的方法。反馈控制法有三种：事前控制法、事中控制法和事后控制法，公共关系实施的主要控制方法是事前控制法和事中控制法。

（一）事前控制法

事前控制法又叫超前控制法，是指在公共关系实施开始之前，充分调查、分析影响实施的各种障碍因素，并采取措施，将可能导致偏差的障碍因素的影响力控制在最小范围，以保证实施工作的顺利开展。事前控制法是最先进的一种控制方法，充分体现了"预防为主"的管理思想，具有控制成本低、主动、避免损失等优点。但事前控制对调查、分析和预测的能力要求高，如果分析、预测不准确，控制失误，不但不能抑制住问题的产生，反而会增大控制成本，可能还会造成一些不好的结果。

（二）事中控制法

事中控制法又叫过程控制法，是指在公共关系实施过程中，采取各种检查方式，及时发现实施行为偏差并及时纠正的方法。控制标准主要是公共关系实施的工作项目、工作内容、工作要求和工作方法。其主要控制的是正在进行的工作过程而非工作结果。采取这种控制方法，关键在于高水平的、公正负责的检查人员对实施过程进行检查。检查的主要类型有行政检查、专业检查、值班检查、专职检查和社会检查等。

（三）事后控制法

事后控制法是将公共关系实施中的各项工作内容、工作方法、操作结果与工作目标要求进行对照，发现偏差及时采取补救措施，以确保实现公共关系目标的方法。事后控制法虽然具有极强的针对性，但由于问题已经发生甚至已造成损失，只能通过补救，将损失控制在最低限度，只有通过增加工作成本，才能完成工作任务，因此，事后控制法不应该作为公共关系实施的主要控制方法，只能作为过程控制失败后的补救方法。

公关实务7-4　　　　　　　　　　　　　　　　　　　**醋海风波**

背景与情境：

四川成都三圣调味品厂在发行量逾百万份的《成都晚报》和《四川日报》上刊登广告，广告宣传"明天吃醋不要钱！消费者可凭12月7日至9日的报纸在成都红旗商场等5个地点领取一瓶该厂生产的陈醋"。一时间，领醋成了抢醋，各商场难以招架，被迫挂出"免战牌"，无数的消费者大有被戏弄之感。他们质问商场和厂家，一场官司不可避免地打到了工商局（现为市场监管局，下同）。

其实，这个让成都人感觉陌生的厂家不过是一家员工20多人、固定资产50万元、流动资金不足70万元的小企业。它们于当年6月研制出了新产品——"陈醋王"，平心而论，"陈醋王"的质量的确很好，据检测它不含任何防腐剂，无细菌、无杂质、无化学药剂，是全国首创的无污染醋。但由于三圣调味品厂从公关策划、筹备到实施的过程中急功近利，自己"在错误的时间、错误的地点，打了一场错误的仗"。

随后，成都市工商行政管理局做出处理决定：肇事厂家不兑现广告许诺，造成不良后果，但因能及时向商家及消费者道歉，决定从轻处理，罚款3万元。

资料来源：张百章. 公共关系案例［M］. 北京：中国财政经济出版社，1990.

思考：

醋海风波带给你什么启示？

思政园地7-1

2020年新冠肺炎疫情暴发后，中国全力进行疫情防控，有效抵挡了病毒在全球的"第一波"攻击，为世界赢得了时间。面对疫情在多国多点暴发的严峻形势，中国一方面尽己所能，向有需要的国家和国际组织伸出援手；另一方面积极有序地推进复工复产，"世界工厂"加速启动，为世界经济注入活力，为各国抗击疫情增添信心。

面对凶猛来袭的病毒，中国迎难而上，有效应对，因为这不仅关乎中国人民的生命安全和身体健康，还关乎全世界公共卫生安全。中国采取最全面、最严格、最彻底的防控措施，取得了疫情防控的向好形势；中国本着公开、透明和负责任的态度，及时向世界卫生组织和国际社会通报情况，及时主动地同世卫组织和其他国家分享有关病毒基因序列。一系列彰显中国力量、中国效率、中国速度的举措，构建起了防止疾病国际传播强有力的第一道防线，为各国抗击疫情赢得了宝贵的时间。

资料来源：郑明达．面对疫情，中国为世界扛起了什么［EB/OL］．［2020-03-25］．https://mp.weixin.qq.com/s/DNDgmwWo6f_I9SRWYOFv8w.

思考题

1.公共关系实施的原则是什么？

2.公共关系实施中会遇到哪些障碍？如何排除？

3.在组织初创期、稳定成长或成熟期、衰退期以及遇到危机时，组织应选择何种公共关系实施模式来实现自身的最终目标？

4.战术性公共关系实施有哪些模式？请分别阐述。

5.请谈一谈你对企业开展社会性公共关系的看法。

实训设计

班级学生每4个人一组，收集组织公共关系实施模式的案例，各小组制作PPT进行课堂案例展示，教师进行点评，引导学生掌握本章相关知识，并让学生切身体会公共关系实施模式对组织发展的重要性。

第八章

公共关系评估

学习目标

• 知识目标：通过本章的学习，了解公共关系评估的特点和原则；熟悉公共关系评估的程序，掌握公共关系评估的标准与方法，熟悉公共关系评估报告。

• 能力目标：通过本章的案例导入、公关实务、课堂互动等知识，能够运用公共关系评估的方法撰写公共关系评估报告。

• 素养目标：通过对本章知识的学习和拓展，能够借助"公关小智慧""思政园地"等栏目，形成对公共关系评估知识的认知，树立平等、公正、敬业的价值观和勤奋严谨、积极主动、敢于担当的职业理念。

知识导图

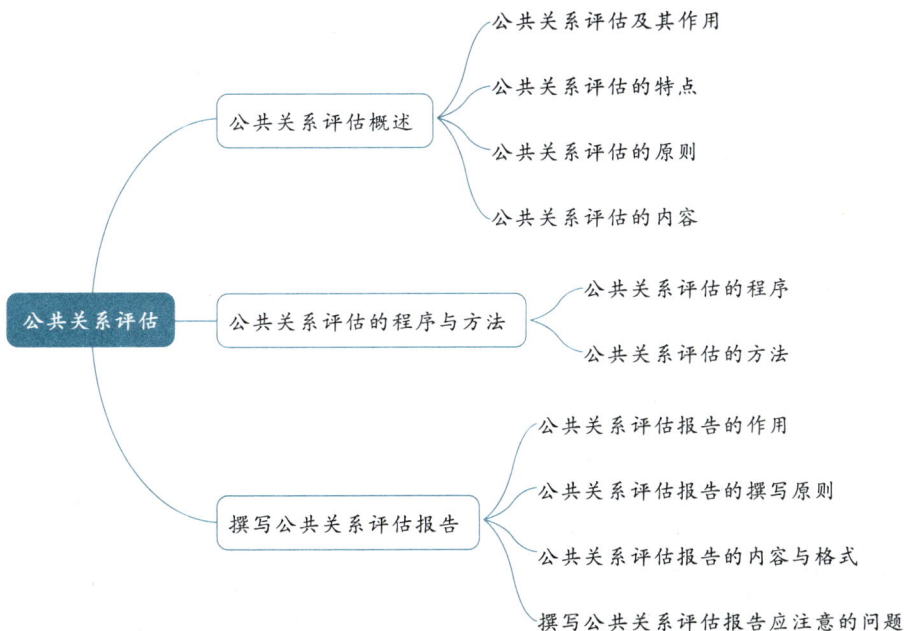

公共关系评估
- 公共关系评估概述
  - 公共关系评估及其作用
  - 公共关系评估的特点
  - 公共关系评估的原则
  - 公共关系评估的内容
- 公共关系评估的程序与方法
  - 公共关系评估的程序
  - 公共关系评估的方法
- 撰写公共关系评估报告
  - 公共关系评估报告的作用
  - 公共关系评估报告的撰写原则
  - 公共关系评估报告的内容与格式
  - 撰写公共关系评估报告应注意的问题

第一节　公共关系评估概述

　　　　　　　亚都"收烟"的风波

背景与情境：

5月30日是世界禁烟日，颇具声势和规模的戒烟活动在全国各地接连举行。黄浦江畔的上海外滩，由上海市控制吸烟协会主办的万人戒烟签名活动如期举行。政府官员、接受咨询的专家学者和闻讯而至的市民云集陈毅广场。以生产空调换气机在市场上"闹腾"得颇为火爆的北京亚都科技股份有限公司上海办事处斥资30万元，也参与了这次活动。

在活动的前一天，亚都公司在上海有影响力的两家报纸上以"亚都启事"为题打出广告："请市民转告烟民——亚都义举，全价收烟。"其具体内容是，亚都公司按市价收购参加此次活动的烟民的已购香烟，并在公众的监督下集中销毁。为使活动顺利圆满，亚都的工作人员兑换了用于收烟的5万元零币，购置了"销烟"用的大瓷缸、生石灰，并按当地商场的零售价格核准了烟价，可谓万事俱备。

上午10时，活动开始后，人群向亚都戒烟台前聚集并排起了长队。队列中既有老者，也有时髦女郎，还有小孩，这与亚都工作人员设想的烟民形象相去甚远。更引人注目的是，排队中的许多人拎着成条的香烟，少者一两条，多者达20条，绝大多数还是价格不菲的"中华""红塔山""万宝路"等高档香烟，但从外包装上一眼就能看出是假烟。精于计算的人们让亚都的工作人员乱了阵脚。收烟台前，为了鉴别烟的真假，吵嚷之声时有所闻。为使活动得以进行，亚都公司临时决定，每人只限换一条，香烟是真是假也不再计较。可烟民们也有对策，让工作人员奈何不得。下午2时，亚都公司的5万元现金已经用光，宣布活动结束。尚在排队的数百名烟民不高兴了，他们把收烟台和10余名工作人员团团围住，纷纷指责亚都公司"说话不算数"、活动内容和广告不符，并出现了对工作人员撕扯、推搡的现象。

双方僵持了约半个小时，仍没有缓和的迹象。为平息事态，尽早脱身，工作人员只得拿出200件文化衫免费发放，之后，在闻讯赶来的保安、巡警的协助下，工作人员才得以离开广场。

我们可以清楚地看到这是一个失败的公共关系活动案例。首先，亚都公司在举行活动之前没有做好项目调查，对吸烟人群不了解，以至于活动开始时，亚都才发现老者、时髦女郎甚至小孩也加入到这个活动中，这导致了部分来参加活动的人并不是亚都公司的目标客户，缺乏活动人群的针对性。其次，在策划阶段，此次活动虽然有明确的主题，但在活动开始前亚都公司没有做好活动的预算方案，导致活动的资金不足。此外，没有备用的方案来应对实施过程中可能出现的紧急情况。最后，在实施阶段，活动现场没有主持人调节现场的气氛，同时现场维持秩序的工作人员人数不足、分配不合理。在活动中，亚都有关负责人没有准备好后续资金和物资，使项目实施时资金不够派发，引起百名烟民的不满。

资料来源：曹献存. 亚都"收烟"的风波［J］. 公关世界，1999（6）：18-19.

思考：

上述案例带给你什么启示？

公共关系评估在公共关系工作中具有非常重要的作用。任何形式的公共关系工作都有一个周而复始的效果检验程序。不经过公共关系评估这个环节，不但公共关系工作的作用点无法确立，而且公共关系工作的目的和动机也可能无法形成。

一、公共关系评估及其作用

公共关系评估是指社会组织依据特定的标准和科学的方法，在评估专家或专业机构的指导下，对公共关系策划方案及其实施效果进行检验和评价，以判断优劣、总结经验的过程。通过对组织开展的公共关系活动的效果进行衡量和评价，可以总结经验、吸取教训，为组织的决策部门进行新决策提供客观依据。公共关系评估是一个反复的过程，在新一轮的公共关系活动中它又成为公共关系调查的依据，成为公共关系工作的第一步。

公共关系评估是公共关系四步工作法中的最后一个步骤，在公共关系实践活动中具有举足轻重的作用。

（一）公共关系评估是改进组织公共关系工作的重要环节

通过公共关系评估，公共关系人员可以获得公共关系策划及其实施过程中的相关数据资料；通过对各类资料的分析，总结经验、吸取教训，可为进一步改进公共关系工作提供依据。

（二）公共关系评估是开展后续公共关系工作的必要前提

公关人员通过对公共关系工作的效果进行分析评估，找出实施效果与策划目标之间的差距，适时调整公共关系工作目标和策划方案，为组织的决策提供依据，保证后续公共关系工作持续有效地开展。

（三）公共关系评估是提高公共关系工作效率的重要保障

通过公共关系评估，可以对公共关系人员的工作进行评价，评估结果可以作为考核公共关系人员业绩的重要依据，以评促改，以评促绩，从而提高公共关系人员的工作效率，实现组织目标。

（四）公共关系评估是鼓舞内部公众主动参与公共关系工作的有效形式

公共关系评估可以将公共关系活动的成效向组织内部公众展示，使其了解外界对组织的评价，也可以近距离地感受到组织开展公共关系活动不只是公共关系人员的事情，更牵涉内部所有公众的利益。就公共关系活动的社会成效而言，既可以塑造组织的良好形象，又能增强内部公众对组织的向心力和凝聚力，有助于鼓舞内部公众在做好本职工作的同时，提高全员公共关系意识，主动参与到公共关系工作中来。

课堂互动8-1

互动内容：

请举例说明公共关系评估的意义。

互动要求：

请每位参与互动的同学结合所学的内容独立思考，积极陈述自己的见解，也可以和周围的同学简单沟通后作答。

二、公共关系评估的特点

公共关系评估是指在评估专家或专业机构的指导下，依据科学的评估标准和方法，对公共关系活动的调查、策划和实施等环节进行全方位、全过程、全内容的评价和总结。因此，公共关系评估具有科学性、复杂性、权威性和系统性的特点。

（一）科学性

公共关系评估是依据科学的评估标准和方法开展的评估活动，避免了人为主观判断所带来的不客观性，提高了评估的科学性和严谨性，为后续公共关系活动的开展提供了可参考的依据。

（二）复杂性

公共关系评估是对公共关系活动的调查、策划和实施等环节进行全方位、全过程、全内容的评价和总结；既要对活动本身的成效进行总结、分析，又要了解环境中各种可能出现的因素对公共关系活动的影响，以便明确公关工作过程中出现的问题以及取得的成果。

（三）权威性

公共关系的评估主体既可以是公共关系行业的专家、学者，也可以是公共关系专业评估机构。这保障了评估过程的权威性和可信度。

（四）系统性

公共关系评估是事关组织整体发展的重要事宜，组织内部各部门之间要积极配合，形成有机统一体，确保评估工作的顺利进行。

三、公共关系评估的原则

（一）针对性原则

公共关系评估工作的针对性很强，开展评估工作的目的是发现和解决社会组织公共关系调查、策划和实施过程中存在的一些问题。这些问题可能是组织调查不力造成的，可能是策划不当造成的，也有可能是实施过程中出现的障碍影响了组织公共关系目标的达成。这些都使得公共关系评估工作必须遵循针对性原则。

（二）及时性原则

公共关系活动的开展需要选择恰当的时机，这使得公共关系评估工作具有较强的时效性。在活动结束后，公关人员要及时地开展评估工作。

（三）客观公正原则

为了确保组织公共关系工作的有效开展，公共关系评估要本着客观公正的原则，做到有理有据、客观真实，避免评估的结论受到公共关系评估人员的主观判断和片面分析的影响。

公关实务8-1　　　　　　　　**最后一步也是第一步**

背景与情境：

恰当的评估可以提升"自我"。

美国迈阿密某球队一位名教练在缅因州的一个小镇度假，在一个阴雨绵绵的日子里，他带着妻子和五个孩子去镇上唯一的一家剧院看电影。当他们全家走进剧场的时候，只见灯光亮着，剧场中稀稀拉拉地仅坐着13个观众。当看到他们进来，这些观众就高兴地鼓起掌来。教练顿时笑容满面，向他们挥手答谢，并对妻子说："哎呀，迈阿密距这里有2 000多公里，想不到他们居然认出我来了，并且还如此热烈地鼓掌欢迎我，我猜想他们一定在电视里看到过我们的比赛。"

他们刚一坐下，有一个人向教练走来，并向他伸出了手。教练紧紧握住他的手说："谢谢，谢谢，非常感谢。真没有想到你们会知道我。"对方回答道："我所知道的是，就在你们进来之前，剧院方面刚宣布，如果观众仍然不满20个人，这场电影就不放映了。"

资料来源：赵文明. 公关智慧168［M］. 北京：机械工业出版社，2006：46-47.

思考：

上述案例带给你什么启示？

四、公共关系评估的内容

（一）目标效果评估

目标效果评估是指将公共关系策划方案中制定的在一定时期内所要实现的公共关系目标，与通过公共关系实施工作所达到的实际目标进行比较，看其实现程度如何。若没有实现既定目标，则应找出差距，分析问题，寻求解决办法；若目标得以实现，则应总结经验，及时表扬公共关系工作人员，提高其工作积极性。

（二）工作成效评估

一般来说，应根据日常公共关系、专项公共关系和年度公共关系工作进行评估。

1.日常公共关系工作评估

其主要涉及组织内外部的关系协调和信息沟通等，对协调及沟通的效果进行评估。日常公共关系工作评估要根据组织所确定的评估标准，围绕组织内部领导与下属之间、部门与部门之间、部门人员之间的关系协调，组织内部的凝聚力、组织的公众影响力、组织和其他公众的关系协调，以及组织对内、对外信息传播的能力等评估内容来进行。

2.专项公共关系工作评估

专项公共关系工作的开展对组织的发展影响很大，组织应当加以重视。专项公共关系工作评估要严格根据公共关系活动的内容及特点来确定评估内容和评估标准，并由负责专项公共关系活动的人员组织实施。公关人员可采取调查研究的形式，如直接调查专项活动的参与者，或间接调查一些典型的社会公众，以了解活动对社会公众和组织形象产生的影响。

3.年度公共关系工作评估

年度公共关系工作评估要以年度公共关系计划和预算为依据，对年度内所有公共关系工作进行总体评估，以明确计划实现的程度和存在的差距，为下一年度公共关系工作计划提供依据。

（三）传播效果评估

1.对组织内部信息传播的效果进行评估

评估的标准是组织内部是否能做到上情下达和下情上达，是否上下协调一致；组织内部各部门之间是否能做到必要的横向信息交流及时、准确，是否能做到让内部公众理解和支持组织。通过内部信息传播效果评估，可以了解针对内部公众的组织的凝聚力和向心力。

2.对组织外部信息传播的效果进行评估

这种评估包括组织公共关系广告的影响力、组织信息传播目标的实现程度、大众传播媒介的合作情况以及组织信息传播效果的实现情况等。通过传播效果评估，及时获取反馈信息，适时协调传播媒介，及时改进传播进程，保证传播目标的实现。

✎ 公关小智慧8-1

内容是企业传播的起点，而企业的故事则是内容的灵魂。在未来相当长的一段时间内，企业传播战的起点，是尝试构建起自己的故事框架，并找到自己的叙事方式。当下，每一个企业都需要讲好自己的故事。企业要选择适合自身的故事，同时本色出演故事中的主角，以吸引观众、赢得人心。

资料来源：佚名. 2022年度传播观点：打好传播战，以人心赢得市场 [EB/OL]. [2022-03-16]. https://www.cipra.org.cn/site/content/4434.html.

第二节 公共关系评估的程序与方法

案例导入 8-2 哈维·雅各布森的评估程序七步法

背景与情境：

哈维·雅各布森的评估程序主要包括以下七个方面的内容：

（1）选择评估原则。评估开始的第一步是要确定一种指导评估工作的模式——是认认真真评估还是一般性评估？评估是由内部人员自己搞呢还是外聘人员？

（2）指定目标。它是指对评估的目标，包括组织的总目标、公关项目的分目标进行定义和陈述。

（3）设立评估标准。例如，评估资源的标准是什么？评估经费状况的标准是什么？怎样评估目标公众？如何评估活动情况？

（4）收集数据。数据可以通过多种途径获得，如观察、问卷、月报表、访谈及其他方式。

（5）分析数据。

（6）报告结果。评估结果需要报告给组织上层领导，也可以在一定范围内扩散。

（7）把结果应用到决策中去。这最后一步要求对评估结果进行条理化处理，使其具有可操作性。比如，公司在哪些方面亟待改进？改进的措施有哪些？

资料来源：萨菲尔. 强势公关 [M]. 梁洨洁，等译. 北京：机械工业出版社，2002.

思考：

哈维·雅各布森的评估程序七步法对你有什么启发？

一、公共关系评估的程序

公共关系评估是一项连续不断的活动，更是一种完整、严谨的工作程序。公共关系评估可以分为五个基本步骤。

第一步：设立评估目标。

这是评估工作的第一步。评估目标用来比较和检验公共关系计划与实施的结果。统一的评估目标可以提高评估的效率，增强评估的效果。

第二步：确立合适的评估标准。

依据不同的活动形式和目标，确立合适的评估标准。比如，公共关系活动的目标是提高组织的美誉度，那么，评估标准就应该选择公众对组织的认可程度和态度变化。

课堂互动 8-2

互动内容：

如果组织公共关系活动的目标是提高其知名度，试想一下应该如何确立其公共关系评估标准？

互动要求：

请每位参与互动的同学结合所学的内容独立思考，积极陈述自己的见解，也可以和周围的同学简单沟通后作答。

第三步：收集评估数据。

获取评估数据的途径和方法不是唯一的，抽样调查、实地实验、现场反馈、问卷调查、公众访谈等都可能成为获取数据的好方法。

第四步：及时报告评估结果。

在对评估数据进行收集、分析的基础上，发现公关工作中存在的问题，分析原因，形成书面报告，及时上报评估结果，可以保证组织管理者及时掌握相关情况，有利于组织全面地协调决策。

第五步：运用评估结果。

评估的最终目的是在公共关系工作中运用评估结果。评估结果是对下一步公共关系工作的指导，确保下一个周期的公共关系活动更为有效。

📋 **知识拓展8-1** 　　　　　　　　**公共关系活动效果的评估标准**

美国著名的公共关系专家卡特李普和森特等总结多年公共关系实践经验，提出了公共关系活动效果的评估标准。

（1）了解信息内容的公众数量。公共关系活动的目的之一就是要提高组织的知名度，因此要加强目标公众对组织的了解与理解。

（2）改变观点、态度的公众数量。组织的公共关系活动能否引起公众对组织的看法和态度的转变，支持组织的公众是否有所增加，增加多少。

（3）发生期望行为与重复期望行为的公众数量。衡量公共关系活动效果的最高层次是能否引起公众行为。在开展公共关系活动之后，有多少公众按照导向做出或重复做出了组织期望的有利于组织的行为，从而实现了组织目标，实现了事业的成功。这是衡量公共关系活动效果的重要标准。

资料来源：陶应虎，张志斌，吴静，等. 公共关系原理与实务［M］. 4版. 北京：清华大学出版社，2021.

二、公共关系评估的方法

公共关系评估的方法有很多，一般来说，主要有以下几种：

（一）舆论调查法

选择特定的公众群体作为民意测验的对象，用问卷、座谈等方法，征求他们对组织公共关系活动的看法和意见，并对意见进行整理和统计分析，之后作为对公关活动成效的评估结果。

（二）专家评估法

组织邀请若干专业过硬、知识丰富的专家，由其匿名对组织的公共关系活动进行评价，汇总得出能代表大多数专家意见的结论，作为专家对公共关系活动的一致评估结果。

（三）内部评估法

内部评估法是组织内部各职能部门对公共关系活动的成效进行评估的一种方法。这种方法容易受到内部非专业人员的主观判断影响，从而影响评估效果。

（四）外部监察法

外部监察法是聘请组织外部的专家、学者对本组织的公共关系活动进行评估的方法。这种方法以局外人的立场和态度来评估本组织公共关系活动的成效，结果更具有客观性。

（五）观察法

公共关系评估者以当事人的身份亲自参加公共关系活动，通过直接观察来评价公关活动的成效。

公关实务 8-2　　西铁城"大声说爱你"主题活动人气爆棚 520 一起勇敢爱

背景与情境：

5 月是一个充满爱的月份，"520"更是一个被爱意包围的日子，"甜蜜 520 浪漫告白日，全城说爱"。在"520"即将来临之际，全球知名腕表品牌西铁城携手京东共同发起了一场主题为"大声说爱你"的线上线下整合营销活动。5 月 12 日至 5 月 13 日，西铁城"大声说爱你"线下活动在北京通州万达广场引爆人气，作为本次西铁城"520"整合营销活动的线下公关落地部分，主办方西铁城为现场参与者带去了一场充满创意互动的趣味体验，与大家一起勇敢说爱，拥抱浪漫爱情。

纵观本次西铁城"520"整合营销活动，在线上渠道，品牌立足于"大声说爱你"这一核心主题，整合线上新浪微博红人大号资源，联动意见领袖们的粉丝效应，推广"情话王大挑战"创意 H5，让用户们通过对不同风格经典电影情话台词的自由发挥，录制花式情话勇敢表白心仪的"TA"。同时，在近期大热的抖音 App 上，也有不少抖音达人们将西铁城"520"告白礼盒作为道具，开启花式表白大秀，鼓励说爱，获得了抖音用户众多的互动讨论。

如果说西铁城线上的"520"营销活动是在精神层面鼓励大家勇敢表达爱意，那么这次线下的西铁城"大声说爱你"主题活动便是一次强有力的落地说爱行动了。它将感情与产品紧密联系在一起，为广大消费者提供了一个勇敢表白的平台。现场不仅能体验大声表白的畅爽，甚至能直接现场告白心爱的"TA"，还能获得包括西铁城腕表在内的不同等级的礼品。一场线下活动直接拉动消费者勇敢说爱、表达爱意，为整个"520"西铁城"大声说爱你"整合营销活动提供了落地支撑。

资料来源：佚名. 西铁城"大声说爱你"主题活动人气爆棚 520 一起勇敢爱［EB/OL］.［2018-05-14］. https://www.chinapr.com.cn/255/201805/1340.html.

思考：

请对西铁城本次的主题活动进行评价。

第三节 撰写公共关系评估报告

案例导入8-3 一次成功的公共关系策划

背景与情境：

"98贵都新年音乐会"是太原贵都百货有限公司为庆祝开业一周年而举办的一次大型公共关系活动。为了搞好这次庆典，公司主要开展了以下六个方面的工作：

（1）确定宣传基调。首先，同太原市文化局联手，共同作为主办单位；其次，把新年音乐会作为社会文明的一个方面，强化新闻效应。

（2）召开新闻发布会。太原贵都百货有限公司于1997年12月5日在山西迎泽宾馆举办了新闻发布会，向社会各界正式发布了这一消息。新闻发布会召开后，太原有影响力的20多家新闻媒体竞相刊发消息，掀起了一场新闻热潮。

（3）追踪新闻报道。在公众对"98贵都新年音乐会"有了初步了解后，贵都百货有限公司专门组织新闻采访团到京进行前期专访，就中国电影乐团对这次新年音乐会的准备情况进行报道。

（4）寻求合作伙伴。新闻攻势发出后，太原贵都百货有限公司不失时机地发出了题为"关注新年热点，共享成功时刻"的联合主办邀请，并立即得到了山西企业界的响应，扩大了影响的范围。

（5）重视现场效果。在曲目的选择上，太原贵都百货有限公司择取了一些公众喜闻乐见的曲目，得到了社会公众的极大认可，使原定举办3场的音乐会，由于宣传到位，不得不再加演1场，取得了极好的宣传效果。

（6）音乐会效果延伸。"98贵都新年音乐会"演出结束后，为使其效果得到更大范围的延伸，太原电视台、《太原日报》、《山西青年报》等媒体再一次以"新年新感觉""并州有知音"等为题进行了事后观感报道，进一步提升了企业的知名度与美誉度，使得在春节到来之前太原贵都百货有限公司的社会影响力进一步提升，为做好春节的销售工作打下了良好的基础。

资料来源：雷六七. 公共关系实务［M］. 北京：工商出版社，2000.

思考：

如何对一场公共关系活动进行评价？

公共关系评估报告是公共关系人员将公共关系评估的过程和结果以书面形式加以完整表述所形成的报告。公共关系评估报告是对公共关系活动或工作的书面评价，是对已经开展的公共关系工作的总结，是公共关系评估结果运用的依据，也是公共关系后续工作的重要内容。

一、公共关系评估报告的作用

公关评估报告的作用是通过系统科学的评估，向社会组织提供准确、全面的信息，为其进行公共关系决策、修正或制订公共关系计划、改进公共关系工作、提高公共关系工作效率以及公共关系活动的开展提供科学依据。

二、公共关系评估报告的撰写原则

公共关系评估报告的撰写总体上应遵循科学性、真实性及时效性的原则。

（一）科学性

公共关系评估报告要借助科学的方法和工具进行报告数据的分析与整理，以形成有参考性的结论，为组织开展公共关系活动提供决策依据。

（二）真实性

公共关系评估报告是一份公正性的文件。在撰写报告时，必须真实、客观，有理有据。公共关系评估报告可以是针对综合项目的，但更多的是针对专题活动的，如庆典活动、赞助等公益性活动、产品展览及推广活动等。同时，公共关系评估报告要求正文内容、附件资料、评估范围和对象的完整性。

（三）时效性

公共关系活动时刻面临着环境的变化，在公共关系活动结束之后，评估人应及时撰写公共关系评估报告，以确保报告的时效性。

三、公共关系评估报告的内容与格式

（一）公共关系评估报告的内容

1.形象评估

形象评估是指对组织在社会公众中的知名度、美誉度等做出客观评估。

课堂互动8-3

互动内容：

评估一个企业的形象可以从哪些方面入手？

互动要求：

请每位参与互动的同学结合所学内容独立思考，积极陈述自己的见解，也可以和周围的同学简单沟通后作答。

2.环境评估

环境评估是评估一个组织在一定时期所处的政策、市场、文化等环境及其对组织的影响程度。

3.关系评估

关系评估是指对一个组织的客户关系、媒介关系、政府关系、员工关系、投资者关系、社区关系、专业机构关系等进行客观的评估。

4.活动评估

活动评估包括日常公共关系活动成效评估、专题公共关系活动效果评估、年度公共关系活动效果评估和长期公共关系活动效果评估。

知识拓展8-2   **超市日常公共关系活动效果的评估内容**

（1）商品供应者是否愿意与本超级市场打交道并建立长期的供货关系？

（2）顾客对本超级市场所经营的商品是否放心？是否愿意购买？

（3）顾客是呈递增趋势还是递减趋势？原因何在？

（4）企业是否有一个良好的社区环境？

（5）企业的凝聚力如何？员工是否热爱本企业？工作是否安心？

（6）企业是否重视各类公众的意见与建议？

资料来源：张百章. 公共关系原理与实务［M］. 大连：东北财经大学出版社，2002.

5.计划评估

计划评估的内容包括公共关系计划的目标是否科学、总体计划是否可行合理、战略构想是否周密科学、目标公众选择有无遗漏、媒介选择及媒介策略是否得当、经费预算是否合理等。

（二）公共关系评估报告的格式

公共关系评估报告没有固定的结构格式。按照评估的目的与要求，公共关系评估报告可以采用不同的格式，可以灵活安排结构，结构要服从内容表达的需要。通常，公共关系评估报告的基本格式依次包括以下几个方面的内容：

1.封面

封面的主要内容包括评估报告的题目、评估时间、评估人以及保密程度等。

2.评估成员

评估成员反映哪些人参加了评估工作，负责人是谁。

3.目录

目录是对报告内容的简要提炼和罗列，以方便阅读者阅读报告。

4.前言

前言反映评估任务或工作的来源、根据，评估的方法、过程以及其他特别需要说明的问题；也有一些评估报告把评估的方法、过程等写进正文。

5.正文

正文是评估报告最重要的部分，也是评估报告的主体。它包括评估的原则、方法、范围、分析、结论、存在的问题、提出的建议等。

6.附件

附件的内容是对正文内容的详细说明和补充，是正文的证明材料。

7.后记

后记主要说明一些相关问题，如报告传播的范围、致谢参加人员及相关单位等。

四、撰写公共关系评估报告应注意的问题

在撰写公共关系评估报告的过程中应该注意如下几个问题：

（一）定量与定性相结合

通常，评估结论是定性的，但必须用定量的数据指标（如相关数据、公式、图表等）做更有说服力的说明。公共关系人员在撰写评估报告时应注意定量与定性的密切结合。

（二）针对方案提出的建议与策略要具有可操作性

公共关系评估报告是对公共关系活动方案的总结与评估。科学的评估报告针对公关活动方案提出的建议与策略要有可操作性。

（三）语言表达应准确、精练

公关评估报告应尽量用最少的文字、篇幅来说明问题，提出建议，切忌使用太多的学术词汇，让评估报告的阅读者难以理解。

（四）结论客观具体

评估结论要客观，既要看到成就、效益，又要看到缺点和不足。在结论中，要避免"可能""大概""也许"等模糊字样，所有的结论都应该能找到相应的材料予以证明。

公关实务8-3 **某超市公共关系活动效果的评价内容**

背景与情境：

超级市场公共关系活动的效果可以由多种形式体现：一方面，可以通过经济效益体现，如销售额和利润额的增长情况；另一方面，可以通过社会效益体现，如对公益事业的支持、对民族文化的弘扬等。此外，超级市场公共关系活动的效果还可以通过心理效应来体现，如这次活动给公众留下了深刻印象，使人精神振奋，催人奋进等。总体效果评价的内容主要包括以下几个方面：

（1）本次公共关系活动的目标是什么？是否符合实际？活动的主题是否明确？号召力如何？

（2）超级市场内部各部门、各环节成员对这次公共关系活动了解和支持的状况如何？

（3）本次公共关系活动传播媒介的选用及其效果如何？信息为目标公众接受的程度如何？公众的态度有何变化？是否取得了预期效果？

（4）本次公共关系活动的计划是否周密？是否存在重大纰漏？

（5）对本次公共关系活动预算执行情况的分析。

（6）本次公共关系活动的成果有哪些？对今后的影响如何？提出对遗留问题及隐患的处理意见和建议。

资料来源：张百章. 公共关系原理与实务 ［M］. 大连：东北财经大学出版社，2002.

思考：

如何撰写公共关系活动效果评估报告？

🎯 思政园地8-1

"日事日毕、日清日高"。只有充分把握好每一天，才能实实在在地做好工作。"明天"还没来到，"昨天"已经过去，错过了"今天"，时间将永远不再回来。"日事日毕、日清日高"的管理方法，已经在很多企业得到推崇。具体落实时，就是按照已经设定的计划不折不扣地完成当天的工作。

📄 思考题

1.公共关系评估的意义是什么？

2.公共关系评估应遵循哪些原则？

3.作为一名公共关系人员，如何科学地运用公共关系评估方法？

4.公共关系评估报告的内容有哪些？在撰写评估报告时应注意哪些问题？

📄 实训设计

班级学生每4个人一组，收集国内知名企业的公共关系活动案例，总结其实施效果并对其进行全面的评估。要求各小组制作PPT进行成果展示，教师进行点评，引导学生掌握本章相关知识，并让学生切身体会公共关系评估对组织发展的重要性。

第九章

内部公共关系处理

▼

学习目标

• 知识目标：通过本章的学习，理解内部公共关系的含义，熟悉内部公共关系的对象和任务，掌握员工关系、股东关系的处理方法和技巧。

• 能力目标：通过本章的学习，能够处理组织内部的各种公共关系。

• 素养目标：通过本章的学习，培养学生的人际沟通能力和团队合作精神。

知识导图

```
                                              ┌─ 内部公共关系的含义
                    ┌─ 内部公共关系的对象和任务 ─┼─ 内部公共关系的对象
                    │                          └─ 内部公共关系的任务
                    │
内部公共关系处理 ──────┼─ 员工关系的处理方法和技巧 ─┬─ 组织与员工关系的处理方法
                    │                          └─ 组织与员工关系的处理技巧
                    │
                    └─ 股东关系的处理方法和技巧 ─┬─ 组织与股东关系的处理方法
                                              └─ 组织与股东关系的处理技巧
```

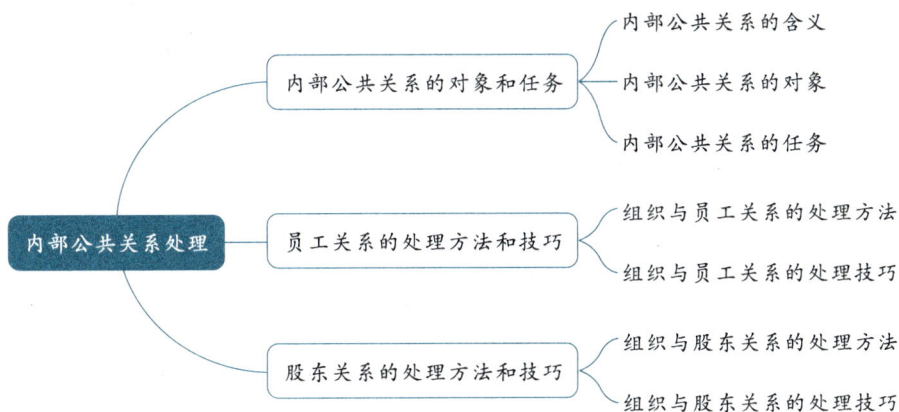

第一节　内部公共关系的对象和任务

案例导入 9-1　　沃尔玛创始人山姆·沃尔顿：员工就是合伙人

背景与情境：

2021年，全球最大零售商沃尔玛集团（其标识如图9-1所示）以5 591.51亿美元的营业收入再次获得《财富》世界500强排行榜的第一名。这是2014年以来沃尔玛连续第八年蝉联冠军。从某种意义上说，沃尔玛最令人惊叹的不是其强大的盈利能力，而是其出色的员工管理水平。不同于其他大小零售商，沃尔玛从1962年创立之后不久就坚持一种独特的理念——员工就是合伙人。

图9-1　沃尔玛集团的标识

沃尔玛集团创始人山姆·沃尔顿有句名言："沃尔玛的业务75%是属于人力方面的，是那些非凡的员工肩负着关心顾客的使命。把员工视为最大的财富不仅是正确的，而且是自然的。"为了贯彻"把员工视为最大的财富"的主张，沃尔玛从管理制度的方方面面确保了管理者与员工之间的平等关系。

沃尔玛从1971年就开始实施利润分享计划，任何在公司工作1年以上或每年至少工作1 000个小时的员工都有分享公司红利的资格。公司有个计算利润增长分配百分比的公式，通常按照6%的比例来提留每一位满足条件的员工的工薪，替员工购买公司股票。当他们退休或离职时，就能以现金或股票的方式来获得这笔红利。有位1972年加入沃尔玛的货车司机，为公司工作了20年。当他在1992年离职时得到了70.7万美元的利润分享金。按照当时的收入水平，已经不只是小富了。

员工持股计划是指员工可以通过扣除工资的方式以低于市值15%的价格来购买公司的股票。由于利润分享计划与员工持股计划的大力推行，目前80%以上的沃尔玛员工都持有公司股票，可分享公司营业收入增加带来的红利。从沃尔玛连续8年的营业收入位居世界第一的成绩可知，受益的员工不在少数。

损耗奖励计划指的是沃尔玛总部会对那些有效减少损耗的分店发放奖金。沃尔玛的核心竞争力是"天天平价"，这是以强大的物流及信息体系与竭尽所能地减少损耗为基础的。公司不惜重奖激励各分店想办法控制损耗，回报员工的努力，也是"员工就是合伙人"理念的重要体现。这项政策使得沃尔玛的损耗率仅为零售业整体平均水平的一半，竞争优势非常明显。

其他福利计划主要包括员工疾病信托基金、员工子女奖学金、带薪休假、节假日补助、医疗及人身保险等，这些福利计划从1988年就开始落实。以员工子女奖学金为例，沃尔玛集团每年会资助100名员工的子女上大学，每人每年6 000美元，连续资助4年。

正是这种把员工当合伙人对待的人性化管理，让全球各地文化差异极大的沃尔玛员工都保持了较高的积极性。他们为了削减成本、降低损耗、吸引更多的顾客而开动脑筋，提出了许多改善公司管理的合理建议。公司采纳这些合理建议后，运营效率进一步提升，盈利水平也随之上涨。而沃尔玛的利润分享等计划又使得广大员工能按照贡献充分享受到公司发展带来的红利。

这种良性循环的内部公共关系，是沃尔玛能不断前进、连续8年占据《财富》世界500强榜首的重要原因。

资料来源：佚名．沃尔玛创始人山姆·沃尔顿：员工就是合伙人［EB/OL］．［2021-02-22］. https：//zhuanlan.zhihu.com/p/352011304.

思考：

（1）谈谈你从案例中能够理解到的内部公共关系。

（2）结合实际，谈谈内部公共关系的内容。

一、内部公共关系的含义

内部公共关系是指一个组织内部横向的公众关系和纵向的公众关系的总称。组织内部公共关系状态如何，直接决定着组织的生存、组织目标的实现、组织形象的塑造。内部公共关系是组织公共关系的重要组成部分，是组织开展各类公共关系活动的前提和基础。只有做好内部公共关系工作，组织对外发展才有坚实的保障。

二、内部公共关系的对象

微课9-1

组织内部公众主要包括员工及股东。相应的，组织内部公共关系包括：组织与员工的关系、组织与股东的关系。要想塑造良好的组织形象，就要处理好与组织内部公众的关系。

组织内部公共
关系处理

（一）组织与员工的关系

员工是组织的基本构成单位，包括固定工、合同工、临时工、实习生等各种用工形式的人员。任何组织都是由员工构成的。没有员工，就没有组织。在组织内部，员工既可以个体的形式存在，也可以组成各种正式或非正式的团体，如科室、小组。

组织与员工的关系是指组织与其员工之间在互惠互利原则下，通过双向沟通，寻求并达成一致的一种内部管理职能。组织与员工的关系是组织内部公共关系的基本组成部分，是组织公共关系工作的起点，公共关系工作就是从良好的员工关系开始的。组织与员工的关系包括组织与员工、组织与团体、员工与员工、组织与员工家属等各种关系。

课堂互动9-1

互动内容：

为什么说员工是社会组织形象的宣传员和代言人？

互动要求：

请每位参与互动的同学结合所学内容独立思考，积极陈述自己的见解，也可以和周围的同学简单沟通后作答。

（二）组织与股东的关系

股东，是股份有限公司的出资人，也叫投资人，在公司中持有股份，享有股东会表决权和利润分配权，是企业的所有者。股东既可以是个人，也可以是机构，如各类公司、各类集体所有制企业、各类非营利法人和基金等。

组织与股东的关系是指组织与股份所有者之间的关系，是股份有限公司特有的内部公共关系。组织与股东的关系是组织内部公共关系的重要组成部分，影响着组织的生存和发展，有时甚至会起到决定性作用。

三、内部公共关系的任务

内部公共关系的任务包括：

1.增强内部公众对组织的认知

内部公共关系建立的前提是内部公众对组织的认知。组织应从工作、学习、生活环境，产品技术，言行举止，服务特色，价值观等多方面，强化组织特色，增强组织透明度，借助研讨、交流、参观、学习宣传、信息传递等手段，向员工展示团结互助、积极进取、充满生机的组织形象，进而增强内部公众对组织的认知、信赖和好感，从而获得内部公众的认同和共鸣。特别是针对新加入的内部公众成员，要注重培训和引导，使其尽早熟悉组织环境，消除陌生感，对组织产生好感。

2.激励内部公众的动机

动机是指由特定需要引起的，欲满足物质、期望、兴趣、信念等一定程度的需要的特殊心理状态和意愿。为了提高内部公众的积极性和创造力，组织可以选用物质奖励、精神奖励、民主管理、晋升培训等多种激励方式，激发内部公众的动机和热情，以求达到激励内部公众的目的。同时，激励内部公众必须尽可能确保公平、公正，避免引发内部矛盾。

3.增进、引导内部公众的意识和行为

要想实现组织目标，就必须统一内部公众的思想和行为。因此，组织要加大组织文化的宣传力度，加强与内部公众的沟通，制定规范标准，可采用物质奖励、精神激励、教育培训、舆论引导等方式，进一步引导和规范内部公众的思想和行为，促使内部公共关系更加和谐、融洽，从而建立良好的组织环境。

4.增进内部公众和组织的利益

组织中既存在团体利益，也有个体利益。内部公共关系既要维护组织利益，也要兼顾个体利益和团体利益。组织要明确责、权、利关系，增进内部公众利益与组织利益，实现利益的互动。

第二节　员工关系的处理方法和技巧

案例导入9-2　　　　　　　　**海思总裁致员工的一封信**

背景与情境：

2019年，美国为了打压华为的发展，禁止美国企业购买华为的设备，并将华为

的通信网络设备列入威胁美国安全的名单之中。在华为被美国无理管制后，很多人都对其未来表示担忧。2019年5月17日凌晨，华为海思总裁何庭波致员工的一封信及时地打消了公众的忧虑。

"海思总裁致员工的一封信"（如图9-2所示）主要表达了管理层对员工的激励，展示了公司面对管制的不屈与顽强。华为海思总裁何庭波致员工的一封信，不仅给员工注入了一针强心剂，更是获得了广大群众的鼓励与支持，还振奋了无数中国企业。

时间： 2019-05-17 02:14:38
主　题： 【海思总裁致员工的一封信】

海思总裁致员工的一封信
尊敬的海思全体同事们：

此刻，估计您已得知华为被列入美国商务部工业和安全局（BIS）的实体名单（entity list）。

多年前，还是云淡风轻的季节，公司做出了极限生存的假设，预计有一天，所有美国的先进芯片和技术将不可获得，而华为仍将持续为客户服务。为了这个以为永远不会发生的假设，数千海思儿女，走上了科技史上最为悲壮的长征，为公司的生存打造"备胎"。数千个日夜中，我们星夜兼程，艰苦前行。华为的产品领域是如此广阔，所用技术与器件是如此多元，面对数以千计的科技难题，我们无数次失败过，困惑过，但是从来没有放弃过。

后来的年头里，当我们逐步走出迷茫，看到希望，又难免有一丝丝失落和不甘，担心许多芯片永远不会被启用，成为一直压在保密柜里面的备胎。

今天，命运的年轮转到这个极限而黑暗的时刻，超级大国毫不留情地中断全球合作的技术与产业体系，做出了最疯狂的决定，在毫无依据的条件下，把华为公司放入了实体名单中。

今天，是历史的选择，所有我们曾经打造的备胎，一夜之间全部转"正"！多年心血，在一夜之间兑现为公司对客户持续服务的承诺。是的，这些努力，已经连成一片，挽狂澜于既倒，确保了公司大部分产品的战略安全、大部分产品的连续供应！今天，这个至暗的日子，是每一位海思的平凡儿女成为时代英雄的日子！

华为立志，将数字世界带给每个人、每个家庭、每个组织，构建万物互联的智能世界，我们仍将如此。今后，为实现这一理想，我们不仅要保持开放创新，更要实现科技自立！今后的路，不会再有另一个十年来打造备胎然后再换胎了，缓冲区已经消失，每一个新产品一出生，将必须同步"科技自立"的方案。

前路更为艰辛，我们将以勇气、智慧和毅力，在极限施压下挺直脊梁，奋力前行！滔天巨浪方显英雄本色，艰难困苦铸造诺亚方舟。

何庭波
2019年5月17日凌晨

图9-2　海思总裁致员工的一封信

资料来源：杜跃．海思总裁致员工的一封信：保持开放创新实现科技自立［EB/OL］．［2019-05-17］．https：//phone.cnmo.com/news/662583.html.

思考：

（1）华为是如何给员工注入强心剂的？

（2）如何处理组织与员工的关系？

一、组织与员工关系的处理方法

组织与员工关系的处理方法包括：

1.尊重员工的合理需求

1943年，美国著名社会心理学家亚伯拉罕·马斯洛提出了需求层次理论。马斯洛把人的需求分为生理需求、安全需求、归属需求、尊重需求和自我实现需求五类，由较低层次到较高层次依次排列，如图9-3所示。

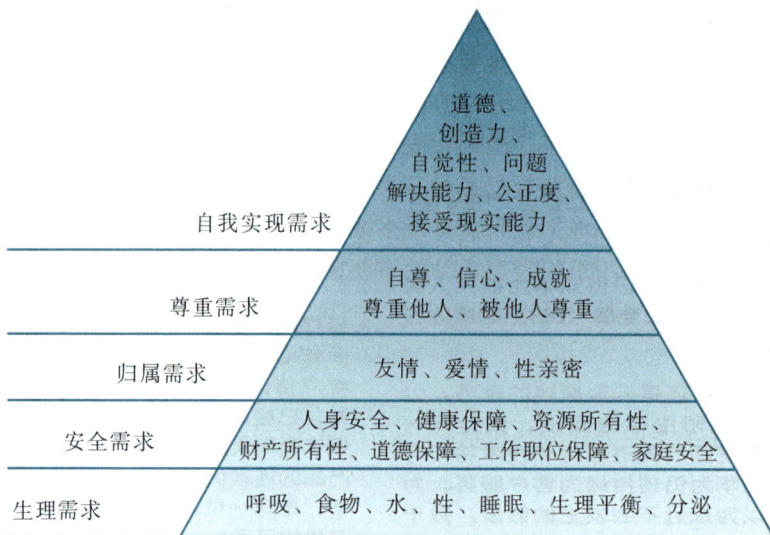

自我实现需求 —— 道德、创造力、自觉性、问题解决能力、公正度、接受现实能力

尊重需求 —— 自尊、信心、成就、尊重他人、被他人尊重

归属需求 —— 友情、爱情、性亲密

安全需求 —— 人身安全、健康保障、资源所有性、财产所有性、道德保障、工作职位保障、家庭安全

生理需求 —— 呼吸、食物、水、性、睡眠、生理平衡、分泌

图9-3 马斯洛需求层次理论

第一层是生理需求，也是级别最低、最具优势的需求，包括食物、水、空气、衣着、健康、住所等。假设员工为报酬而工作，就要以生理需求来激励员工，可采取以下激励措施：增加工资、提高福利待遇、改善劳动条件、给予更多的工间休息和业余时间。

第二层是安全需求，同样属于低级别的需求，包括人身安全，生活稳定，免遭痛苦、疾病或威胁等。对于员工的安全需求，可采取以下措施予以满足：强调规章制度、福利待遇、职业保障，并保护员工不致失业，提供失业保险、医疗保险和退休福利，避免员工收到双重的指令而混乱。

第三层是归属需求，属于较高层次的需求，包括对爱情、友谊以及隶属关系的需求。对于员工的归属需求，可采取以下激励措施予以满足：对员工寻找并建立和谐良好的人际关系予以支持，提供同事间社交的机会，开展有组织的集体聚会、体育比赛等活动。

第四层是尊重需求，属于较高层次的需求，包括地位、名声、晋升机会和成就等。尊重需求既包括对自我价值或成就的个人感觉，也包括他人对自己的认可与尊重。对于员工的尊重需求，可采取以下激励措施：在公司刊物上发表文章公开表扬，颁发荣誉奖章，公布优秀员工名单，强调工作任务的艰巨性和成功所需要的高超技巧。

第五层是自我实现需求，是最高层次的需求，包括发挥潜能、自我实现等。只有前四层需求都已满足，自我实现需求方能产生，它是一种衍生性需求。对于员工的自我实现需求，可采取以下激励措施：设计工作时运用复杂情况的适应策略，给有特长的人委派特别任务，在设计工作和执行计划时为员工留有余地。

2.建立并完善组织内部沟通渠道

要想处理好组织与员工之间的关系，组织与员工就要加强双向沟通，员工要及时了解组织的信息，组织也要及时了解员工的想法。其具体方法如下：

（1）建立公开信箱。

组织可以建立公开信箱，由专人负责管理。员工可及时将问题或建议发送至公开信箱。信箱管理人要及时了解员工的问题和建议，对有必要的问题应及时进行解决。

（2）加强重点时间段的沟通。

员工入职当天，要为其介绍组织的基本情况，开启入职引导；员工入职2周，要沟通其入职适应情况；入职3个月，要了解其实际工作情况和团队融入情况；入职2年，要沟通其发展情况；员工岗位发生变动，要沟通其新岗位的适应情况并提供帮助；员工提出离职，要沟通离职的原因等。

（3）建立并完善非正式的沟通渠道。

组织要建立以人力资源部和部门管理人员为主的非正式沟通渠道，及时了解员工的情况，并提供相应的支持和帮助。

（4）提供专业沟通服务。

组织可向员工提供心理咨询、职业生涯发展等方面的专业沟通服务，优化员工的心理健康状态，促进员工职业生涯的发展。

（5）开展满意度调研。

组织可以开展员工满意度调研（如图9-4所示），通过调研，发现问题，并及时改进，进而增强员工的满意度和组织认同感。

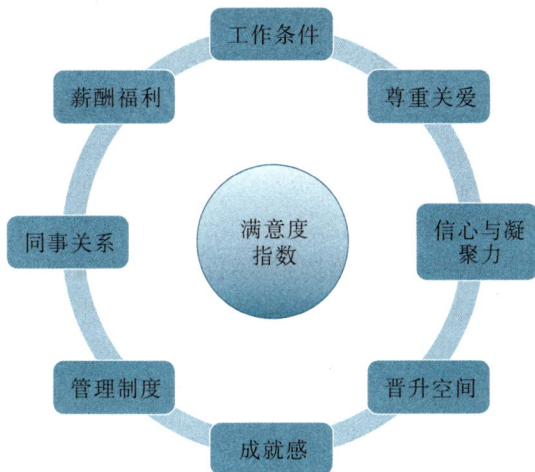

图9-4　员工满意度调研

公关实务9-1　　　　　　　　　　　　　　**IBM内部的沟通渠道**

背景与情境：

IBM内部的人事沟通渠道可分为三类：员工—直属经理、员工—越级管理层、其他渠道。

"员工—直属经理"是很重要的一条沟通渠道，其主要形式是：每年由员工向直属经理提交工作目标，直属经理定期考核检查，并把考评结果作为员工的加薪依据。IBM的考评标准有5级：未能执行的是第五级；达到既定目标的是第四级；执行过程中能通权达变、完成任务的是第三级；在执行前能预知事件变化并能做好事前准备的为第二级；第一级的考评标准是，不但要达到第二级的工作要求，其处理过程还要能成为其他员工的表率。

"员工—越级管理层"的沟通有四种形态：其一是"越级谈话"，这是员工与越级管理者一对一的个别谈话；其二是人事部安排，每次由10名左右的员工与总经理面谈；其三是高层主管座谈；其四是IBM最重视的"员工意见调查"，即每年由人事部组织员工填写不署名的意见调查表，管理幅度在7人以上的主管都会收到最终的调查结果，公司要求这些主管必须每3个月向总经理汇报调查结果的改进情况。

其他沟通渠道包括"公告栏"、"有话直说"、"内部刊物"和"申诉制度"等。IBM的"有话直说"是鼓励员工对公司制度、措施多提意见的一种沟通形式（一般通过书面形式进行），员工的建议书会由专人收集、整理，并要求当事部门在10天内给予回复。IBM"内部刊物"的主要功能是把公司年度目标清楚地告诉员工。IBM的"申诉制度"是指在工作中，员工如果觉得委屈，可以写信给任何主管（包括总经理），在完成调查前，公司注意不让被调查者的名誉受损，不大张旗鼓地调查，以免当事人难堪。

为了确保沟通目标得以实现，IBM制定了一个"沟通十诫"：一是沟通前先澄清概念；二是探讨沟通的真正目的；三是检讨沟通环境；四是尽量虚心听取别人的意见；五是语调和内容一样重要；六是传递资料尽可能有用；七是应有追踪、检讨；八是兼顾现在和未来；九是言行一致；十是做好听众。

资料来源：邢伟，徐盈群. 公共关系［M］. 2版. 北京：高等教育出版社，2020：74-75.

思考：

IBM的内部沟通渠道带给你哪些启示？

3.营造积极氛围，构建和谐环境

组织可以开展以下几种活动来营造积极氛围，构建和谐环境，维护企业的正面形象：

（1）公司级的活动。

组织可根据员工的实际情况，开展一些公司级的活动，调动员工的参与性，增进沟通了解，增强组织与员工的默契度。此类活动要有亮点，让员工有参与的积极性。

（2）部门级的活动。

各部门也可以利用活动经费组织一些活动，来增强部门成员的熟悉程度和默契度。

（3）文化墙。

组织可以创建文化墙，以主题宣传等方式展示组织的文化和员工生活。

（4）对员工的祝贺。

组织可以在特殊的日子为其员工送上祝贺。用心做好此项工作，会收到很好的效果。

二、组织与员工关系的处理技巧

要想处理好组织与员工之间的关系，可从以下几个方面着手：

1.了解员工的情况

了解员工的情况是处理好组织与员工关系的前提。只有在充分了解员工的基本情况、思想动态、需求所在的前提下，组织才能做出更为具体的部署。

2.尽可能满足员工的物质需求

物质需求是人的第一需求。员工的物质需求主要包括工资、福利、津贴、奖金、股票期权、工作环境等。作为现实社会中的个体，员工为了生存和发展进入组织从事相关工作，其最主要的目的就是以自己的劳动换取相应的报酬。员工关注组织的利益分配，提出物质需求是合情合理的。因此，作为公关人员，要敦促组织领导重视员工的物质需求，改善员工的物质待遇和工作条件，尽可能满足员工的物质需求；要帮助组织建立效率优先、兼顾公平的分配机制；要引导员工正确处理个人利益和整体利益之间的关系；切实帮助员工解决物质上存在的实际困难；要及时将员工在工资、福利等物质利益分配方面的要求和意见反馈给领导，借助满足员工的物质需求来调动员工的积极性。

3.注重员工的精神需求

员工除了有物质需求外，还有精神需求。员工的精神需求主要包括尊重、赞扬、教育、关怀、宽容、理解、责任感、成就感、受重视程度、参与管理、个人影响力等。作为公关人员，要尊重员工，提高员工的责任感；提高组织的凝聚力，培养员工的自豪感；合理开发和利用人才，增强员工的自信心；引导员工在日常工作中寻求意义和乐趣；营造宽松和谐的工作氛围；鼓励员工参与组织管理，培养员工的主人翁意识，在精神上产生当家作主的满足感；提高员工的综合素质；开展丰富多彩的文体娱乐活动，借助满足员工的精神需求来激发员工的潜力。

公关实务9-2　　　　　　　　　　海尔的"云燕镜子"

背景与情境：

海尔集团在内部公共关系的实践中，不仅坚持严格管理，用物质利益激发员工的工作积极性，还倡导员工自主管理，在精神激励上下功夫。海尔集团有一名叫高云燕的女工，是总装车间的一名普通操作工。她通过观察发现放置门体的工作台影响操作，进而影响了加工的质量和效率，便琢磨利用折射原理，在钻眼机前放置一面镜子，一试，效果果然不错。集团立即支持其立起一面1平方米的镜子，还将镜子命名为"云燕镜子"。这一举措不但激励了高云燕，还激发了全体员工的主人翁创造精神。海尔集团CEO张瑞敏说："我们追求的是全员自主管理，追求一种自觉状态。"

资料来源：窦红平.公共关系实用教程［M］.2版.北京：北京邮电大学出版社，2021：131.

思考：

从海尔的"云燕镜子"中，你获得了哪些启示？

4.树立以人为本的观念

如果员工的价值得不到尊重，员工就会对组织产生强烈不满，甚至做出不良行为。因此，组织要树立以人为本的观念，将团体价值同个人价值相结合，相信员工、依靠员工，尊重员工的个人价值，及时肯定员工的成绩，赞赏员工的贡献。

5.建立并完善合理化建议制度

合理化建议制度又称改善提案制度、奖励建议制度、创造性思考制度。员工最清楚所属的工作领域，对所涉及的工作最有发言权。公关部门应该建立并完善合理化建议制度，广泛收集员工的建议，利用集体智慧，充分发挥员工的创造性，培养员工的进取心，使员工全面参与公司的管理。

公关实务9-3 丰田公司的申报制度和建议制度

背景与情境：

日本丰田公司成立于1933年，是一家世界知名的跨国汽车制造商，位列2020年度《财富》世界500强第10名。丰田公司一直奉行"事业在于人"的经营宗旨，认为高工资、高福利等物质激励手段的作用是有限的，只有当员工觉得自己的能力得以发挥、自己的想法和工作成果得到公司和同事承认的时候，才会有更大的干劲。为此，丰田公司注重从精神层面上激励员工，建立了申报制度和建议制度。丰田公司实行"职工自己申报制度"，每年年初，让每位员工申报一年的工作指标，年终向上级汇报指标完成情况及自己能否适应现在的岗位。同时，由上级和其他部门派出代表，对每位员工的工作能力进行鉴定，以充分发挥员工的个人才能。走进丰田，到处都是"好产品，好主意"的大幅标语，这就是有名的"丰田职工建议制度"。

丰田公司认为，丰田人的使命是通过企业去奉献社会、造福人类，为此，每个员工时刻不能忘记开发新技术，生产符合时代要求的产品。丰田为鼓励员工提建议，规定建议一经采纳即付奖金。因此，丰田员工的建议非常多，采纳率也特别高。员工建议制度帮助丰田度过了震撼世界的20世纪70年代的石油危机，使丰田公司抓住机遇，制造出了销量不断增长的节油型汽车。"建议制度"使丰田人努力消除工作岗位上的浪费，团结一致，发挥主观能动性，成为丰田公司发展壮大的主要动力之一。

资料来源：邢伟，徐盈群. 公共关系［M］. 2版. 北京：高等教育出版社，2020：58.

思考：

从丰田公司的申报制度和建议制度中你获得了哪些启示？

第三节 股东关系的处理方法和技巧

案例导入9-3 股东的圣诞礼物

背景与情境：

每逢圣诞节，美国通用食品公司都会为每一位股东准备一套本公司的罐头样品。为此，股东们都感到十分自豪，他们不仅极力向其他人推荐公司的产品，还在圣诞节之前就准备好一份详细名单，由公司按名单把公司生产的罐头作为圣诞礼物寄给他们的亲友们。所以每到圣诞节前，通用食品公司都会额外收到一大批订单。股东们既享受到折扣优待，通用食品公司也赚到了一大笔钱。

资料来源：邢伟，徐盈群. 公共关系［M］. 2版. 北京：高等教育出版社，2020：58.

思考：

通用食品公司是如何处理组织与股东之间的关系的？

股东是组织的"财源"，为组织提供财力支持，是组织的支柱。股东分为两类：一类是占有较多股份的大股东，他们代表股东管理企业，人数较少，对企业的重大决策和人事任免具有参与权和监督权；另一类是分散且人数众多的小股东，虽然他们不直接参与企业的经营，但他们各自持有或多或少的股权，最关心企业的盈利状况。组织与股东的关系既是制约组织经营活动的重要因素，又是组织实施内部公共关系的重要一步，因此受到越来越广泛的重视。

一、组织与股东关系的处理方法

组织与股东关系的处理方法包括：

1.尊重股东，及时向股东汇报组织的生产经营情况

股东是组织的财力支持者，其利益与组织密切相关，所以十分关心组织的生产经营情况。尊重股东就是要尊重股东的主人翁地位，组织要定期或在特定时期内以工作简报、年终报告、召开会议、股东年会、宣传手册、致函电、股东参观、邮寄材料、有关负责人员与股东个人交往等各种形式传播组织的各类信息，及时把组织的经营情况、战略决策、资金流动情况、宏观环境信息、发展目标和计划等快速传达给股东，加强组织与股东之间的信息交流与沟通；同时，可以利用他们广泛的社会关系来实现组织的公共关系目标。此外，对待股东要一视同仁，不可厚此薄彼，要让各类股东信息共享、利益共分。

2.保障股东利益，及时向股东发放股金红利

股东利益包括经济效益和社会效益。广大股东投资组织的直接目标就是要获得相应的经济收益。股东是组织的所有者，组织一定要树立股东利益高于一切的观念。组织在进行投资和决策时，一定要考虑股东的利益。组织领导和全体员工一定要时刻牢记股东对组织的投资信赖。因此，组织要切实做好各项经营管理工作，为股东创造经济效益，并合理、及时地分配和发放股东红利，确保股东投资收益，推进组织的发展。

📋 **知识拓展9-1**　　　　　　　　　　**股东最关心什么？**

作为投资者，股东最关心的问题就是收益最大化和风险最小化。股东不直接管理组织，为了确保自身利益不受侵害，股东们一方面要行使自己的法定权利，另一方面要充分了解组织的有关情况。根据相关调查，股东最想了解以下几个方面的情况：组织的经营管理情况和盈利状况、组织的产品或服务范围、组织的业务拓展状况、组织在同行业中的地位、组织的综合实力和发展前景。

资料来源：窦红平. 公关关系实用教程［M］. 2版. 北京：北京邮电大学出版社，2021：133.

🎯 **思政园地9-1**　　　　　　　　　　**股东的权利和义务**

公司股东享有的权利主要有：

（一）依照其所持有的股份份额获得股利和其他形式的利益分配。

（二）参加或者委派股东代理人参加股东会议。

（三）依照其所持有的股份份额行使表决权。

（四）对公司的经营行为进行监督并提出建议或者质询。

（五）依照法律、行政法规及公司章程的规定转让、赠与或质押其所持有的股份。

（六）依照法律、公司章程的规定获得有关信息，包括缴付成本费用后得到公司章程；缴付合理费用后有权查阅和复印：

1.本人持股资料；

2.股东大会会议记录；

3.中期报告和年度报告；

4.公司股本总额、股本结构。

（七）公司终止或者清算时，按其所持有的股份份额参加公司剩余财产的分配。

（八）法律、行政法规及公司章程所赋予的其他权利。

公司股东承担的义务主要有：

（一）遵守公司章程。

（二）依其所认购的股份和入股方式缴纳股金。

（三）除法律、法规规定的情形外，不得退股。

（四）法律、行政法规及公司章程规定应当承担的其他义务。

资料来源：佚名. 公司股东享有的权利［EB/OL］.［2021-03-09］. https：//news.66law.cn/ask/10117458.aspx.

3.维护股东关系，积极开展公共关系活动

组织可以开展以下几种公共关系活动，维护股东关系：

（1）一般社交活动。

一般社交活动是指组织运用人际关系处理的技巧直接与具体的股东打交道。例如，美国电话电报公司每年都向股东邮寄一份年度报告，让股东们感受到自己是公司一员。美国通用汽车公司的董事长会向每一位新股东写一封亲笔签名的欢迎信，使股东们倍感亲切。

（2）股东联谊活动。

股东联谊活动是指组织开展的组织与股东、股东与股东之间的联谊活动，如游览、郊游、舞会、免费试用新产品等。组织通过开展各种各样的联谊活动，密切股东同组织的情感联系，增进股东之间的情感，对稳定股东、稳定企业的筹资能力和渠道具有十分重要的作用。

（3）利用股票发行时机开展宣传活动。

在我国，股票需要在银行、证券机构的参与下，由有关金融机构代理发行。金融机构是否愿意代理发行，取决于其对该组织创业历史、实力情况、管理机构、经营效益等方面的认知。因此，组织要想股票顺利发行并上市流通，就要向代理发行机构开展宣传工作，促进双方的了解和信任。

（4）邀请机构投资者代表参加组织的重大活动。

邀请机构投资者代表参加组织的重大活动，如庆典、座谈会等，一方面有利于机构投资者了解组织的情况，加深对组织的信任；另一方面可以请机构投资者为组织发展提供帮助和支持。

二、组织与股东关系的处理技巧

要想处理好组织与股东之间的关系，可从以下几个方面着手：

1.了解股东的情况

了解股东的情况是处理好组织与股东关系的前提。因此，公关人员要加强信息沟通，选用合适的沟通方式，了解各类股东的特点和需求；研究股东的意见，如股东对组织政策的看法、对组织管理的建议，并将股东的意见作为组织决策和工作改进的重要依据。

2.加强与股东中介机构的沟通

股东中介机构，如证券公司、金融组织、投资经纪人、投资分析家等，影响着股东的投资判断和投资信心、交易意向和交易行为。组织公关人员要加强与股东中介机构的沟通，让股东中介机构和相关人员全面了解组织，进而获得有益忠告。

3.重视股东的宣传作用

股东是组织的重要宣传者，其言行直接影响着其他投资者。因此，组织公关人员要重视股东的宣传作用，处理好组织与股东之间的关系，进而吸引更多的投资者。

4.发挥董事会的职能作用

董事会是股份制企业的最高权力机构。组织应当重视和董事会的联系，接受董事会的全面监督，争取董事会对组织经营方针的理解和支持。

■ 思考题

1.内部公共关系的对象有哪些？任务有哪些？

2.组织如何处理内部员工关系？

3.组织如何构建良好的股东关系？

4.有些公司在办公室安装了闭路电视监控系统，你认为这种做法可能给员工带来哪些影响？

■ 实训设计

以小组为单位，为你所在的组织写一份关于如何处理好内部公共关系的建议书。

第十章
外部公共关系处理

▼

学习目标

- 知识目标：通过本章的学习，理解外部公共关系的含义，熟悉外部公共关系的特征，掌握消费者关系、新闻媒介关系、社区关系、政府关系的处理方法。
- 能力目标：通过本章的学习，能够处理组织外部的各种公共关系。
- 素养目标：通过本章的学习，培养学生的社会责任感，提高学生的人际沟通能力和团队合作能力。

知识导图

```
                          ┌─ 外部公共关系的含义
          外部公共关系概述 ─┤
                          └─ 外部公共关系的特征
外部公共关系处理 ─┤
                          ┌─ 消费者关系的处理方法
                          │
          外部公共关系的   ├─ 新闻媒介关系的处理方法
          处理方法 ───────┤
                          ├─ 社区关系的处理方法
                          │
                          └─ 政府关系的处理方法
```

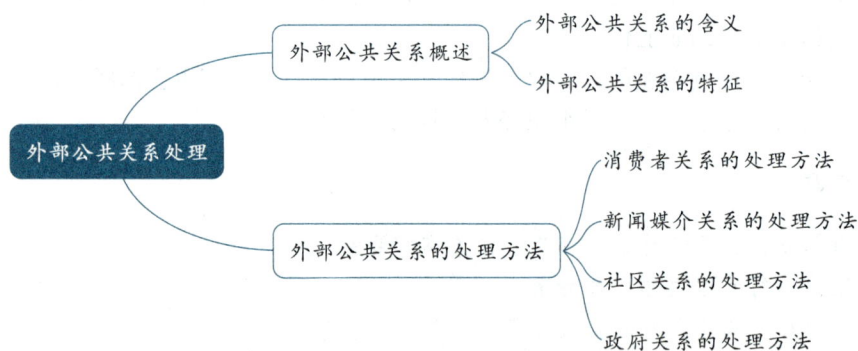

第一节 外部公共关系概述

■ **案例导入 10-1**　　　　钟南山院士提笔感谢，京东大受好评

背景与情境：

2020年春节前夕，一场突如其来的新冠肺炎疫情袭击了湖北省武汉市等多个地区。在这次疫情中，京东收获了诸多赞誉，主要集中在对京东物流的称赞上。就连极

其忙碌的钟南山院士都腾出时间，亲自提笔写下了对京东物流的感谢（如图10-1所示）。钟南山院士这样写道："感谢京东心系医疗援助一线，以最快的速度将急需医疗物资送达武汉。"

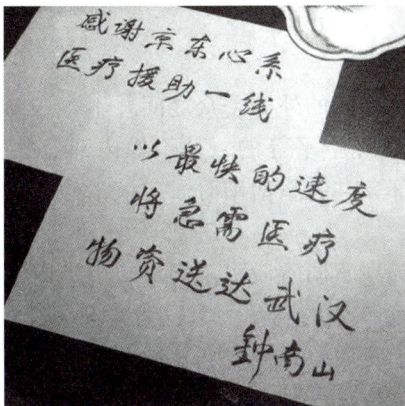

图10-1 钟南山院士对京东的感谢

京东物流到底做了什么？原来钟南山院士的团队捐赠了100台呼吸机给汉口医院，而京东物流只用了1天时间就将其送达，效率极高。据了解，在疫情发生后，京东物流第一时间为驰援武汉物资设立了特别通道，优先保证这里的物资输送。几天时间，就从全国30多个城市，将230多万元的物资送到了武汉。另外，京东还调度自营车辆，为武汉配送米面粮油和水等各种物资。

钟南山院士在这场疫情中成了人们心目中的中流砥柱，是一个正能量满满的个体，他做过的每件事、说过的每句话都让网友们信服。所以，当钟南山院士亲自提笔写下了对京东物流的感谢时，京东毫无意外地就被网友们刷屏称赞了。

京东公关做得很不错，借势钟南山院士使其获得了很高的评价，在各大电商巨头的营销中，京东也表现得足够出色。

资料来源：佚名. 钟南山提笔感谢京东，捐赠11亿的马云，为什么输给了刘强东？[EB/OL]. [2020-02-04]. https://www.sohu.com/a/370565310_100120495.

思考：

（1）京东大受好评的原因是什么？

（2）你可以从中得到哪些启发？

公共关系的目标是"内求团结、外求发展"。内求团结由内部公共关系来实现，而外求发展则由外部公共关系来完成。只有做好内部公共关系工作，组织的对外发展才有可靠基础。没有外求发展的目标，内求团结也毫无必要。因此，组织要在内求团结的基础上，建立良好的外部公共关系，获得外部公众的认同和支持，进而使组织达到最佳状态。

一、外部公共关系的含义

外部公共关系是指社会组织主体与其内部公众以外的其他公众的关系总和。外部公共关系包括消费者关系、新闻媒介关系、社区关系、政府关系等各类与组织生存和发展有着一定联系的公众关系，也称为组织的外部环境。

二、外部公共关系的特征

外部公共关系的特征有以下几点：

1.平等性

组织与外部公众之间、不同的外部公众之间并不存在统属关系，自然也不存在任何制约，他们之间的地位是完全平等的，并不像内部公共关系那样，会出现一些弊病。因此，组织在开展外部公共关系活动时，应该平等地对待各外部公众。

2.差异性

随着组织活动的开展，在不同阶段、不同环节、不同方面，组织会接触到不同的外部公众群体，相应地，所产生的利益关系也是复杂多变的，存在着明显的差异性。组织既会遇到如合作伙伴、竞争对手等有利益性的公众，也会遇到如社区、政府等非利益性公众群体。

3.松散性

在外部公共关系中，外部公众只是出于满足某种需要才与组织产生一定的联系，而这种需要一旦得到满足，他们可能就会与组织中断联系。因此，外部公共关系具有偶然性和选择性，有时甚至有暂时性，呈现出明显的松散性。

4.难控性

在外部公共关系中，由于组织与外部公众之间的联系是偶然的、可选择的，组织对外部公众的影响有限，无法像对待内部公众那样通过沟通、管理等方式来协调各种外部公众关系。除此之外，外部公众具有差异性、多样性和易受外界影响等特点，使得组织很难控制外部公众。

5.动态性

外部公共关系的动态性体现在两个方面：一方面，外部公众本身具有动态性，即外部公众是不断变化的，随着环境和时间的变化，部分公众可能会变成非公众，非公众也可能变为公众；另一方面，外部公共关系所面临的条件、环境受社会、科技、人为等因素变化的冲击更强烈，再加上外部公众又具有差异性、多样性，使其与组织之间存在着更多的变数，这些变数使得其与组织之间的关系常处于动态变化之中。

综上所述，组织外部公共关系的五个特征是相互联系、密不可分的。组织与外部公众之间关系的处理无捷径可走，组织只有以优质的产品和服务来满足外部公众的需要，才能获得更多公众的理解和支持，才能创造出良好的外部环境。

第二节　外部公共关系的处理方法

案例导入 10-2　　　　　　　　　奔驰车漏油事件

背景与情境：

2019年4月，网上出现了一则很火爆的新闻——"奔驰女车主哭诉维权"，这件事引发了诸多的舆论关注。

据媒体报道，2019年2月25日，投诉人某女士和西安利之星汽车有限公司签订了分期付款购买奔驰汽车的合同。但在3月27日提车后，还没开出4S店大门的新车，就出现了漏油现象。投诉方很快联系4S店想要其给出解释，并且要求退还车辆，但是经过15天的交涉，4S店只能按照汽车的"三包政策"更换发动机，无法退款。车主忍无可忍，被逼坐在奔驰发动机舱盖上哭诉、痛斥，因为自己的诉求得不到合理的解决。

面对4S店的"霸王条款"，奔驰车主在同年4月9日，向陕西省市场监管部门投诉并申请退款。当日，西安市市场监管部门转接上级意见立即处理此事，并督促西安"利之星"尽快和消费者进行协商处理，而且不只一次地催促，但是"利之星"4S店只是约投诉人谈话，决定接受市场监管部门的核查后，再按照规定更换发动机或者退款。

女车主在和西安"利之星"4S店人员交涉时，对对方收取的1.5万元"奔驰金融服务费"提出异议。随后梅赛德斯-奔驰汽车销售公司发出紧急公告，称从未收取过经销商以及客户的任何金融服务费，公司一直是遵照相关的法律条文来运营的。

事情曝光之后，在网上引起广大网友的极度愤慨，网友们对该4S店恶劣的处理态度进行了口诛笔伐。在强大的舆论压力下，当事4S店和奔驰官方进行了回应。最终投诉人与"利之星"4S店达成和解协议，主要内容是：更换同款奔驰新车，仍以贷款的方式购买；全额退还车主已支付的"金融服务费"；奔驰公司邀请该车主参观奔驰位于德国的工厂和流水线等，了解相关流程；赠送该车主10年"一对一"VIP服务等。

对于此事，就商家而言，无论是对4S店还是对梅赛德斯-奔驰，无疑是一击重创。而对奔驰品牌而言，品牌整体营销短期内将受到严重影响，这个事件的影响范围已非单在西安本市，由于在网络上迅猛发酵，此事件的影响已波及陕西全境甚至全国。这让那些准备购买奔驰品牌的大批准车主心有余悸，也担心类似的事件发生在自己身上。

资料来源：佚名. 奔驰车漏油事件发生，女车主维权事件又曝出了什么问题？[EB/OL].[2019-04-16]. https://baijiahao.baidu.com/s？id=1630959829500541238.

思考：

你可以从该事件中得到哪些启发？

在组织的日常运作中，通常将消费者公众、新闻媒介公众、社区公众和政府公众统称为"外部四大公众群"。对组织而言，处理好与这四大公众群的关系至关重要。

一、消费者关系的处理方法

消费者关系是指企业与其产品或服务的现实和潜在的消费者之间所建立的社会联

系。消费者关系是组织外部公共关系最重要的组成部分。只有形成良好的消费者关系，新闻媒介、社区等其他外部公共关系才能得到改善。

组织如何处理消费者关系直接影响着组织自身目标的最终实现。一方面，对组织外部公共关系来说，消费者是与组织关系最为密切、范围最广的一类公众，他们不但人数多、分布广，而且往往表现为具体的人与人之间的直接互动，如销售与购买、服务与服务消费等。另一方面，消费者关系并不局限于生产或推销生活资料的组织，也包括生产或推销生产资料以及精神产品的组织。也就是说，一切生产或推销物质和精神产品供社会消费的组织，都存在着消费者关系。

要想处理好组织与消费者之间的关系，可从以下几个方面着手：

1.了解消费者的心理和需求

在现代市场中，影响消费者购买行为的主要因素有消费者自身因素、社会因素、企业和产品因素等。作为公关人员，要分析影响消费者购买行为的因素，了解消费者的心理和需求，正确把握消费者的行为，有针对性地开展市场营销活动，进而处理好组织与消费者之间的关系。

2.向消费者提供产品质量保证

所谓质量保证，指组织生产的产品能使消费者放心大胆地购买并使用。优质产品是搞好消费者关系的物质基础。没有适合消费者需要的优质产品，就不可能有良好、稳固的消费者关系。因此，组织要根据市场需求和消费者反馈，向消费者提供产品质量保证。组织只有彻底地、真正地做到重视消费者的呼声，准确地把握住产品使用的实际情况，始终如一地为消费者提供质量保证，才能长期获得消费者的支持和信赖，也只有这样，组织才会建立稳定、良好的消费者关系。

3.向消费者提供完善的服务

所谓服务，是指不以实物形式而是以提供活劳动的形式满足顾客的某种需要，为顾客带来更多的便利。完善的服务是搞好消费者关系的重要保障。其具体方法如下：

（1）事前给消费者传递组织的有关信息，如组织的历史、经营状况、服务项目、售后服务等，使消费者对组织有所了解。

（2）礼貌、热情、周到地接待消费者，使消费者带着满意的心情离开。

（3）提供良好的售后服务，如建立消费者档案、跟踪服务、开设各种维修点和维修中心等。

4.加强与消费者的信息沟通

要想处理好消费者关系，离不开组织与消费者之间的双向信息沟通，具体方法如下：

（1）组织可通过访谈法、问卷调查法等调研方法，主动了解消费者的需求，收集消费者的信息，诚恳、及时、负责地处理消费者的意见，妥善处理消费者的投诉，并将消费者的需求、意见、投诉作为工作改进的重要依据。

（2）组织可通过大众传播媒介、展览和联谊活动、出版物和信函等媒介渠道，积极做好对消费者的引导，不断提高组织的美誉度和知名度。

（3）组织应努力同消费者建立经常性的联系，增进友谊。

（4）组织消费者到企业参观，让消费者充分了解企业，对企业产生好感。

课堂互动10-1

互动内容：

某日一位顾客去某饭店吃饭，点了一道家常菜，服务员却告知该顾客没有原料，建议更换其他菜。顾客听后大发雷霆，坚持要饭店把这道菜做出来。

作为饭店管理人员，你应如何处理？

互动要求：

请每位参与互动的同学结合所学内容独立思考，积极陈述自己的见解，也可以和周围的同学简单沟通后作答。

5.及时处理消费者的投诉和建议

消费者与组织难免发生误解、冲突、纠纷等。公关部门一项经常性的任务就是处理消费者的投诉和建议。为此，公关部门一定要设专人负责，开辟多种渠道，及时、认真地处理和答复消费者提出的任何投诉和建议，处理好组织与消费者之间的关系，稳住消费者，尽量消除矛盾和隔阂。

（1）态度要诚恳。

遇到消费者投诉，不管对方是否有理，公关人员都应心平气和，耐心地问明情况，公正地处理问题；要以诚恳的态度设身处地地为消费者着想，理解消费者的心情，决不能顶撞、争吵，尽量缩小影响范围，防止把问题闹大。

（2）处理要及时。

对于消费者的投诉，公关人员应立刻与有关部门联系，这样消费者就会觉得组织重视他们的意见，会比较快地恢复平静。拖延时间越久，对组织不信任的人就会随之增多。所以，即使一时不能解决的问题也要先有回复，告诉对方已经在研究处理。

（3）分析要全面。

对于消费者投诉的问题，应该有较全面的分析，在较大范围内予以说明；如果消费者提出的问题比较重要，就要认真研究解决的对策，以最好的服务予以补救。

6.维护消费者的正当合法权益

维护消费者的正当合法权益，是与消费者建立良好关系的基础，是处理消费者关系应遵循的基本原则。一些组织为了获得高额利润而不择手段，以假乱真，以次充好，坑蒙拐骗，严重损害了消费者的利益。

消费者的正当合法权益，就是组织应尽的义务。组织要想建立良好的消费者关系，就要熟悉保护消费者权益的有关法律、法规，在日常经营中自觉维护消费者的正当合法权益。

课堂互动 10-2

互动内容：

消费者有哪些合法权益？

互动要求：

结合所学知识，请你谈谈自己的看法。

思政园地 10-1　　　　　　　　消费者的合法权益

消费者的合法权益有以下几种：

（1）安全保障权

安全保障权是指消费者在购买、使用商品或接受服务时所享有的保障其人身、财产安全不受损害的权利。其具体包括两个方面：一是人身安全权，二是财产安全权。

（2）知悉真情权

知悉真情权是指消费者知悉其购买、使用的商品或者接受的服务的真实情况的权利。

（3）自主选择权

自主选择权是指消费者享有自主选择商品或者服务的权利。

（4）公平交易权

公平交易权是指消费者在购买商品或者接受服务时所享有的获得质量保障和价格合理、计量正确等公平交易的权利。

（5）依法求偿权

依法求偿权是指消费者因购买、使用商品或接受服务受到人身、财产损害时，依法享有的要求获得赔偿的权利。

（6）求教获知权

求教获知权是从知悉真情权中引申出来的一种消费者的权利，是指消费者所享有的获得有关消费和消费者权益保护方面的知识的权利。

（7）依法结社权

依法结社权是指消费者享有的依法成立维护自身合法权益的社会团体的权利。

（8）维护尊严权

维护尊严权是指消费者在购买商品或者接受服务时所享有的其人格尊严、民族风俗习惯得到尊重的权利。

（9）监督批评权

监督批评权是指消费者享有的对商品和服务以及保护消费者权益工作进行监督、批评的权利。

资料来源：作者根据百度百科相关资料整理.

二、新闻媒介关系的处理方法

新闻媒介关系，也称新闻界关系，是组织与报纸、杂志、电台、电视台等新闻传播机构以及记者、编辑等新闻界人士之间的相互关系。

新闻媒介关系是组织公共关系工作对象中最敏感、最重要的一部分。一方面，新闻媒介是组织与公众之间广泛、有效沟通的必经渠道，具有工具性；另一方面，新闻媒介人员又是组织必须特别重视的公众，具有对象性。

良好的新闻媒介关系就等于良好的舆论关系。新闻媒介报道的热点，往往成为公众的舆论话题。新闻媒介不仅是组织输入信息和输出信息的主要通道，也是组织获得社会舆论支持的重要中介。任何组织都要与新闻媒介处理好关系，赢得新闻媒介对组织的认同、理解和支持，通过新闻媒介与公众广泛沟通，进而形成有利的舆论氛围，树立良好的组织形象，提高组织的社会影响力。

组织要想处理好与新闻媒介之间的关系，可从以下几个方面着手：

1.了解新闻媒介

组织要了解报纸、杂志等不同类型的新闻媒介的特点及其功能；要熟悉各种新闻媒介的特色、风格、发行时间、发行渠道；要知晓各新闻媒介所拥有的受众情况；要掌握基本的新闻写作知识和技巧；要了解新闻界人士的职业特点，尊重其职业。只有这样，组织公关人员才能发现各种新闻媒介的工作规律，与新闻界打交道才会游刃有余。

课堂互动10-3

互动内容：

分析主要新闻媒介的优缺点。

互动要求：

结合所学知识，请你谈谈自己的看法。

2.经常联系新闻媒介

组织公关人员要经常联系新闻媒介，具体方法如下：

（1）主动登门拜访。

（2）通过上级单位介绍。

（3）通过本组织的朋友介绍结识新的新闻媒介。

（4）邀请新闻媒介参加组织的各种活动。

（5）建立良好的私人关系。

对于已经建立起来的新闻媒介关系，组织也要经常保持联系，如逢年过节举办联欢活动、送祝福卡片和纪念品，也可在规定范围内给新闻媒介提供赞助与支持，进而提升组织在新闻界的美誉度。

3.积极配合新闻媒介人士的工作

组织应本着以礼相待、以诚相待、平等相待的原则，积极配合新闻媒介人士的工作。对待新闻媒介及其工作人员要礼貌尊重、友好热情；要向新闻媒介提供真实信息，不能隐瞒事实，不能欺骗社会公众，尤其是出现不利于组织形象的事情时，组织更要积极配合，力争挽回影响。此外，对待新闻媒介要一视同仁，不可有偏见；不能拒绝记者的采访，应及时向记者提供有价值的信息，以便新闻媒介能够客观地对组织进行报道。

4. 主动向新闻媒介提供组织信息

组织要想让新闻媒介多报道自己，就要主动向新闻媒介多提供有价值的信息。例如，开幕、典礼、周年庆等大型活动，重大政策的颁布与实施，新产品的问世，新项目的推出，经济指标的突破，服务措施的重大改观，员工学习、娱乐等活动，体现社会责任感的公益活动等。

5. 正确对待新闻媒介的批评

当新闻媒介做出了不利于组织形象的批评报道后，组织要正确对待，虚心接受，及时补救，尽量挽回不良影响；切不可忽视，更不能反唇相讥；若有不实之处，可澄清真相，真诚地与新闻媒介沟通、解释，不可剑拔弩张，得理不饶人。

三、社区关系的处理方法

社区关系就是一个组织的区域关系、地方关系、邻里关系。它是指组织与所在地政府、社团组织以及全体居民之间的睦邻关系。

社区是组织赖以生存和发展的基本环境，是组织的根基。社区关系是组织存在的自然根基，也是组织发展的社会根基，其直接影响着组织的生存环境和公众形象。建立良好的社区关系目的是争取社区公众对组织的了解、理解和支持，为组织创造一个稳固的生存环境；同时，体现组织对社区的责任和义务，通过社区关系扩大组织的区域性影响。对组织而言，攻下社区堡垒，就等于迈出了走向成功的第一步。

组织要想处理好与社区之间的关系，可从以下几个方面着手：

1. 了解社区需要

组织要想和社区建立良好的关系，首先要了解社区需要，有的放矢地积极参与社区的建设和活动。社区需要组织为其上缴稳定的税金、利润和各项费用、基金，为其赞助各项公益事业，为其创造一个良好的生态环境和人文环境，为其待业人员提供充分的就业机会和良好的教育，进而提高社区的知名度。

公关实务 10-1　　　　　　　　　**韩国三星公司　社区关系运作高手**

背景与情境：

早在1994年，韩国三星公司就成立了专门的社区关系项目办公室，致力于通过实际行动支持社区和参与解决社区的问题。每年，三星为公益活动的支出都高达数千万甚至上亿美元。而在自己营造出来的良好社区关系中，三星公司也实现了自己做大、做强的梦想。

资料来源：邢伟，徐盈群. 公共关系［M］. 2版. 北京：高等教育出版社，2020：108.

思考：

韩国三星公司为何如此重视社区关系？

2.积极履行应尽的义务

组织也是社区的一员，一定要遵守地方规定，尊重社区风俗，服从社区的公共管理，按照社区的处事方式运作，做到安全生产、守法经营、照章纳税、保护环境等。与社区出现矛盾时，要妥善处理，避免对社区产生不良影响。此外，组织还可以将自己的福利设施、文化场所向社区开放，从社区中招募员工。

课堂互动10-4

互动内容：

谈谈对"建筑扰民"的看法。

互动要求：

结合所学知识，请你谈谈自己的看法。

3.热心社区事业

组织要关心和支持社区建设，积极参与社区的各项公益活动，为社区贡献自己的力量。组织可以赞助社区体育、文化活动，资助孤儿院、养老院等社会福利机构，资助社区办学，为社区造福。当社区有意外事故发生时，主动为社区排忧解难。

4.加强与社区公众的沟通

组织要加强与社区公众的沟通，具体方法如下：

（1）组织可以开展社区调查、意见征询等，增进对社区环境的了解，提高社区关系工作的针对性。

（2）组织应经常、主动地向社区通报相关情况，促进社区公众对组织的了解。例如，组织可将组织宣传册等印刷品发放给社区公众，邀请社区公众来组织参观、座谈，举办组织与社区公众的联谊活动，使社区公众对组织有更深入的了解。

四、政府关系的处理方法

政府关系是指组织运用各种信息传播途径和手段与政府进行双向的信息交流，以取得政府的信任、支持和合作，从而为组织建立良好的外部政治环境，促进组织的生存和发展的一种关系。

在政府关系中，组织是主体，政府公众是客体，也即政府关系的作用对象。政府是一个庞大而复杂的体系结构，从公共关系的角度可分为三个层次：一是中央政府和组织利益所触及的各级地方政府；二是政府机构的职能部门，组织通过这些部门与政府打交道，接受政府的管理和约束；三是政府中的工作人员，在与政府交往的过程中，组织会接触到政府的各级官员、行政部门的助理和秘书，以及职能部门的其他工作人员。组织要生存和发展，必然要针对政府开展公共关系工作。

组织要想处理好与政府之间的关系，可从以下几个方面着手：

1.由专人负责与政府公众的联系

一般情况下，组织的政府关系是由组织的领导人负责的。这些领导人由于与政府公众的某些官员直接接触比较频繁，双方相互了解，如果领导人与这些官员除了工作关系外还能建立朋友关系，那么，双方之间的沟通就比较顺利，交谈往往能直接切入主题，有利于提高沟通与协调的质量。特别是当双方关系相当融洽时，政府官员往往还会主动地透露关系组织生存、竞争和发展的国内与国际的方针、政策和法规的走向，这种走向和发展趋势的相关信息如能提前获悉，往往可以使组织在瞬息万变的市场化环境中"领先一步"。

2. 熟悉政府机构的办事程序和方法

了解和熟悉政府公众的组织机构、职权职能、办事程序等，是组织协调与政府公众关系的前提条件。如果组织的公关人员对经常交往的政府公众的机构设置和职权分工管理的状况比较熟悉，组织的每一次具体活动需要与哪一级哪一个政府职能部门联系心中有底，那么就能有效地减少或避免组织的申请和报告遭遇诸如"公文旅行""踢皮球"的现象，特别是当组织有紧急事务需要与政府相关部门沟通时，更能提高工作效率，有利于组织活动和工作的正常开展。

3. 加强与政府部门的信息沟通

政府作为国家权力的执行机构，代表着国家利益和社会公众利益。组织要想处理好与政府之间的关系，首先要加强与政府部门的信息沟通，了解各级政府的职能、权限和工作程序，与政府部门建立正常的联系方式。组织的公关部门要密切关注新闻媒介的动态，随时收集、整理政府部门下达的各种命令和文件，并尽可能根据政策、法令的变化来调整组织的政策和活动。当然，组织与政府的关系也不仅仅是绝对的服从关系，如果组织在执行政策、法令的过程中，发现政府的行为与实际出现偏差，则有责任向政府有关部门提出修正意见。

4. 与政府人员建立健康、良好的亲密合作关系

组织要赢得政府的理解与支持，还要主动与政府人员建立密切的联系。如举办典礼、周年庆等活动，邀请部分政府官员前来参加，并赠送组织的产品或服务礼券，一方面可以让政府官员详细了解组织的产品和企业的动态，对其分析、制定各种行业政策有所帮助；另一方面使其对组织的产品产生认同感，有利于在他及政府面前树立良好的组织形象。同时，组织领导可以利用这个机会和政府官员成为好朋友，以后可以在工作和生活上互相帮助。

5. 为政府决策提供支持和帮助

一方面，组织应尽量参政议政，影响政府的决策，使其向有利于自己的方向发展。随着国家、社会对民营经济的认可和重视，越来越多的企业家登上了政治舞台，拥有公共权力。如海尔集团首席执行官张瑞敏当选中央候补委员。这样更便于组织和政府人员沟通，更便于及时了解政府对组织的政策及其动向，也就更便于建立良好的政府关系，从而能得到政府更多的支持。

另一方面，组织要赢得政府的理解与支持，就要树立以支持政府工作为己任的观念。政府作为非营利性社会组织，一般财政支出较紧，但政府重大决策研究又需要资金支持，因此，组织应为政府的决策研究提供力所能及的资助。

■ 思考题

1.外部公共关系的特征有哪些？

2.组织如何处理消费者关系？

3.组织如何处理新闻媒介关系？

4.组织如何处理社区关系？

5.组织如何处理政府关系？

■ 实训设计

1.分析你所在的组织有哪些社区公众，写一份关于如何处理好与这些社区公众关系的建议书。

2.深入调查一家企业，就消费者关系或新闻媒介关系制订一份公共关系活动方案。

第十一章

公共关系危机

▼

学习目标

• 知识目标：通过本章的学习，了解公共关系危机的含义、特点与类型，理解公共关系危机形成的原因，掌握公共关系危机的预防程序，以及公共关系危机处理的原则和对策。

• 能力目标：通过本章的案例导入、课堂互动等知识，掌握公共关系危机处理的原则和对策。

• 素养目标：通过本章知识的学习，激发学生学习公共关系危机知识的积极性，提高危机公关素养。

知识导图

```
                                    ┌─ 公共关系危机的含义
                                    │
                     ┌─ 公共关系危机概述 ─┼─ 公共关系危机的特征
                     │              │
                     │              ├─ 公共关系危机的类型
                     │              │
公共关系危机 ─────────┤              └─ 公共关系危机的预防措施
                     │
                     │              ┌─ 公共关系危机处理的原则
                     │              │
                     └─ 公共关系危机处理 ─┼─ 公共关系危机处理的程序
                                    │
                                    └─ 公共关系危机处理的对策
```

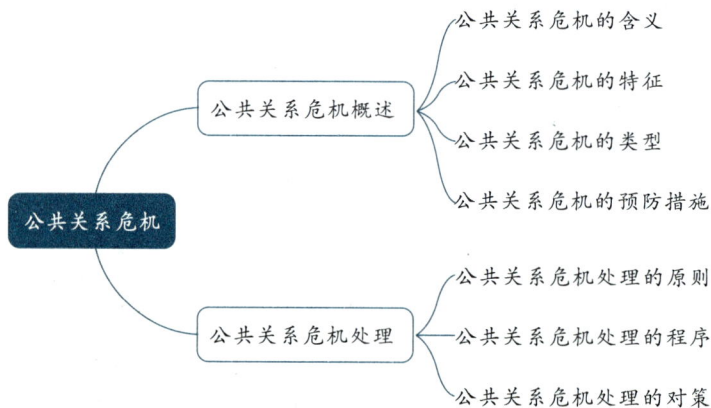

第一节 公共关系危机概述

案例导入 11-1　　　　　爱奇艺蒙牛"倒牛奶"事件

　　2021年5月4日，北京市广播电视局发布通报，内容是针对群众举报网络综艺节目《青春有你》第三季存在的相关问题，北京市广播电视局高度重视，并第一时间约

190

谈了爱奇艺相关负责人，要求该平台严格落实广电行政部门有关管理规定，切实履行网络视听平台主体责任，完善节目管理制度，认真核查并整改存在的问题。根据网络视听节目的相关管理规定，北京市广播电视局责令爱奇艺暂停《青春有你》第三季节目的录制。北京市广播电视局表示，将持续加强监管，压实平台主体责任，严把节目导向关、内容关，积极营造清朗健康的网络视听空间。对于这次停录事件，央媒也发表了长篇评论，针对"倒牛奶"事件，要求节目组、相关平台和企业肩负起自身的社会责任。

对此，5月5日，爱奇艺就《青春有你》第三季节目录制被责令暂停一事回应称，诚恳接受，坚决服从。节目组称，我们将严格落实广电行政部门的有关管理规定，从即日起暂停该节目录制，切实履行平台主体责任，积极承担媒体社会责任，进一步完善节目管理制度，认真核查并整改存在的问题，力求更加严格细致地把握节目制作的每个环节，积极营造清朗健康的网络环境。感谢各界对节目的关心和监督，对其中出现的问题我们深表歉意。

5月6日23点46分，爱奇艺官微回应表示："对于此次'倒奶视频'所造成的影响，感到非常内疚，在此，深深表达我们的歉意。我们已经并正在继续做深刻反省：作为一档综艺节目，首先必须保证价值观导向正确，这样才能对得起大家的热爱。在节目制作和播出过程中，我们忽视了价值观导向和社会责任，忽视了节目应有的合理规则，忽视了节目缺陷可能产生的严重负面影响，我们为此负全部责任。爱奇艺管理层及节目组深刻反省，将以最严格的标准、最有力的措施，保证节目的正确导向，为用户和社会奉献健康和优秀的作品。"此外，爱奇艺还公布了整改措施，具体如下：

（1）原定5月8日的成团之夜停止录制和直播，节目组继续慎重研究并调整节目规则。

（2）从即刻起，关闭《青春有你》第三季所有助力通道。

（3）对于已经购买商家"活动装产品"但未使用的用户，平台和商家共同协商，确保妥善解决，相关细则将在《青春有你》第三季的官方微博公布。

5月7日22点33分，蒙牛真果粒在其官微公布退货方案，为购买真果粒的顾客办理退货手续。

2021年4月29日，第十三届全国人民代表大会常务委员会第二十八次会议通过了《中华人民共和国反食品浪费法》，其中第22条规定："新闻媒体应当开展反食品浪费法律、法规以及相关标准和知识的公益宣传，报道先进典型，曝光浪费现象。"

"天下苦饭圈久矣"，"饭圈"谩骂、互撕、挑动对立、刷量控评，包括教唆过度消费甚至大额消费等现象，除了引起社会的强烈反感外，更有管理者表示应坚决处置，从重从严处罚。"饭圈"对平台和节目来说是双刃剑，平台做节目的时候，需要更加重视这些内容和政策风险。

此外，广告赞助有风险，效果营销需谨慎，态度诚恳挽损失，积极整改别为难。随着企业营销费用的缩紧，广告赞助已经不仅仅满足于品牌知名度的提升，也开始考虑将营销推广和直观的销量挂钩。有时候看似一举多得的方法，可以实现平台方、品牌方和节目组的多方共赢，然而实际情况并非理想中一样完美。营销并没有捷径，利用投机取巧的方式最终只会反噬节目和品牌方，不仅导致节目暂停，更会给品牌带来难以挽回的声誉损伤。"防火"才是最好的灭火。对公关而言，与其被拉着到处灭火，每天手忙脚乱、身心俱疲，不如做好规范，发现潜在危机，主动行动，防患于未然。

资料来源：陶海游，江帅，谭博互. 新时代下的品牌传播与危机公关［J］. 商业观察，2021（6）：75-77.

对现代组织来说，公共关系危机随时都可能爆发，公共关系危机管理是现代管理领域中的一个重要研究课题。现代组织的公共关系人员必须了解公共关系危机产生的原因，树立公共关系危机意识，做好公共关系危机的预防工作，并能根据公共关系危机处理的原则、策略、程序妥善处理各种公共关系危机事件，使组织化险为夷、转危为安。

一、公共关系危机的含义

公共关系危机，即公关危机，是公共关系学中一个较新的术语。它是指影响组织生产经营活动的正常进行，对组织的生存、发展构成威胁，从而使组织形象遭受损失的某些突发事件。

公共关系危机现象很多，如管理不善、防范不力、交通失事等引发的重大伤亡事故；厂区火灾、食品中毒、机器伤人等引发的重大伤亡事故；地震、水灾、风灾、雷电及其他自然灾害造成的重大损失；由产品质量或社会组织的政策和行为引发的信誉危机等等。对这些危机事件处理不当，将会对社会组织造成灾难性后果。

对应的，危机公共关系，从静态的角度来看，指灾难或危机中的公共关系；从动态的角度来界定，是公共关系在危机事件中的开发和应用，是处理危机过程中的公共关系。

著名策划人李光斗说过，危机公关就是当你的住所失火时你所做的一切工作。如果你很不幸，住所失火，你所做的第一件事是打119报火警，此时你要面对的是处理和政府的关系（政府关系）。由于"城门失火、殃及池鱼"，你必须处理和邻里的关系（社会关系）。你要向保险公司索赔因失火造成的财物损失（组织关系）。你的家庭会因火灾面临种种难题，需要内部稳定（内部关系）。因为火灾，你的形象受损，要重新整合自己的形象（危机关系）。甚至由于火灾，你可能会从此一无所有（经济关系）。危机公关就是在危机发生时我们要处理的一些关系。

二、公共关系危机的特征

公共关系危机具有以下特征：
1.必然性和普遍性
危机的必然性是指危机是不可避免的，只要有公共关系就会有公共关系危机。这是因为：

首先，由于人们主观认识的局限性和客观规律的隐蔽性，人们认识规律、驾驭规律的能力必然会存在偏差，所以任何的错误都可能变为现实。

其次，公共关系是一个层次众多的大系统，是一个多输入、多输出、多干扰的主控系统，包括许多彼此联系的复杂的子系统，不确定因素的复杂性导致了危机产生的必然性。

再次，信息传播是公共关系不可或缺的因素，公关活动是一个信息传播过程，更是一个控制过程，从信息论的角度看，就是信源通过信道向信宿传递并引发反馈的过程。在信息传递的过程中，由于噪音的干扰，势必产生失真现象，失真即有误差，误差会导致错误，错误就会导致危机。

最后，任何策划和决策都以信息为基础，而且方案的执行也是一个信息传播过程，信息经过多层次、多渠道、多阶段的传输之后，其失真现象必趋严重，导致系统的稳定性减弱，一旦震荡度加大，危机便接踵而至。

所以任何一个社会组织在它的发展过程中都会遇到性质不同、表现形式各异的危机，1985年，美国莱克西肯传播公司对美国主要企业领导人的一项调查表明，89%的领导人认为"企业发生危机如同死亡和税收一样，都是不可避免的"。

2.突发性和渐进性

公共关系危机事件是一种突发性事件，但它往往是渐进式地形成，常常是在意想不到、没有准备的情况下突然发生的，是不可预见或不可完全预见的。由于公共关系系统是开放的，每时每刻都处在与外界的物质、能量、信息的交换和流动之中。其任何一个薄弱环节都可能因某种偶然因素而致失衡、崩溃，形成危机。公共关系危机既具有突发性特征，也具有不可预测性特征。从本质上讲，公共关系危机的爆发是一个从量变到质变的过程，危机从其自身发展来说，一般包括四个阶段：前兆期—加剧期—处理期—消除期。

（1）前兆期：危机的隐患初露端倪，向组织发出警告。

大量事实表明，它是一个转折点，这时危机处于一种不稳定的状态，此时重要的是如何使这种状态向好的方面转化，遏制住它向坏方向转化的可能，化险为夷，转危为安。如果对前兆期的危机信号熟视无睹，它就会膨胀，到一定程度后，就会导致组织公共关系危机的爆发，并迅速蔓延，产生连锁反应，使公众与组织的关系突然恶化，使组织措手不及。

（2）加剧期：危机的加剧期已经到来，就不会自行消失。

这时，问题暴露，公众投诉，媒介追踪，组织的声誉大降。这一时期，组织或社会公众已较清楚地了解到到底发生了什么事情。有关当事人介入行动，同时安排抢救工作。一旦进入危机加剧阶段，只能使任何控制危机的努力变成对损失程度的控制。

（3）处理期：危机灾难发展到顶峰时期，抢救工作进入关键阶段。

在此时期，公关部门设立信息中心，按时把抢救工作的最新消息传送给媒体，抢救期短则一两天，长则持续几个星期或更长时间。在发布各种消息时，一定要坚持"公开事实真相"的原则，以避免新闻媒介和社会公众的猜疑、质询。危机的处理期一般包括调查情况、自我分析、安抚公众、联络媒介等工作。

（4）消除期：评估工作开始，抢救工作告一段落。

在这一时期，除着手准备详细的调查报告外，主管部门和公关部门还需要做一些具体的工作，妥善处理危机后期的相关事宜，安抚人心。同时，依靠公共关系手段消除影响，矫正形象。

公关实务 11-1　　　　　　　　　　　　钟薛高"爱要不要"事件

背景与情境：

2021年6月15日13点49分，蓝鲸财经发布了一段1分35秒的钟薛高创始人的访谈视频。视频中，钟薛高创始人林盛表示："钟薛高的毛利和传统冷饮企业的毛利相比，确实略高。最贵的一支卖过66元，产品成本差不多40元，它就那个价格，你爱要不要。我就算拿成本价卖，甚至倒贴一半价格卖，还是会有人说太贵。造雪糕也是需要机器、水电煤、原材料和人工成本的，成本一定是不断上涨的。"

6月16日15点25分，钟薛高官方发布原视频回应表示："老板脸黑，这个造谣大锅比脸还黑。"称视频被恶意剪辑，对于别有用心的造谣，钟薛高保留追究法律责任的权利。

对于被媒体曝光2019年两次因虚假宣传被处罚，6月17日19点36分，钟薛高官方微博发布道歉声明："错可以改，但抹不去。再次致歉，警钟长鸣。"

但紧接着当天晚上9点50分，钟薛高官方微博向蓝鲸财经记者工作平台发律师函：要求停止侵权并赔礼道歉。

对于钟薛高的要求，蓝鲸财经并未做出公开回应，也并未删除相关微博。

这个事情的本质不是老板在媒体面前说错了话，而是媒体通过剪辑把事实真相给歪曲了。这一点说明，钟薛高的公关与媒体团队的沟通是有问题的。对方一点都没有配合，问题也没有解决。

我们常说，你的负面等你将来再一次犯错的时候，又会被拿出来回顾。你的负面始终会被记住，永远不会被互联网所忘记。在第二波舆情中，钟薛高遭受处罚的原因是企业宣传的"进口红提"经市场监管部门调查后认定为普通红提干，企业涉及虚假宣传。这是钟薛高为以前的错误付出的代价。

负面传播某种意义上帮钟薛高做了一次很好的宣传，本来不知道钟薛高的，现在也知道了。66元一支的雪糕引起了大家的注意和好奇，而且大众对这次传播的内容没有明确的质疑，更多的是惊讶。

当你对钟薛高"高价""虚假宣传"这类负面情绪的记忆消退了以后，你记住的是钟薛高是一个贵的、独特的品牌。所以这件事情对钟薛高而言到底是负面还是正面，相信在舆论场上的判断和企业基于自己立场的判断是不一样的，这也是一个非常有趣的地方。

资料来源：电商界的007."你爱要不要"，是谁给了钟薛高这样的底气［EB/OL］．［2021-06-17］．https：//baijiahao.baidu.com/s？id=1702798087640290466&wfr=spider&for=pc.

思考：

钟薛高事件对你有何启示？

3.破坏性与可变性

危机事件是一种公共事件，任何组织在危机中采取的行动和措施失当，都将使组织的品牌形象和信誉受到致命打击，甚至危及生存。由此，为了应对各种突发的危机事件，西方现代企业一般都将其纳入管理的范畴中，并建立了独特的危机管理机制。例如，伦敦证券交易所为避免企业危机对股市的冲击，就制定了新规定，要求上市公司必须制订危机管理计划，建立危机管理机制，并要定期提交危机预测分析报告。

危机在本质或事实上对社会组织产生的破坏性是巨大的，必须尽力防范和阻止。如果危机爆发了，暴露了组织存在的问题，也是给组织提供了一个检视自我应对风险能力的机会，危机的恰当处理也会带给组织新的收获。从辩证法的角度来看：危机=危险+机遇。

公共关系危机爆发之后，组织的公共关系系统处在不稳定的状态中，有效的公共关系工作必定会在无序的公关状态中建构起更牢固的公关大厦，使无序走向有序。认识到危机的可变性，组织才会采取主动姿态，沉着冷静、满怀信心地面对危机，从中寻找和抓住任何可能的机会；认识到危机的可变性，才有可能认识到公共关系危机在破坏公共关系良好状态的同时，也为组织创立富有竞争力的声誉、树立良好的形象和解决组织的重大问题创造了机会。

公关实务11-2　　　　　　　　　　欧莱雅"双11"促销事件

背景与情境：

在2021年的"双11"预售期间，欧莱雅的一款面膜承诺在李佳琦的直播间为最低价，但是等预售开始后，品牌方却在自己的官方旗舰店发布了几乎比预售价优惠了一半的价格，并且未在承诺的时间内发货，在网友的一顿催促下更是直接将客服换成了机器人，甚至为了防止天猫的"保价退款"，直接下架了该款面膜，其中客服还称李佳琦是个打工人。在事情持续发酵后，欧莱雅选择了沉默。在李佳琦出来兜底后，品牌方才发布了无公章的声明，并且全程甩锅。

欧莱雅这次的公关水平简直称得上灾难，首先是出现负面舆论后不但未及时道歉，还任由客服随意回应，反而放大了舆论的负面效应。其次是态度不够真诚，不仅不把主播和消费者当回事，还全程甩锅，没有站在用户的角度解决问题，品牌方与消费者之间的裂缝就这样产生了。

资料来源：徐翔，李鹏．怎样才能做好危机公关？［J］．中国储运，2021（7）：42-43.

思考：

企业如何才能做好危机公关？

4.紧迫性和关注性

公共关系危机总是在短时间内突然爆发，使组织立刻处于备战状态。这要求公关人员第一时间全面掌握事实真相。危机爆发所造成的巨大影响往往又令人注目，它常常成为社会和舆论关注的焦点和讨论的话题，成为新闻界争相报道的内容，成为竞争对手发现破绽的线索，成为主管部门检查批评的对象。

总之，公共关系危机一旦出现，就会像一颗突然爆炸的炸弹，在社会中迅速扩散开来，对社会造成严重的冲击；它就像一根牵动社会的神经，迅速引起社会各界的不同反应，令社会各界密切注意。

三、公共关系危机的类型

信息化时代，组织面临的公众环境更为多变和复杂，组织随时可能发生各种意料之外的突发性事件，从而使组织遭遇危机。准确判断和识别公共关系危机的类型，是公共关系危机成功处理的一个必要前提。按照不同的角度，公共关系危机可以进行不同划分。

1.从存在的状态看，公共关系危机可划分为一般性危机和重大危机

（1）一般性危机。一般性危机主要是指常见的公共关系纠纷。从某种意义上说，公共关系纠纷还算不上真正的危机，它只是公共关系危机的一种信号、暗示和征兆。只要及时处理，做好相关工作，公共关系纠纷就不会转为公共关系危机，以至于造成危机局面。

（2）重大危机。所谓重大危机，主要是指企业的重大工伤事故、重大生产失误、火灾造成的严重损失、突发性的商业危机、大的劳资纠纷等。它是公共关系从业人员面临的必须及时处理的真正危机。如产品或企业的信誉危机、股票交易中的突发性大规模收购等，公关人员必须马上处理，最好在平时就有所准备。

2.从危机同企业的关系程度以及归咎的对象看，公共关系危机可分为内部公关危机和外部公关危机

（1）内部公关危机。发生在企业内部的公共关系危机称为内部公关危机。内部公关危机发生在企业内，或者这种危机的发生主要是由该企业的成员直接造成的，危机的责任主要由该企业内部的成员承担。

（2）外部公关危机。外部公关危机是相对于内部公关危机而言的，是指发生在企业外部、影响多数公众利益的一种公关危机。本企业只是受害者之一。

从这一角度具体划分公关危机的类型时，内部和外部是相对的。因为有些公关危机的发生，内部和外部的原因都有，所承担的责任大小也相差不多。故对具体公关危机的划分与处理必须具体分析，如谣言引起的危机；政府政策引起的危机；有关团体或机构公布某些信息而导致的危机；由于恐怖破坏活动引起的危机；涉及法律问题（如打官司）而引起的危机；由于种族、宗教、文化差异、性别歧视等社会问题而引起的危机；由于一些有争议的问题而引起的危机；敌意收购导致的企业重组危机；组织的计算机网络被"黑客"袭击而导致的危机；自然灾害或其他不可控因素导致的危机；环保问题引起的危机等。

3.从危机给企业带来损失的表现形态看，公共关系危机可分为有形公关危机和无形公关危机

（1）有形公关危机。这种危机给企业带来直接而明显的损失，这些损失凭借肉眼即可观测到，如房屋倒塌、爆炸、商品流转中的交通事故等造成的人员伤亡或财产损失。1989年6月，成都市最大的百货商场成都人民商场被烧毁，造成上亿元的损失。成都人民商场遇到的危机就属于有形公关危机。

（2）无形公关危机。给企业带来的损失表现得不明显的危机，称为无形公关危机。给任何一个企业的形象带来损害的危机，都属于无形公关危机；如果不采取紧急

有效的措施阻止，已受损害的企业形象将使企业蒙受更大的损失。

企业的公关危机主要源于内部管理疏忽、产品质量及服务差、消费者投诉、竞争对手攻击等方面。企业要从企业生命线、企业声誉及传播、日常服务与产品危机的角度，研究企业可能遇到的危机爆发源头。实际上，尽管我们几乎不可能针对每种情况预测到所有可能的公关危机，但如果企业平常就建立公共关系危机预警机制，未雨绸缪，防患于未然，则会大大提升公关危机预测以及快速处置的效率。

四、公共关系危机的预防措施

公共关系危机的预防是指对公共关系危机进行监测、预控、管理的活动。危机产生的原因是多种多样的，不排除偶然的原因，多数危机的产生都有一个变化的过程。如果企业的管理人员有敏锐的洞察力，根据日常收集到的各方面信息，能够及时采取有效的防范措施，完全可以避免危机的发生或使危机造成的损害和影响尽可能降到最小程度。因此，预防危机是危机管理的首要环节。

公共关系危机的预防工作可以从以下四个方面进行考虑：

1.树立强烈的全员危机意识

企业进行危机管理应该树立一种危机理念，营造一种危机氛围，使企业的员工面对激烈的市场竞争充满危机感，将危机的预防作为日常工作的组成部分。首先，对员工进行危机管理教育，使员工认清危机的预防有赖于全体员工的共同努力；全员危机意识能提高企业抵御危机的能力，有效地防止危机发生。在企业的生产经营中，员工要时刻把与公众的沟通放在首位，与社会各界保持良好的关系，消除危机隐患。其次，开展危机管理培训。危机管理培训的目的与危机管理教育不同，它不仅要进一步强化员工的危机意识，更重要的是让员工掌握危机管理知识，提高危机处理技能和面对危机时的心理素质，从而提高整个企业的危机管理水平。

2.建立灵敏的公共关系危机预警系统

预防危机必须建立高度灵敏、准确的预警系统。信息监测是预警的核心，企业应随时收集各方面的信息，及时加以分析和处理，把隐患消灭在萌芽状态。预防危机需要重点做好信息的收集与监测工作：一是随时收集公众对产品的反馈信息，对可能引起危机的各种因素和表象进行严密的监测；二是掌握行业信息，研究和调整企业的发展战略和经营方针；三是研究竞争对手的现状，进行实力对比，做到知己知彼；四是对监测到的信息进行鉴别、分类和分析，对未来可能发生的危机类型及其危害程度做出预测，并在必要时发出危机警报。

3.建立危机管理机构

这是企业危机管理有效进行的组织保证，不仅是处理危机时必不可少的环节，而且在日常危机管理中也非常重要。危机发生之前，企业要做好危机发生时的准备工作，建立危机管理机构，制定出危机处理工作程序，明确主管领导和成员的职责。成立危机管理机构是发达国家的成功经验，是顺利处理危机、协调各方面关系的组织保障。危机管理机构的具体组织形式，可以是独立的专职机构，也可以是一个跨部门的管理小组，还可以在企业战略管理部门设置专职人员。企业可以根据自身的规模以及可能发生的危机的性质和概率灵活决定。

4.制订危机管理计划

企业应该根据可能发生的不同类型的危机制订一整套危机管理计划，明确怎样防止危机爆发，一旦危机爆发立即做出针对性反应等。事先拟订的危机管理计划应该囊括企业多方面的应对预案，要重点体现危机的传播途径和解决办法。

第二节 公共关系危机处理

案例导入11-2 拼多多员工猝死事件

背景与情境：

2020年12月29日凌晨1：30，拼多多一名23岁的女员工在下班路上因身体不适送医，经抢救无效死亡。2021年1月3日，该事件在互联网上发酵，有自称女孩同事的人表示，这与拼多多工作强度太大有关。

1月4日，一张知乎截图在网上疯传，涉及"底层的人民""资本""用命拼的时代"等敏感词。即便此回复一分钟内被删除，依然引起了打工人的集体"围攻"。当天下午4时，拼多多发布声明回应此事，称网传截图为不实新闻，并表示已同员工家属达成谅解，同时公布了女孩父亲的朋友圈截图。戏剧性的是，此举惨遭知乎官方打脸，声明"拼多多"是知乎注册用户。不得已，拼多多二次发表声明，称此事是对账号管控不严导致的，内容是合作公司员工发布的，并附上了李××的手写声明，向公众真诚致歉。

生命面前任何语言都会显得苍白无力。对和生命安全有关的事件来说，企业一方面要明确事件发生的根本原因，是否直接由于企业导致，如果不是，可以选择对事件进行切割；另一方面要找到这件事引起广泛舆论的主要原因。对于拼多多员工猝死这一事件，除了对逝者的惋惜外，让大家更为痛恨的是"996"的工作模式，不少人对此表示不满，但又不得不接受，进而引发了广泛的吐槽。如果拼多多针对员工加班问题给出合理的解释，或者对员工给予足够的关爱，出台相应措施，会在一定程度上获得大众的谅解。

资料来源：闫祺. 从拼多多员工猝死事件看企业危机传播策略［J］. 声屏世界，2021（11）：21-22.

思考：

拼多多的公关危机处理有何不妥之处？

一、公共关系危机处理的原则

微课11-1

危机公关5S
原则

公共关系部门在处理危机事件、进行危机公关时，绝不能随心所欲，必须按照一定的原则妥善地处理，用稳妥的方法赢得公众的信任和谅解，尽早恢复组织的形象和信誉。危机公关5S原则是根据公关危机事件的规模、影响、性质及危害性，处理公关危机事件的五条原则，即承担责任原则（Shoulder）、真诚沟通原则（Sincerity）、速度第一原则（Speed）、系统运行原则（System）、权威证实原则（Standard）。

1.承担责任原则

这是指危机事件发生后，组织不能推卸责任，或拒不承担责任甚至拒不承认有责任，组织必须勇于承担自己该负的责任；否则，组织的信誉就会受损，在公众心目中的形象也会大打折扣。情况严重时，甚至会动摇组织的根基，使组织从此一蹶不振。组织一旦遭遇公关危机事件，就应该坦然面对，勇敢地承担起自己的责任，切忌遮遮掩掩、闪烁其词，这样只会引起公众的反感；如能坦然面对，把事实说清楚，相信公众是会理解的。

2.真诚沟通原则

危机事件发生后，组织与公众的沟通至关重要，尤其是与外部公众的沟通更为紧迫。此时的沟通必须以真诚为前提，如果不是真心实意地同公众、同媒体沟通，是无法平息舆论的。俗话说，"真心换真心""将心比心"。组织若能把公众的利益放在第一位，真诚地与公众沟通，相信公众是通情达理的。组织与媒体的沟通同样重要，公众之中信息传播的速度是非常快的，媒体有着高超的传播手段，瞬间即可把信息传向四面八方。媒体是舆论的引导者，大众媒体的一端连着大众，所以绝不可忽视与媒体的真诚沟通。作为组织，应主动向媒体及时提供相关信息，并通过媒体引导舆论，处理危机事件过程中取得的每一步进展都应及时让媒体了解。沟通的形式很多，可以发通告、印制宣传品；可以通过大众传媒发布信息；还可以举行新闻发布会；必要时个别访问、谈心、调查等方法都可采用。组织要根据危机事件的性质、规模及影响范围和后果等情况，做到具体情况具体对待。但无论采取什么方式，真诚的态度是沟通成功的前提和保证。

公关实务11-3　　　　　　　　　　　　**以诚动人：罗永浩带货鲜花翻车**

背景与情境：

2020年5月15日，"带货四哥"罗永浩在直播带货中，向观众推荐了"花点时间"520玫瑰礼盒，但在"520"当天，不少用户反映收到的鲜花存在质量问题，鲜花已不新鲜，花瓣出现了打蔫甚至腐烂的情况，无法送人，并@罗永浩本人表示失望。

5月20日下午，罗永浩接连转发了32条投诉的博文，向网友表达歉意并表示将助其追责，词条"罗永浩致歉"也登上了热搜。

当晚20点，罗永浩发布"关于'花点时间'玫瑰质量事件的致歉和补偿措施"的长文，称除将按照协议内容要求"花点时间"100%退款外，"交个朋友直播间"还将按原价额外赔付一份现金以表歉意。23点，"花点时间"再发长文道歉，表示也将额外按原价赔付一份现金。

至此，直播间下单了"花点时间"礼盒的顾客共将获得3倍的原价赔付，网友戏称："这是买了个理财产品呀！"

实际上，2020年"晚上车"的罗主播一开始由于业务不熟练，直播带货出现了不少失误，如把上架品牌的名字念错等，事后罗永浩都是诚恳道歉，及时补救的老罗给不少人留下了"诚信负责、售后有保障"的正面印象。对于"520"玫瑰礼盒事件，罗永浩没有逃避责任或选择"沉默是金"，而是"知错认错、立正挨打"，照顾消费者的利益，提出向直播间遭受损失的粉丝们额外提供一份赔偿。罗永浩的处理态度让不少网友称赞："老罗体面"，甚至有部分顾客表示："花店的退款我收到了，但老罗的补偿我不要，老罗继续加油！"这一次罗永浩直播翻车的一系列补救，再次体现了老罗真诚可靠的公众印象，获取了更多粉丝更坚定的支持。

资料来源：姚晓凤. 网络直播平台的危机传播管理研究——以罗永浩直播间"假羊毛衫"事件为例〔D〕. 淮北：淮北师范大学，2022.

思考：

网络直播中涉及哪些公关危机处理原则？

3.速度第一原则

好事不出门，坏事行千里。在危机出现的最初 12～24 小时内，消息会像病毒一样，以裂变的方式高速传播。而这时候，可靠的消息往往不多，社会上充斥着谣言和猜测。公司的一举一动将是外界评判公司如何处理这次危机的主要根据。媒体、公众及政府都密切注视公司发出的第一份声明。对于公司在处理危机方面的做法和立场，舆论赞成与否往往都会立刻见于传媒报道。

因此当危机事件发生时，组织所要做的重要工作之一就是及时、准确地把危机事件的真相告诉公众和媒体，以最快的速度做出反应，掌握处理危机事件的主动权，这样才能在第一时间赢得公众的理解和支持。若迟迟不做出反应，组织形象会因为一次危机事件而元气大伤，若想再恢复到原有状态，则需付出十倍甚至更多的努力，其效果往往也不尽如人意。所以危机事件一旦出现，便应火速出击，及时稳定人心，为后面的工作开创有利局面。

4.系统运行原则

在处理整个危机事件的过程中，组织者要按照应对计划全面、有序地开展相关工作。处理危机是一个完整的系统过程，环环相扣。若要把危机事件处理得圆满，哪个环节都不能出问题；一个环节出现问题，必然影响到其他环节。所以，一定要坚持系统运行原则，不能顾此失彼，这样才能保证及时、准确、有效地处理危机事件。

5.权威证实原则

作为组织，尤其是生产和经营企业，产品质量是企业赖以生存和发展的保障。产品质量的好坏不是自己说了算的，而要靠广大消费者即社会公众在使用之后做出评价。当然，企业如果想达到创名牌的目的，就更需要拿出权威部门的质量鉴定，这是企业信誉的保证。企业应尽力争取政府主管部门、独立的专家或权威机构、媒体及消费者代表的支持，不要徒劳地自吹自播，因为"王婆卖瓜，自卖自夸"是无法取得消费者信赖的，组织必须用"权威"来证明自己，别无捷径可走。

🎯 **思政园地 11-1** 　　　　　　　**疫情之下的国家危机公关**

2020 年春节，一场突如其来的以湖北武汉为中心的疫情袭击中国大地。在党中央的果断决策和部署下，一方有难八方支援，全国上下齐心协力，多路抗疫战士剑指武汉，集中优势兵力大打歼灭战，仅用一个多月时间就把疫情遏制住了，取得了战胜疫情的阶段性胜利。这次的疫情，是中华人民共和国成立以来在我国出现的传播速度最快、感染范围最广、防控难度最大的一次重大突发公共卫生事件。这对我国人民来说，是一次严重的涉及面广泛的危机，也是一次应对危机的大考。在疫情防控的总体阻击战中，中国政府不负众望，在国际上塑造了大国担当的形象，信息公开透明，抗疫战略科学有效，顺利地化解了疫情危机，遏制了疫情对经济社会发展的负面影响，凸显了中国特色社会主义制度的优越性。

总结此次抗疫阻击战，我国政府的表现是非常符合危机公关的多项科学原则的。

速度第一原则，体现以人为本的核心价值观

中国政府一直秉承"以人为本""发展为了人民""人民的利益高于一切"的执政理念，在这次抗击疫情的阻击战中，表现得更加突出。

危机发生后，能否首先控制住事态，使其不扩大、不升级、不蔓延，是处理危机的关键；否则，会扩大突发危机的范围，甚至可能失去对全局的控制。武汉市监测发现不明原因肺炎病例后，中国第一时间报告疫情，迅速采取行动，开展病因学和流行病学调查，阻断疫情蔓延；第一时间组织中国疾控中心、中国医学科学院、中国科学院、中国人民解放军军事医学科学院等单位对病例样本进行实验室平行检测。

2020年1月8日，初步确认了新型冠状病毒为此次疫情的病原。随即，国家卫生健康委员会进一步加强部门联动，研究共同加强疫情防控工作的具体举措；召开全国卫生健康系统电视电话会议，对全国疫情防控工作进行全面部署；全力救治患者，及时发布确诊病例及疫情防控信息。全国爱卫办部署开展以加强市场环境卫生整治工作为主题的冬春季爱国卫生运动。

1月20日，中共中央总书记、国家主席、中央军委主席习近平对新型冠状病毒感染的肺炎疫情做出重要指示，指出要把人民生命安全和身体健康放在第一位。自2020年1月23日10时起，武汉全市城市公交、地铁、轮渡、长途客运暂停运营；无特殊原因，市民不要离开武汉，机场、火车站离汉通道暂时关闭，以全力做好疫情防控工作，有效切断病毒传播途径，坚决遏制疫情蔓延势头，确保人民群众生命安全和身体健康。

权威证实原则，凸显公开的核心价值观

危机发生后，各种传闻、猜测都会发生，媒体也会纷纷报道。组织需要充分利用舆论，巧妙运用现代传播媒介，正确引导公众舆论，防止因公众被误导而诱发不利于组织的联想。因此，组织在公关危机处理过程中要开展有计划的信息传达、交流工作；确定发言人，用同一个声音对外。这样就可以有效避免组织对外口径不统一，也可以避免触怒记者造成事件恶化。

早在武汉发现不明原因肺炎病例时，我国就及时、主动地向世界卫生组织以及美国等国家通报疫情信息，向世界公布新型冠状病毒基因组序列；国务院建立了联防联控机制，主动与新闻界沟通，发布权威、准确的信息；开展以加强市场环境卫生整治工作为主题的冬春季爱国卫生运动；完成对28个省区市的疫情防控工作督导，指导地方严格落实各项防控措施；每天定时召开新闻发布会，有序、紧张而不乱，稳定民心，体现人民性。

组织一旦发生危机，便会受到社会与公众的关注，人们急于了解危机发生的真相，作为舆论代表的新闻界必然要进行采访。此时，组织只有两种态度：一种是掩盖问题，隐藏真相；另一种是坦诚告知，表明诚意。事实证明，隐瞒真相，往往会助长公众的怀疑，扩大危机的波及面，其结果势必更糟；而坦诚告知，表明诚意，才是最佳选择。

系统运行原则，彰显制度优越性

危机会使人处于焦躁或恐惧之中，所以组织高层应以"冷"对"热"、以"静"制"动"，镇定自若，对危机有清醒的认识，稳住阵脚，万众一心。

这次疫情是中华人民共和国成立以来我国遭遇的最大的公共卫生事件，也是第二次世界大战以来全球遭遇的最严重的突发性公共卫生事件。我国政府在共产党的统一领导下，步调一致，严防死守，依靠人民，10天时间4万多军地医疗人员驰援武汉，万众一心，同舟共济，守望相助，集中力量办大事，体现了社会主义制度的优越性。

各地方、各方面守土有责、守土尽责。全国各省、市、县均成立了由党政主要负责人挂帅的应急指挥部门，自上而下构建统一指挥、一线指导、统筹协调的应急决策指挥体系。在中央的统一领导下，各地方坚决贯彻中央的决策部署，有令必行、有禁必止，严格高效地落实各项防控措施，全国形成了全面动员、全面部署、全面加强，横向到边、纵向到底的疫情防控局面，彰显了社会主义制度的优越性。

兼容并蓄原则，彰显文化自信

中药固本，调节机理。在此次抗疫中，坚持中西医结合、中西药并用，发挥中医药的独特优势，全程参与、深度介入疫情防控，从中医角度研究确定病因病基、治则治法，形成了覆盖医学观察期、轻型、普通型、重型、危重型、恢复期发病全过程的中医诊疗规范和技术方案，在全国范围内全面推广使用。中医医院、中医团队参与救治，中医医疗队整建制接管定点医院、若干重症病区和方舱医院，其他方舱医院派驻中医专家。其有效降低了发病率、转重率、病亡率，促进了核酸转阴，提高了治愈率，加快了恢复期康复。

同时，有关组织和机构向意大利、法国等国捐赠了中成药、饮片和针灸设备等，并向海外留学生赠送了中药包，海外民众深切体会到了中医药的抗疫效果。此次疫情防控，中医药彰显了特色优势，贡献了重要力量。重视中医中药在抗击病毒疫情方面的重要作用，体现了中国政府和中国人民的文化自信。事实证明，这种文化自信既造福了中国人民，也是在造福世界人民。

人类社会发展历史一再证明，危机中也蕴含着机遇。疫情是一张测试卷，考验各国政府的执政能力，中国政府经受住了考验，交了一份完美的答卷，提升了国际地位，塑造了一个负责任的大国形象，增强了国人的自豪感，更加坚定了全国人民跟党走的决心和信心，更加坚定了全国人民实现中华民族伟大复兴的决心和信心。

资料来源：张紫娟. 疫情之下危机公关教学的课程思政研究 [J]. 时代人物，2020（12）：53-55.

二、公共关系危机处理的程序

危机是客观存在的一种现象，是不可避免的，它会时不时地出现在企业面前，并不是说完善的运行机制就能完全避免危机。因此，对危机的处理就显得更加迫切和重要。公共关系危机处理的程序一般包括以下几个环节：

微课11-2

公共关系
危机处理

1.采取紧急措施，对危机迅速做出反应

公共关系危机一旦出现，企业就应该第一时间做出反应。企业要做的工作具体如下：

（1）立即成立危机处理临时机构。公共关系危机爆发后，社会组织应立即成立由领导人、公关人员和部门负责人组成的危机处理临时机构，为公共关系危机事件的有效处理提供强有力的组织保证。

（2）迅速隔离危机险境。当出现严重的恶性事件和重大事故时，为了使社会组织及相关公众的生命财产不受损失或少受损失，必须采取有效措施，迅速隔离危机险境。

（3）严格控制危机势态。在严重的恶性事件爆发后的一段时间里，它还可能进一步恶化，迅速蔓延开来，因此，企业必须采取得力措施，控制危机范围的扩大。

（4）及时收集有关信息。在危机爆发和蔓延的过程中，公关人员还应及时地全面观察。观察的内容包括危机事件发生的时间、地点、涉及人员、影响范围、发展情况、危害程度等。在危机事件得到控制后，公关人员还要迅速地进行调查，从事件亲历者、目击者和相关人士那里广泛全面地收集信息，详细地做好记录，为危机事件的妥善处理提供充分的信息基础。

2.深入调查原因，制订应对方案

为了查清原因，分析情况，确定对策，公关人员必须深入现场，了解事实真相，这是危机处理中最重要的一步。在查清原因的基础上，根据危机事件的性质、特点、起因等的不同，迅速制订危机处理方案，包括如何对待投诉公众、如何对待媒体、如何联络有关公众、如何行动等。

3.积极妥善地处理危机事件

根据危机处理方案，采取一定的措施和方法，对公共关系危机事件做出具体、妥善的处理。其中，最关键的是如何安抚受众，以缓解对抗情绪。其一般做法有：

（1）协商对话法。它是指通过协商对话的形式，社会组织与当事公众之间进行心平气和的平等交流和双向疏导，双方在互相倾听和思考对方意见的基础上，以积极的态度处理好已经出现的公共关系危机事件。

（2）舆论引导法。它是指通过对社会舆论的引导来理顺社会组织与相关公众的关系，从而实现对公共关系危机的妥善处理。危机事件发生后，各种传闻、猜测会随之而来，媒介也会纷纷报道。此时，组织应设立"发言人"，在危机事件发生后及早举行新闻发布会或记者招待会，向企业内外公众介绍真相以及正采取的补救措施，保持同新闻媒介的联系，使其及时、准确地报道，以此去影响公众、引导舆论，使不正确

的、消极的公众反应和社会舆论转化为正确的、积极的公众反应和社会舆论。只有进行有效的传播管理，才能进行有效的危机管理，因为外部公众对危机的看法主要依赖他们的所见所闻。在2002年山东福胶集团的"马皮熬阿胶"事件中，面对记者，福胶集团采取了三防政策：防火、防盗、防记者。结果，越躲，事情闹得越大。俗话说："成也媒体，败也媒体。"在西方，现代企业一般会委托一些类似咨询公司的中介机构与传媒长期维持一种良好的合作关系，一旦企业发生危机，可以迅速及时地组织和调动媒体开展宣传攻势，将可能蔓延的损失减至最低。

（3）损失补偿法。企业出现严重异常情况，特别是出现重大责任事故使公众利益受损时，必须勇于承担责任，安抚利益受损的公众并给予其一定的精神补偿和物质补偿，真心诚意地取得他们的谅解，使危机更有可能顺利化解。比如，只要顾客或社会公众是由于使用本企业的产品而受到了伤害，企业就应该在第一时间道歉以示诚意，不惜代价迅速收回有问题的产品，及时改善产品质量和服务，而且要向顾客及时讲明事态发展情况。这样才能平息公愤，博得公众的好感。

（4）权威意见法。这一步主要是争取其他公众、社团、权威机构的合作，协助解决危机，这是提升组织在公众中的信任度的有效策略和技巧。1993年6月10日，美国西雅图一家电视台报道说当地一对夫妇在一罐百事可乐里发现了一支注射器。虽然这件事不合逻辑，但媒介的报道却让人宁可信其有。为了有力地澄清事实，百事可乐公司与美国食品与药物管理局密切合作，请政府部门主管和公司领导人共同出现在电视荧屏上，由该管理局出面揭穿这是诈骗案，由此增强了处理这件事的权威性。后来，事实证明，案件涉嫌敲诈。真相既出，百事可乐马上在媒体打出了"感谢美国"的大幅广告，百事可乐的销量反而比事前上升1%。

（5）法律调解法。对于协商解决不了的问题，可以诉诸法律，借助法律手段来解决。

4.重建组织形象

公共关系危机事件得到了妥善处理，并不一定等于危机处理的结束，还有个组织良好形象的恢复和重建过程。这一过程的工作要点是树立重建良好组织形象的强烈意识。任何公共关系危机事件的出现，都会使组织的良好形象受到不同程度的损害。为此，必须进行良好社会形象的恢复和重建工作。组织的领导者和全体员工必须树立强烈的形象重建意识，要有重振旗鼓的勇气和再造辉煌的决心，而不能破罐破摔。须知，只有当组织的良好形象重新得到建立，组织的公共关系状态才能谈得上真正地转危为安，危机处理才能谈得上真正完结。

重建良好社会形象的基本目标是消除危机事件带来的形象危机，恢复或重建知名度和美誉度，再度赢得公众的理解、支持与合作。

5.危机的善后工作

危机的善后工作主要是消除危机事件处理后遗留的问题和影响。危机事件发生后，企业形象受到了损害，公众对企业会非常敏感，企业要靠一系列危机善后管理工作来挽回影响。

（1）进行危机总结、评估。对危机管理工作进行全面的评价，包括对预警系统的组织和对工作程序、危机处理计划、危机决策等各方面的评价，要详尽地列出危机管理工作中存在的各种问题。

（2）对问题进行整顿。多数危机的爆发都与企业管理不善有关，通过总结、评估，提出改正措施，责成有关部门逐项落实，完善危机管理内容。

（3）寻找商机。危机给企业营造了另外一种环境，企业管理者要善于利用危机探索经营的新路子，进行重大改革。这样，危机可能转化为商机。

总之，危机并不等同于企业失败，危机之中往往孕育着转机。危机管理是一门艺术，是企业发展战略中的一项长期规划。企业在不断谋求技术、市场、管理和组织制度等一系列创新的同时，应将危机管理创新放到重要的位置上。一个企业在危机管理上的成败能够显示出它的整体素质和综合实力。成功的企业不仅能够妥善处理危机，而且能够化危机为商机。

公关实务11-4　　蜜雪冰城道歉登热搜：茶饮品牌如何做好危机公关？

背景与情境：

1. "蜜雪冰城"致歉上热搜

2021年5月14日，中国质量新闻网的一篇报道将"茶饮第一股"蜜雪冰城推上了舆论的风口浪尖。报道称，蜜雪冰城股份有限公司旗下门店——郑州永安街店、济南大观园店、武汉马湖商业街店存在篡改开封食材有效期，使用隔夜茶汤、奶浆半成品等食品安全问题。在网上流传的视频中，蜜雪冰城郑州永安街店员工将已经过期的纯牛奶重新贴上标签，强行为纯牛奶"续命"，延长其销售周期。

该店店长还坦言："如果过了有效期就倒掉的话，那得扔多少，谁愿意呀，及时更改时间就行了，如果气味和颜色有变化就真的不能用了，没变就可以用，过有效期的还可以延用半天至一天，也方便公司检查。"事件发生后，各路网友齐上阵，纷纷吐槽蜜雪冰城的卫生问题。

随着舆论的持续发酵，5月15日，蜜雪冰城通过官方微博发布致歉声明称，已责令涉事门店停业整顿，相关话题登上热搜第一。

公开资料显示，蜜雪冰城总部位于郑州，产品价格多在10元以下，目标用户为以大学生为代表的年轻消费群体，门店主要开设在大学周边、步行街、商场周边等。据不完全统计，蜜雪冰城目前门店数量已经接近1.5万家，预计年底将达到2万家。

另有消息透露，蜜雪冰城计划在A股上市，上市的筹备已到最后阶段，交表已经在倒计时中。行业相关人士称，此次品牌危机事件或将延缓蜜雪冰城上市时间。

2. 茶饮品牌"翻车"频现

这已不是茶饮连锁品牌第一次被曝出问题。早在2019年8月，知名奶茶品牌Co-Co都可淮安新亚店被曝出出现霉变水果，舆论哗然；无独有偶，在此之前，甘茶度也被曝出用烂水果榨汁，随后涉事门店被吊销许可证。近两年，在茶饮界"声名鹊起"的一点点、喜茶、奈雪的茶等品牌也未能幸免，均曾因卫生问题先后"翻车"。茶饮品牌为何频频"暴雷"？业内人士指出，奶茶业问题频出主要归因于"钱"景诱人带来的野蛮生长。据前瞻产业研究院发布的数据，2019年，中国现制茶饮市场规模达到1 405亿元。2020年上半年虽受疫情影响，市场规模也达626亿元左右。美团点评数据则显示，截至2019年年底，我国现制茶饮门店数量已超过50万家。在资本催热之下，茶饮个体加盟门店为保证利润，早日赚回加盟费，只能极力压缩成本，这也是该行业出现如此乱象的根本原因之一。

3.茶饮品牌如何做好危机公关？

"网红茶饮"的"风"一向很大，跟风的消费者一旦发现自己食用的茶饮出现食品安全问题，便会不再信任该品牌。换言之，利用新式茶饮形式上的变化只能一时占据用户的心智，只有做好危机公关工作，才有可能永久占据用户的心智。那么茶饮品牌在危机出现时如何处理危机事件呢？

（1）及时反应，用承诺说话。从此次蜜雪冰城事件爆发的原因来看，实质上还是内部监管、产品本身的安全问题。所以给茶饮品牌危机公关的第一点建议是及时反应，摆正态度，用承诺说话，即虚心接受监管部门和媒体的意见并及时改进，加强内部监管，为广大消费者提供更好的产品和服务。

（2）遵循速度第一原则。蜜雪冰城的道歉在舆论发酵的24小时内发出，速度不可谓不快，可以说上演了一场教科书式的危机公关。"当真相还未穿上鞋子，谣言已经跑遍了世界"，这句谚语准确传达了危机事件发生之后速度的重要性。

（3）遵循理性发声原则。在危机公关声明中，切忌使用主观意见强烈的词语和诱导性词语。纵观蜜雪冰城此次的道歉声明，全文一直理性叙述事件的发生过程及后续，对于网友最关注的处理过程，声明也有礼有节地一一阐明："对于分管该区域的经营团队，已紧急召集返回公司，进行二次专项深化培训，要求团队从严管理门店，给消费者提供放心健康的产品……后续我们将从严彻查、管理全国门店，永远把食品安全放在第一位。"

（4）对外发声统一口径。危机公关声明切忌口径不一，统一口径对外发声是基本方式，只有统一口径的声明才是可以让外界信服的声明，才是有分量的声明。朝令夕改、前后不一，很容易丧失企业在公众心目中的信服力，甚至可能会对企业的口碑造成难以挽回的影响。危机公关的本质其实是在管理公众的情绪，爆出负面信息其实不是企业本身的危机，之后的危机处理才是考验一个企业"高情商"的时刻。

结语

茶饮品牌出现危机之后，企业不应该觉得这是行业内的普遍事件，就像一年几次五星级酒店的危机公关一样，不能因为这是业内的常态而敷衍对待。对于茶饮品牌的危机，关键还是借此严格检查加盟商管理制度，严格梳理食品安全管理员制度，严格排查食品加工操作流程，严格落实明厨亮灶制度，未雨绸缪，做好所有潜在危机的发现和消除工作。食品安全是品牌不可逾越的一条红线，企业要不断加强内部监管，建立标准体系并不断完善，在从业人员综合素质方面进一步提升，加大食品安全知识的培训和宣传力度。只有时刻有危机感，企业才能走得更好、更远！

资料来源：佚名.蜜雪冰城道歉登热搜：茶饮品牌如何做好危机公关？［EB/OL］.［2021-05-18］. https://baijiahao.baidu.com/s?id=1700073387099651518&wfr=spider&for=pc.

思考：

茶饮品牌如何做好危机公关？

三、公共关系危机处理的对策

公共关系危机的类型不同，处理方式也会有差异。危机处理的对策包括总对策和具体对策。总对策是重视事实，迅速调查，妥善处理，做好善后工作，再造组织形象。具体对策是根据不同的公众对象分别采取的不同对策。

1.组织内部对策

（1）迅速成立处理危机事件的专门机构。假如企业已成立危机管理小组，可在该小组的基础上增加部分人员。这个专门小组的领导应由企业负责人担任。行政部公关人员必须加入这一机构，会同各有关职能部门的人员组成一个有权威性、有效率的工作班子。

（2）了解情况，进行诊断。发生危机事件后，企业应迅速而准确地把握事态的发展，判明情况，确定危机事件的类型、特点，确认有关的公众对象。

（3）制定处理危机事件的基本原则、方针、具体的程序与对策。

（4）将制定的处理危机事件的基本原则、方针、程序和对策通告全体员工，以统一口径，统一思想认识，协同行动。

（5）向传媒界人士、社区意见领袖等公开危机事件的真相，表明企业对该事件的态度和通报将要采取的措施。

（6）危机事件若造成伤亡，一方面，应立即开展救护工作或进行善后处理；另一方面，应立即通知受害者家属，并尽可能提供一切条件，满足受害者家属的探视或其他要求。

（7）如果是由不合格产品引起的危机事件，企业应不惜代价立即收回不合格产品，或立即组织检修队伍，对不合格产品逐个检验，并通知有关部门立即停止出售这类产品。

（8）调查引发危机事件的原因，并对处理工作进行评估。

（9）奖励处理危机事件中的有功人员；处罚事件的责任者，并通告有关各方。

2.受害者对策

（1）认真了解受害者的情况后，诚恳地向他们及其家属道歉，并承担相应的责任。

（2）耐心而冷静地听取受害者的意见，包括他们要求赔偿损失的意见。

（3）了解、确认和制定有关赔偿损失的文件规定与处理原则。

（4）避免与受害者及其家属发生争辩与纠纷。即使受害者有一定的责任，也不要在现场追究。

（5）企业应避免出现为自己辩护的言辞。

（6）确定向受害者及其家属补偿的方法与标准，并尽快实施。

（7）应由专人负责与受害者及其家属谨慎地接触。

（8）给受害者安慰与同情，并尽可能提供其所需的服务，尽最大努力做好善后处理工作。

（9）在处理危机事件的过程中，如果没有特殊情况，不可随便更换负责处理工作的人员。

3.新闻媒介对策

（1）向新闻界公布危机事件，公布时如何措辞、采用什么形式、有关信息如何有计划地披露等，应事先达成共识。

（2）成立记者接待机构，由专人负责发布消息，集中安排与事件有关的新闻采访，向记者提供权威资料。

（3）为了避免报道失实，向记者提供的资料应尽可能采用书面形式。介绍危机事件的资料应简明扼要，避免使用技术术语或难懂的词汇。

（4）主动向新闻界提供真实、准确的消息，公开表明企业的立场和态度，以减少新闻界的猜测，帮助新闻界做出正确的报道。

（5）必须谨慎传播。在事情完全明了之前，不要对事故的原因、损失以及其他方面的任何可能性进行推测性报道，不轻易地表示赞成或反对。

（6）对新闻界表现出合作、主动和自信的态度，不可采取隐瞒、搪塞、对抗的态度。对于确实不便发表的消息，亦不要简单地以"无可奉告"来应对，而应说明理由，求得记者的同情和理解。

（7）不要一边向记者发表敏感言论，一边又强调不要记录。这种习惯很不好。

（8）注意以公众的立场和观点来进行报道，不断向公众提供他们所关心的消息。

（9）除新闻报道外，可在刊登有关事件消息的报刊上发布歉意通告，向公众说明事实真相，并向公众道歉，表示愿意承担责任。

（10）当记者刊发了不符合事实真相的报道后，应尽快向该报刊提出更正要求并指明失实的地方；同时，向该刊提供全部与事实有关的资料，派重要发言人接受采访，表明立场，要求核实处理，特别应注意避免产生敌意。

4.上级领导部门对策

（1）危机事件发生后，应以最快的速度向企业的直属上级领导部门实事求是地报告，争取他们的援助、支持与关注。

（2）在危机事件的处理过程中，应定期汇报事态发展情况，求得上级领导部门的指导。

（3）危机事件处理完毕后，应向上级领导部门详细地报告处理的经过、解决方法、事件发生的原因等，并提出今后的预防计划和措施。

5.消费者对策

（1）迅速查明和判断消费者的类型、特征、数量、分布等。

（2）通过不同的传播渠道向消费者分发说明事故概况的书面材料。

（3）听取受到不同程度影响的消费者对事故处理的意见和愿望。

（4）通过不同的渠道公布事件的经过、处理方法和今后的预防措施。

6.社区居民对策

（1）社区是企业生存和发展的基地，如果危机事件给社区居民带来了损失，企业应组织人员专门向他们致歉。

（2）根据危机事件的性质，也可派人到社区居民家中分别道歉。

（3）在有影响力的报刊上发表道歉公告，表明企业勇于承担责任、知错必改的决心。

（4）必要时向社区居民赔偿经济损失或提供其他相关补偿。

此外，还应根据具体情况，分别与市政、市场监管、交通、公安、消防、消协、兄弟单位等公众保持密切的沟通，运用恰当的传播策略通报事件情况，调动各方力量反复解释说明，以使组织尽快渡过难关，将损失降到最低。

公关实务 11-5　　　　　　　　　　　**速度与尺度：外卖骑手困在系统里**

背景与情境：

2020年，微信公众号发表长篇调查报道《外卖骑手，困在系统里》，用惊人的数据统计和故事呈现出百万外卖骑手的工作状态：派送时间不合理、商家出餐慢、规划路线含有逆行，为不影响站点数据，不被系统除名，骑手们违反交规与死神赛跑，外卖员成了高危职业。

这篇报道得出的结论是：外卖骑手是被平台系统算法与数据支配的"工具人"，根本没有选择余地。这引发了舆论的广泛关注和讨论，公众将因互联网公司用系统压榨外卖员而产生的愤怒集中到行业中的两个代表性企业——美团和饿了么上。

9月9日凌晨1点，饿了么发布如下回应：

你愿意多给我五分钟吗？

系统是死的，人是活的。将心比心，饿了么在保障订单准时的基础上，希望做得更好一点。

（1）饿了么会尽快发布新功能：在结算付款的时候增加一个"我愿意多等5分钟/10分钟"的小按钮。如果你不是很着急，可以点一下，多给蓝骑士一点点时间。饿了么也会为你的善解人意给予一些回馈，可能是一个小红包或者吃货豆。

（2）饿了么会为历史信用好、服务好的优秀蓝骑士提供鼓励机制，即使个别订单超时，他/她也不用承担责任。

每个努力生活的人都值得被尊重。

饿了么的回应速度很快，时间是凌晨1点。这么做也许是为了避免太多关注而选在夜深人静的时候；也许是想尽快表态，但是公司的技术、运营层面要协调一致，直到半夜才商量妥当；也许是受到某些部门或重要人物的压力要求给个回复。无论如何，饿了么的回复虽然速度快，但在态度、高度上有所欠缺。

声明贴出以后，大量评论显示，媒体和公众对饿了么"不从自身找原因，没有提出切实可行的改变系统操纵骑手的措施，而是把锅甩给了用户"表示严重不满。

9月8日晚，在舆情达到高峰时，媒体询问美团，美团方面表示暂不回应，只是说"下周会举办小范围的外卖业务沟通会"。

9日晚，也就是《外卖骑手，困在系统里》被刷屏24小时后，美团通过官方微信公众号回复如下：

感谢大家的意见和关心，我们马上行动。

大家对外卖小哥、平台系统的关注、意见和建议我们都收到了。没做好就是没做好，没有借口、系统的问题，终究需要系统背后的人来解决，我们责无旁贷，有几件正在做的事向大家汇报：

（1）更好地优化系统。每一单外卖，在为用户提供准时配送服务的同时，美团调度系统会给骑手留出8分钟的弹性时间，用于骑手等候延迟的电梯，在路口放慢一点速度。我们将对系统持续优化，保障骑手安全行驶的时间。

恶劣天气下，系统会延长骑手的配送时间甚至停止接单。骑手申诉功能将升级，对于因恶劣天气、意外事件等特殊情况下的超时、投诉，核实后，将不会影响骑手考核及收入。

特殊情况下，感谢您对骑手的每一分理解。

（2）更好地保障安全。我们将增加配送安全技术团队人员，重点研究技术和算法如何保障外卖员的安全。我们正在研发的智能头盔将全力提升产能，通过蓝牙与手机相联的方式，让骑手说话即可完成操作，并可通过App实时测速；在写字楼、医院等特殊场所，骑手会存在进入难、找路难等问题，我们在这些场所正努力铺设智能取餐柜，让骑手最后一公里的配送更便捷。

（3）改进骑手奖励模式。对骑手的奖励模式，将从送单奖励转向综合考虑合理单量区间及安全指标的奖励，让骑手在获得安全保障的同时，获得更实际的回报。

（4）关怀骑手与家人。尽管我们现在通过保险、袋鼠宝贝公益计划等保障骑手安全，为骑手家庭及子女提供医疗、教育帮扶，但是我们深知，落实得还远远不够，我们将继续增加投入，与社会各方一起为骑手就业创造更好的保障。

（5）认真听取大家的意见。我们将会定期召开骑手座谈会，设立产品体验官，充分听取骑手、公众、学者、媒体多方的建设性意见，帮助我们更好地优化调度、导航、申诉等策略，提升骑手配送体验。

鞭策是成长的必修课。感谢每一个好评，也感谢每一个差评，因为这背后都是在乎，能让我们跟大家站在一起，为大家做得更好。

美团的回应获得了媒体和公众的大量好评，虽然回应速度上不如饿了么，但是在态度、高度、气度、尺度和温度上都更胜一筹。

回应声明中的态度是最大基础分，一定要保证诚实、诚恳。在涉及公众高唤醒情绪的事件中，撰写危机回应声明是最容易的工作，也是最艰难的工作。若能以共情、倡导为出发点，与公众和受害者站在一起，让自己的表达为其提供帮助而不是增加压力和困惑，在表达将如何做好自己应该做的事情的基础上，倡导更多的人监督、参与，便能有效应对当下并顾及长远。

资料来源：王小孟. 困在系统里的外卖骑手：你的订单可能送不到了，因为我出车祸了！[EB/OL]. [2021-01-14]. https://baijiahao.baidu.com/s? id=1688823904190482884&wfr=spider&for=pc. 有删减.

思考：

不同企业的危机处理对策对你有何启示？

思考题

1.什么是公共关系危机？公共关系危机有哪些特点？

2.简述公共关系危机的类型。

3.预防公共关系危机发生的措施有哪些？

4.简述公共关系危机处理的原则。

5.公共关系危机发生后，应该怎样处理？

6.针对不同类型的公共关系危机，应采取哪些对策？

实训设计

1.通过网络、报刊等媒体，收集整理一个公共关系危机案例，并完成以下操作练习：

（1）列出该公共关系危机产生的原因，要求3条以上。

（2）如果你是该事件的负责人，你将如何处理？请列出你的处理方案，要求5条以上。

2.以小组为单位，访问本地一家企业，与其消费者服务部门进行交流、沟通，了解近年来该企业遇到的消费者投诉事件，学习处理该类事件的方法和技巧。

3.以小组为单位，为你所在的学校制订一份公共关系危机管理计划。

主要参考文献

［1］赵文明. 公关智慧168［M］. 北京：机械工业出版社，2006.

［2］李兴国. 公共关系实用教程［M］. 3版. 北京：高等教育出版社，2015.

［3］陶应虎. 公共关系原理与实务［M］. 3版. 北京：清华大学出版社，2015.

［4］韩宝森. 公共关系理论、实务与技巧［M］. 北京：北京大学出版社，2009.

［5］窦红平. 公共关系实用教程［M］. 2版. 北京：北京邮电大学出版社，2021.

［6］萨菲尔. 强势公关［M］. 梁浃洁，等译. 北京：机械工业出版社，2002.

［7］张克非. 公共关系［M］. 3版. 北京：高等教育出版社，2016.

［8］周安华. 公共关系：理论、实务与技巧［M］. 6版. 北京：中国人民大学出版社，2019.

［9］龚荒. 公共关系——原理 实务 案例［M］. 2版. 北京：清华大学出版社，北京交通大学出版社，2015.

［10］杜岩. 公共关系学［M］. 2版. 北京：高等教育出版社，2016.

［11］纪华强. 公共关系的基本原理与实务［M］. 北京：高等教育出版社，2006.

［12］邢伟，徐盈群. 公共关系［M］. 2版. 北京：高等教育出版社，2020.